国际体育新闻报道教程
理念与实践

**INTERNATIONAL SPORTS NEWS REPORTING TUTORIAL
THEORY AND PRACTICE**

梁骏　杨舟◎著

中国国际广播出版社

目 录

第一章　国际体育新闻报道的基本要求 / 001

一、国际体育新闻工作者的业务要求 / 001

　　（一）通晓对口领域的各方面情况 / 001

　　（二）了解所服务媒体的受众需求 / 002

　　（三）熟练掌握驻在国语言及文化 / 003

　　（四）良好的人际交往能力 / 004

　　（五）高超的新闻业务能力 / 005

二、怎样做好国际体育新闻记者 / 006

　　（一）具备两项基本技能 / 006

　　（二）良好的职业精神素养 / 016

三、怎样做好国际体育新闻编辑 / 020

　　（一）组织策划报道并指挥报道方案的实施 / 021

　　（二）研究体育事务和体育问题 / 023

　　（三）编辑记者来稿 / 024

　　（四）对报道做总结和点评 / 026

第二章　国际体育新闻的报道策划 / 028

一、国际体育新闻的报道策划：何以需要又何以必要 / 028

（一）满足受众对新闻信息产品日益增长的需求 / 028

（二）增强报道的不可替代性，提升媒体自身的竞争力 / 030

（三）引导社会舆论的需要 / 032

二、国际体育新闻报道的策划内容 / 035

（一）对报道方针和报道基调的策划 / 035

（二）对报道面与报道规模的策划 / 037

（三）对报道重点的策划 / 039

（四）对发稿计划的策划 / 041

（五）对报道力量配置和报道运行机制的策划 / 042

三、国际体育新闻报道策划的分类 / 047

（一）可预见性国际体育新闻的周期性报道策划 / 047

（二）可预见性国际体育新闻的非周期性报道策划 / 052

第三章　国际体育新闻报道的信息采集 / 056

一、信息采集：不只是采访 / 056

（一）什么是采访 / 056

（二）采访之外，路径何在 / 059

二、日常采访的相关知识 / 068

（一）现场采访 / 069

（二）电话采访和书面采访 / 076

（三）新闻发布会 / 078

（四）国外采访常遇到的困难 / 084

三、专访的相关知识 / 087

（一）专访的定义、分类、特点及作用 / 087

（二）专访的三个关键环节 / 090

（三）专访的几点注意事项 / 095

第四章　国际体育新闻报道中的辅助性报道 / 098

一、借鉴性报道（Reference Report）/ 098

（一）什么是借鉴性报道 / 098

（二）借鉴性报道的作用与意义 / 099

（三）借鉴性报道的特点 / 100

（四）借鉴性报道的选题与写作 / 105

二、背景性报道（Background Report）/ 106

（一）新闻背景的定义及作用 / 106

（二）如何运用新闻背景 / 108

（三）新闻背景在国际体育报道中常用的选题领域 / 109

第五章　国际体育新闻报道中的深度报道 / 111

一、国际体育新闻深度报道的定义、分类、特点、作用 / 111

（一）国际体育新闻深度报道的定义 / 111

（二）国际体育新闻深度报道的分类 / 112

（三）国际体育新闻深度报道的特点 / 113

（四）国际体育新闻深度报道的作用 / 115

二、哪些国际体育新闻需要或适合做深度报道 / 118

（一）解释性报道 / 118

（二）调查性报道 / 121

（三）预测性报道 / 123

　　　　（四）实录性报道 / 128

　　　　（五）传记性报道 / 131

　　　　（六）连续性报道 / 135

　　　　（七）系列报道 / 137

　　　　（八）组合报道 / 140

　　三、如何做深度报道 / 143

　　　　（一）多元化的选题选材思路 / 143

　　　　（二）创新新闻报道视角 / 146

　　　　（三）理性冷静地剖析体育事件 / 147

　　　　（四）倡导人文主义体育精神 / 148

　　　　（五）储备丰富的体育相关知识 / 150

第六章　国际体育新闻报道中的新闻评论 / 152

　　一、国际体育新闻评论的任务与特点 / 152

　　　　（一）国际体育新闻评论的目的和任务 / 152

　　　　（二）国际体育新闻评论的特点 / 155

　　二、国际体育新闻评论的体裁与特点 / 159

　　　　（一）微评 / 159

　　　　（二）短评 / 163

　　　　（三）长评 / 175

　　　　（四）述评 / 181

　　三、哪些国际体育新闻需要或适合做新闻评论 / 185

　　　　（一）可预见性事件 / 185

　　　　（二）涉华事件 / 186

　　　　（三）重大热点事件 / 186

（四）突发性事件 / 187

　四、如何做国际体育新闻评论 / 190

第七章　各类国际体育新闻事件的报道原则与技巧 / 192

　一、大型国际体育盛会的报道 / 192

　　（一）综合类大型国际体育盛会 / 192

　　（二）专项体育盛会 / 201

　二、国际体育界的焦点赛事 / 207

　　（一）欧洲足球五大联赛与欧洲冠军联赛 / 207

　　（二）美国职业篮球联赛（NBA）/ 211

　三、突发体育事件的报道 / 213

　　（一）潜在的突发体育事件 / 213

　　（二）突发体育事件的报道原则和技巧 / 222

　四、边缘体育赛事的报道 / 223

　　（一）边缘体育赛事报道的必要性 / 223

　　（二）如何让边缘体育赛事不边缘 / 230

后　记 / 239

第一章　国际体育新闻报道的基本要求

一、国际体育新闻工作者的业务要求

（一）通晓对口领域的各方面情况

在现代体育新闻采写编评工作中，大部分体育新闻工作者在宏观掌握体育新闻采写规律和业务技能的同时，往往深耕于某一两个体育项目领域。如在记者岗位上，新闻业界一般将符合以上描述的记者称为"体育专项记者"。

体育新闻工作者应该通晓对口领域或项目的各方面情况，包括该项目的基本规则、技战术细节，熟悉该项目的各种比赛、选手和队伍，了解该项目及其赛事的历史沿革。

在国际体育新闻报道中，相关信息壁垒的提高，对体育新闻工作者在该方面的能力和知识积累提出了更高的要求，只有深入了解甚至通晓对口领域的各方面情况，才能做好相关项目的国际体育新闻报道工作。

案例 1

陈滢从北京大学毕业后进入中央电视台体育频道，由于本科是英语专业，她最初在体育频道翻译资料，同时参与赛事配音。那时从国外引进的比赛录像带有 BBC（英国广播公司）、NBC（美国全国广播公司）等的英文解说，她的工作就是先听译，再翻译成中文并配音，进而在国外解说的基础上加入自己的内容。最终陈滢走上了解说评论员的道路。

初入体育频道，各种专业词汇让陈滢很头疼，因为体操、花样滑冰每个项目都有一套不同的专业术语，光体操项目就有近2000个技术动作，再加上不同的规则和不同的评分标准。凭着一股不服输的劲头，她每天抱着字典和专项书籍学习，终于成为中央电视台体育频道体操和花样滑冰等项目国际赛事解说的不二人选。

（二）了解所服务媒体的受众需求

不同媒体由于在规模、定位、专业性和报道方式等方面存在差异，所吸引的受众群体也不同。国际体育新闻工作者应该了解自身所服务媒体的相关定位、受众群体及其需求，只有了解受众需求，才能有针对性地进行国际体育新闻的采写编评工作，才能产出更加优质的国际体育新闻作品，服务于广大受众。

当受众能够得到自己想要的国际体育新闻信息时，就能够加强自身对该媒体的依赖性。当媒介与受众的黏性不断增加，该媒体就能在保证方向的前提下行稳致远。

案例2

围绕2022年北京冬奥会，CGTN（中国国际广播电视台）以国际传播为特色抓手，以正确、正向、正能量的声音横扫全球各大社交平台，多视角内容打出冬奥报道"组合拳"，通过"思想+艺术+技术"合力赋能，让中国故事、奥林匹克精神、人类命运共同体理念深入人心，在国际传播中塑造中国与世界各国之间的共同文化记忆。

2022年北京冬奥会期间，国际奥委会委员、国际雪车联合会主席伊沃·费里亚尼，国际冬季两项联盟秘书长尼可拉斯·卡尔森，世界冰壶联合会主席凯特·凯斯尼斯，国际冰球联合会主席吕克·塔尔迪夫等冬奥会全部7个国际单项体育联合会负责人齐聚《冬奥大咖谈》，通过CGTN平台表达对北京冬奥会的殷切期盼。

《冰雪缘梦》是CGTN送给北京冬奥会的一份礼物，更是送给所有怀揣体育梦的少年的一份礼物，该系列节目由1集长纪录片和12集短视频产品构成，结合经典纪实表现手法、专项运动技巧科普以及小运动员们的新春祝愿短视频，打造了一次丰富多彩的融媒体传播体验。

（三）熟练掌握驻在国语言及文化

国际体育新闻报道与普通体育新闻报道的不同点在于，需要通过特殊的工作方法和过程实现体育信息的跨文化、跨语言交流。因此，国际体育新闻从业者在长期参与国际体育新闻报道的过程中，熟练掌握驻在国的语言及文化是非常重要的。

在新媒体时代，新闻报道更加追求时效性和受众广泛性，因而掌握一门或几门语言可以极大地帮助国际体育新闻从业者获取更多更直接的新闻素材，尤其是在非英语国家，掌握驻在国所使用语言的体育新闻从业者可以更加详尽地了解体育新闻事件发生的过程和细节，增强报道的准确性。

不同国家的文化百花齐放、千差万别，国际体育新闻从业者应当熟练掌握驻在国的基本文化知识，避免出现因文化差异导致的误会甚至错误。值得一提的是，由于体育承载着重要的文化意义，许多国家的体育赛事也带有浓厚的文化甚至宗教氛围，这就要求国际体育新闻从业者充分考虑这些文化因素，做出更加符合实际情况的报道。

案例3

詹俊被许多体育迷称作目前英超最好的汉语解说。毕业于中山大学的他，最早进入广东电视台体育部工作，1997年就开始参与英格兰足球超级联赛（简称"英超"）的解说，资历以及经验在足球解说界首屈一指。英超一直就是南方观众尤其是粤语地区观众的挚爱，詹俊更是在这一地区积累了大量的忠实粉丝。

詹俊最为人津津乐道的是他的知识之"广"。摄像机头随便往观众席上一扫，停留在哪个人面前，詹俊都能给观众介绍一番。除此之外，詹俊还对英国文化尤其是英国的足球文化有着非常成熟和全面的认知。要知道，那时候ESPN（娱乐与体育电视网）仅仅是英超转播，究竟镜头会给谁，詹俊根本不知道，他的脑袋也被称作"英超硬盘"，文化素养令人折服。

（四）良好的人际交往能力

对新闻从业者来说，拥有良好的人际交往能力应该是一个基本前提。国际体育新闻工作者因为在工作中需要经常与运动员、教练员、裁判员甚至观众进行交流，所以在具备良好的人际交往能力的同时也应该掌握更多的人际交往技巧。

建立和维系人脉也是人际交往能力之一。对国际体育新闻工作者来说，拥有可靠而广博的人脉可以帮助自身更加高效地完成国际体育新闻报道，更加方便地接近新闻事件出现的第一现场，更加迅速地对突发的体育新闻事件做出反应。

案例4

总台央视记者李武军常年采访中国乒乓球队，对中国乒乓球队的了解程度十分深入。李武军的乒乓球报道生动、形象、真实，特别注重细节，使电视机前的观众有身临其境的感觉。他曾经说过："我会挖掘每一个赛事背后精彩的故事素材，并把精彩的故事准确地传达给受众，视为自己一生追求的目标。"

如今，李武军依然在赛场第一线，给我们带来精彩、翔实的报道。球迷们甚至中国乒乓球队的队员们有称呼他"李叔""李哥"的，也有称呼他"武叔""武哥"的，李武军都统统笑纳。对球员和球迷来说，李武军已经成了中国乒乓球队的一员。

（五）高超的新闻业务能力

除了以上四个方面，国际体育新闻工作者最应该注重的就是坚持锻造自身过硬的新闻业务能力。无论什么领域的新闻记者，归根结底，新闻业务能力都是最基本的实践要求，是完成新闻生产任务的基本保证。

新闻业务能力涉及不同的方面，国际体育新闻工作者应该提高自身对于国际体育新闻事件的敏感度，提高国际体育新闻的采写、分析、策划传播能力，在相对敏感的国际体育新闻事件中保持警惕，具备良好的新闻传播安全意识，在国际体育新闻内容生产中尊重新闻伦理、恪守职业道德。

案例5

克里斯蒂安·法尔克（Christian Falk）是德国著名足球记者，以权威性和准确性著称。2006年，法尔克加入德国《图片报》并成为主编，在这个从业者众多的行业中，法尔克之所以能够鹤立鸡群，主要是因为他有能力讲述那些大牌球星最真实的故事。

2010年以后，随着个人社交媒体的蓬勃发展，五花八门的转会传闻层出不穷，这样的信息量在法尔克的眼中是一种行业的倒退。于是，法尔克开通个人社交账号，针对一些热点报道给出自己的判断。"我弄这个推特，是因为有太多的新闻了，我觉得作为一个足球记者，我们有了新的角色"，这个新的角色就是去伪存真的鉴别官。当法尔克看到一些自己了解的传闻时，他会用"真的"或者"假的"来进行转发，言简意赅、雷厉风行也逐渐成为法尔克鲜明的人设特征。

二、怎样做好国际体育新闻记者

想要成为一名优秀的国际体育新闻记者，首先要学会做调查研究，学会寻找、捕捉报道线索。但更重要的是，要有强烈的职业使命感和崇高的敬业精神。

（一）具备两项基本技能

上述业务要求内容是根据国际体育新闻工作者的工作实际总结出来的普遍规律，实际上，国际体育新闻工作者在工作和学习实践中需要的能力非常全面。随着新媒体的迅速发展，国际体育新闻工作者也应当与时俱进，不断思考自身的不足。

这里需要指出的是，对国际体育新闻记者来说，有两项基本技能需要具备、保持和不断完善，这对于推进国际体育新闻工作、提高国际体育新闻采写质量有着重要意义。这两项技能主要包括调查研究的能力和发掘新闻的能力。

1. 调查研究的能力

回顾党史、新中国史、改革开放史、社会主义发展史，调查研究始终作为做好各项工作的重要法宝被重视、沿用[1]。调查研究本身具有普遍的意义，可以在包括新闻传播在内的各个行业、各个领域推而广之。因此，加强调查研究的实际运用能力，提高调查研究的科学化水平，形成调查研究的常态化机制，是我们胜任新闻工作、解决实际问题的重要方法。

有学者指出，采访是一种特殊的调查研究，它向大众传播新闻并向大众公布调查结果。它的活动方式主要不是靠行政的手段来开展，而是依靠社会交

---

[1] 董海军.中国共产党百年调查研究的三重逻辑：历史、理论与实践[J].人文杂志，2022（5）：1-10.

往和个人交往，靠独立和朋友式的平等访谈。[①]因此，国际体育新闻记者也应具备扎实的调查研究能力。

（1）调查研究的重要性

调查研究是国际体育新闻报道的基础，对于目前传播环境下的体育新闻报道尤为重要。

首先，日常新闻报道需要进行调研。日常新闻报道一般都需要添加较为翔实的背景材料，用以说明或烘托主要新闻事实，或揭示新闻事实的深刻意义。国际体育新闻记者只有通过平时不断地调研和积累，才能在采用这些资料时厚积薄发，使调查研究的结果以合理的形式展现在新闻作品中。

其次，深度报道需要平时的调研和积累。深度报道是增强报道不可替代性的重要途径之一。深度报道往往需要记者针对某一主题进行深入调查和报道，通常需要较长的时间和更多的资源来完成。在这一过程中，记者需要同步推进调查研究工作，让获取到的资源转化为新闻事实或者观点和看法，从而分析和解读事件，使读者进一步深入思考。

（2）调查研究的分类

根据调查研究的具体动机、前提和方式，我们可以将调查研究简单划分为带具体选题的调研和不带具体选题的调研。这两类调查研究的区别主要体现在调查的范围大小、时间长短等方面，有着共通的调研方法，在一定条件下也可以相互包含、相互转化。

①带具体选题的调研。

带具体选题的调研是指为完成某一项特定的报道任务而做的调研。在国际体育新闻报道工作中，这类调研的选题一般都是关注度比较高或延续时间比较长的重大体育热点事件。相对于不带具体选题的调研，针对单一国际体育事件的调查研究可能缺少时间上的延续性，但事件本身具有深入调查研究价值和意义。例如"孙杨禁赛事件""国足归化球员问题"等，这些新闻事件在特定

[①] 方文.试论新闻记者调查研究的重要性[J].新闻世界，2014（6）：96-97.

的时间段内产生了明显的社会舆论影响，针对其开展的新闻报道应当结合具体报道任务选题进行调研。

案例6

卡塔尔世界杯亚洲区预选赛后，总台央视记者刘思远以视频方式专访了四名归化外籍球员。阿兰、洛国富、艾克森和费南多在采访中透露了一些鲜为人知的国脚经历。他们披露出来的信息细节确实值得我们深思，同时引导着很多足球从业者检讨我们的外援归化政策。

阿兰、洛国富、艾克森都很珍惜为国家队打比赛的机会，也希望未来有机会再回到国家队。同时，他们给国家队提出了一些自己的建议，也诉说了自己在国家队中的一些无奈。虽然归化球员没能帮助国家队成功冲击卡塔尔世界杯，留下了很多遗憾，但他们也留下了许多值得我们借鉴和学习的地方。

②不带具体选题的调研。

不带具体选题的调研是指针对某一个宏观方向开展的调查研究，这样的调研并不与某一项特定的报道任务挂钩。对国际体育新闻记者来说，不带具体选题的调研时间跨度长，甚至可以贯穿体育记者的整个职业生涯。由于调查方向较为宏观，调研的范围也相对较大，国际体育新闻记者还需考虑体育新闻报道的国际性，这样的调研范围甚至大到可以覆盖某个领域的方方面面。例如，"中国足球青训问题""城市马拉松泛滥问题"等在很长一段时间内都是社会讨论的热门话题，相应地，关于其的调研时间更长、内容更全面。

案例7

赵瑜，著名作家、记者，以纪实文学著称。他的作品包括以《马家军调查》为代表的体育三部曲和《寻找巴金的黛莉》、《篮球的秘密》等。赵瑜表示，自己在山西长治生活期间，当地的体育运动氛围非常浓厚，何振梁、李梦华、庄则栋等体育名人，甚至民国时期的体育专家、学科带头人都曾云集此地。

因此，《强国梦》等体育作品，一开始就立足于赵瑜多年来对中国体育的近距离了解、观察和思考。这些报告文学问世后，许多专家感到奇怪：一个长治的基层小伙儿，怎么会想到体育的本质、金牌的利弊、体育体制和政策这些问题。其实对赵瑜来说，体育改革已经成为自己时常思考的一部分。

（3）如何着手做调研

进行调查研究的过程和方法因调查者、调查对象、调查难度的差异表现得不尽相同。但总体来说，一个成熟的调查研究过程应该包括制订调研计划，阅读、消化、整理现存资料，建立两个资料库，多方收集鲜活资料，充分利用他人的调研成果，整理归纳资料，不断修正自己的见解等多个方面。可以看出，调查研究对于资料的收集、处理和应用能力要求较高。

①制订调研计划。

为了确保调查研究的正常推进，在开展调查研究前应当根据调查者和调查对象的实际情况制订较为完善的调查研究计划，简称调研计划。在国际体育新闻报道中，调研计划应包括重点调研方向和重点调研选题两个方面。

重点调研方向是指调查研究应该涵盖的具体体育领域，指导整个调研的具体内容不跑偏、始终围绕大方向来进行；重点调研选题是重点调研方向的细化，国际体育新闻记者应当在结合具体报道任务的同时确定好重点调研选题，使整个调研过程的效率有所提高、有的放矢。

②阅读、消化、整理现存资料。

在制订好调研计划后，国际体育新闻记者要面对的就是浩如烟海的资料。这些现有的资料也许非常庞杂，因此需要记者自身拥有较强的筛选能力。记者应当根据调研计划中的重点调研方向和选题，选择性地阅读现存资料，并对这些资料进行消化，将其内化为更加成熟和贴近调查研究具体内容的数据，然后根据自身需要，借助相关工具对上述资料进行整理和保存，以期后续随时调用。

③建立两个资料库。

根据资料库的内容和用途，可以将这两个资料库简单归类为基础资料库和应用资料库。古人说："兵马未到，粮草先行。"材料就是"粮草"，新闻工作者在日常工作中，要认真做好背景资料整理工作，以免在接到写作任务后措手不及，无从下手。[①]

基础资料库主要供记者熟悉驻在国或某个领域的基本情况。基础资料库的内容包括各类出版物、剪报资料、播发过的稿件等。基础资料库相当于国际体育新闻记者在驻在国以及对口的体育项目领域所有可能接触到的相关资料的汇总和集合。值得注意的是，基础资料库中的资料一般不直接用于稿件写作，但在整个体育新闻生产过程中起着十分重要的基础性参考作用。

相对于基础资料库，应用资料库中的资料可直接用于稿件写作时的背景交代，这些内容主要包括各类重要数据、各个领域的重大问题简介、历史上发生的重大事件介绍等。在高强度的国际体育新闻报道工作中，应用资料必须存入记者写稿的电脑，以便随时调阅。现代网络搜索引擎在一定程度上取代了基础资料库，但却无法取代应用资料库。应用资料库中的资料必须在其真实性、准确性和可用性得到进一步核实后才能被应用于报道中。

案例8

人们经常在中央报刊上看到刘光明撰写的理论文章，便敬佩地称呼他为"大家""大咖"。刘光明听到了急忙纠正说："我只是理论战线的一名战士。"

同行都知道，国防大学国家安全学院中国特色社会主义理论体系研究中心主任刘光明的记忆力特别好。一次集体研究某大型电视专题片的文字解说稿

---

① 高钢，潘曙雅. 新闻采访与写作[M]. 北京：中国人民大学出版社，2018：198.

时，有些具体说法需要核实，刘光明说不用查了，脱口将相关内容精准地背了出来。他撰写文章很快，一篇理论文章通常只需两三天，紧急情况下，一天拿出初稿也不成问题。不少人问他秘诀是什么，刘光明如实交代："关键是平时积累，只要厚积，就能薄发。"

刘光明一直保持着冲锋的姿态。每天清晨起床后，他都会上网学习当天中央媒体的时政报道和重要理论文章，然后分门别类下载归档，多年来积累的理论资料已存了 11 个 GB。

④多方收集鲜活资料。

在阅读、消化、整理了现有资料并建立了基础资料库和应用资料库后，国际体育新闻记者应该为自己的资料库进行有益的、长期的补充。因此，在调研过程中也应该注意要多方收集鲜活资料，不断充实自己的基础资料库和应用资料库，不断深化自己对此次调查研究的理解。

收集资料需要扩充视野，充分运用各种渠道，同时将各渠道的相似信息进行比对和筛选；收集资料也需要时刻注意调查研究的方向和选题，接纳更加生动和鲜活的资料，提高对本次调查研究的理性补充和感性认知。

⑤充分利用他人的调研成果。

个人或单一团队的力量毕竟有限，国际体育新闻报道有许多调查研究的领域、方向或者选题是相通的，因此，可以在媒介伦理与法规原则允许的前提下，充分利用他人的调研成果。对国际体育新闻记者来说，其他同领域记者的调研成果可以成为自身调研过程中的重要资料，也可以作为现存的经验，为自身的调查研究工作提供新的灵感和不同的思路。

⑥整理归纳资料。

通过以上渠道收集的资料，通常需要做进一步的整理和归纳。要想将资料引入调查研究，并推进调查研究进一步产生见解和结论，需要资料的深度结构化。资料的整理和归纳主要包括进一步核对事实、补充欠缺材料、资料分类和比较、资料概括和统计等方面。

整理资料的过程，实际上是对资料的再过滤、再认识。通过整理，可以使资料条理化、系统化，从而加深记者对资料的理解与认识，发现缺漏，及时收集补充。经过整理和归纳的资料可以作为调查研究的基本抓手，使记者逐步形成关于调查研究的思考、见解和结论。

⑦不断修正自己的见解。

整个调查研究的过程不是线性的、一成不变的，而是一个螺旋上升的，不断对自身调查研究进行深化，反复对自身调查研究进行思考、提出见解和修正结论的过程。随着调查研究的不断深入，前期的思考和见解可能不再适用于新闻事件的发展变化，于是记者需要及时修正自身调查研究的方向，修正现有的结论。随着调查研究的不断深入，前期的思考和见解会慢慢使记者衍生出其他思路，于是记者也需要及时调整调查研究的范围，扩展目前的成果。

2. 发掘新闻的能力

新闻工作者的主要任务之一就是发掘新闻，这里的新闻"发掘"主要是指狭义上的新闻"发现"的过程。新闻发现与上述的调查研究过程是相辅相成的：只有经过调查研究和探索，才有机会看到其他人看不到的新闻事实或者普遍规律。总体来说，发掘新闻的能力就是国际体育新闻记者对国际体育新闻事件的敏感性和判断力。

世界上每天发生的体育事件数不胜数，体育记者驻在国接续发生的体育事件也不胜枚举，能在这些体育事件中看到新闻事实的存在规律和存在价值，进而推进体育新闻报道，就是所谓发掘新闻的能力。简单来说，国际体育新闻从业者要建立一种发掘新闻事实的标准，同时掌握发掘新闻事实的技巧。

（1）判定具有报道价值的标准

判断一个客观事实或体育事件是否具有报道价值的标准有很多，在国际体育新闻报道中需要特别注意的有两点：一是该体育客观事实是否符合新闻价值的一般标准；二是该体育客观事实能否满足这一领域特定受众群体的需求。

新闻价值是指事实能够在多大程度上引起受众的普遍关注，以及其传递价值观的能力。新闻价值是新闻传播主体衡量、选择新闻事实的依据。人们常说的新闻价值五要素是时效性、重要性、接近性、显著性、趣味性。国际体育新闻报道是传统新闻报道工作的一部分，在选择新闻事实的过程中，应当根据新闻事实的内涵进行新闻价值的合理判断，从而筛选出需要进行新闻报道的国际体育事件。

国际体育新闻报道还有其突出的特殊性。不同领域的国际体育新闻报道内容的异质性较强，在一些国际体育新闻报道领域甚至围绕受众形成了具有高度特质的群体，因此，如何在选择新闻事实时充分考虑特定受众群体的特殊需求，也是国际体育新闻记者在工作实际中需要慎重考虑的内容。

案例9

有针对电子竞技新闻报道的研究指出，相关新闻报道主要通过积极的情感倾向，呈现并放大电子竞技在促进经济发展、带动就业、繁荣体育事业以及在国际赛事中获奖等方面的事实，并结合对特定词汇与隐喻等修辞策略的使用，宣传电子竞技的正当性。

由于电子竞技的身份属性介于"电子游戏"与"体育"之间，社会各界存在对电子竞技本身进行深度辨析认知的客观需求，新闻报道对这一争议性议题进行报道并组织了讨论。其中，一些报道尝试通过修辞等方式区分"电子竞技"与"电子游戏"，但并未给予更深层次的分析与解释。一些新闻报道力图从观念层面，改变长时间以来"电子游戏"在国内被污名化的状况，并提出加强规范化管理，促进其健康发展，以实现其正当性。

（2）获取报道线索的渠道

新闻记者应当从多种渠道获取报道线索。在国际体育新闻报道领域，由于体育新闻报道的对象指向性强、体育新闻事件发生的周期性强、体育新闻工作的规律性强，国际体育新闻工作者往往拥有相对稳定的获取报道线索的渠道。

结合体育新闻报道生产实际，在国际体育新闻报道中，常见的获取线索的渠道包括新闻采访通知、新闻发布会、驻在国媒体的报道、新闻记者"偶遇"的报道线索、UGC（用户生成内容）提供的报道线索等。除此之外，国际体育新闻记者往往有自己的独立信息源，这样的信息源高效稳定，在必要时可以发挥非常重要的作用。

①新闻采访通知和新闻发布会。

新闻采访通知和新闻发布会是最常见、最直接的获取报道线索的渠道。在国际体育新闻报道中，新闻采访通知和新闻发布会往往由相关体育协会、赛事主办方、俱乐部等发起。由于这两种渠道的时间和形式具有可预见性，在利用采访通知和发布会进行报道线索获取时，应该提前做好相关准备，争取在采访和发布会中迅速获取有效的新闻线索。

②驻在国媒体的报道。

有些时候，国际体育新闻报道受制于国际传播中的各种壁垒，在新闻线索的挖掘和获取上存在特殊的困难。对于在一定范围内有影响力或已经产生舆论波动的体育新闻事件，新闻记者往往可以直接通过驻在国媒体的相关报道寻得一些可以本土化、跨文化传播的新闻线索。这些媒体包括传统媒体和新媒体，在新媒体中，社交媒体更是迅速获得相关新闻线索的重要方式。

③新闻记者"偶遇"的报道线索。

新闻线索并不总是按照新闻记者所设想的那样逐渐浮出水面，很多时候，优质的新闻线索往往藏在新闻记者学习、工作和生活的不经意间。这里所提到的"偶遇"的报道线索一般指记者在采访、交友或从事其他活动时寻找到的报道线索，迅速抓住这样的线索需要国际体育新闻记者具有敏锐的新闻嗅觉。

④UGC 提供的报道线索。

UGC，全称 User Generated Content，一般译作"用户生成内容"。[①] 在新媒

[①] 彭兰. 网络传播概论［M］. 5 版. 北京：中国人民大学出版社，2023：187.

体时代，狭义的 UGC 就是指自媒体，虽然现在大多数 UGC 不具备专业资质，且媒体人生产的内容质量参差不齐，但 UGC 生产的内容具有极强的包容性和丰富性，尤其是一些意见领袖通过部分媒体平台发布的相关内容，在一定程度上可以为国际体育新闻报道提供报道线索。

⑤其他信息源提供的报道线索。

除了以上提到的报道线索获取渠道，不同记者在进行国际体育新闻报道的过程中也会充分调动其他信息源，通过自己的方式获取更多的报道线索，如政府机关发布的相关信息、国际体育组织发布的相关信息等。值得注意的是，由于国际体育新闻报道的特殊性，许多体育迷或体育观众也会成为记者常用的报道线索获取渠道。

⑥建立自己的独立信息源。

许多知名的国际体育新闻记者在多年的体育新闻报道实践中都会建立起自己的独立信息源甚至信息源网络。随着新闻媒体竞争的日趋激烈，在大多数情况下，记者都是通过自己的"线人"提供的线索来挖掘独家素材，在重大国际体育新闻事件的报道中抢占先机的。这里需要注意的是，独立信息源具有信息来源单一的特征，存在着一定的使用风险，记者在使用过程中应当仔细对比斟酌。

案例 10

NBA 著名记者 Adrian Wojnarowski（阿德里安·沃伊纳罗夫斯基，简称"WOJ"）在 2007 年准确地把握住了体育媒体发展的方向和互联网发展的趋势，开始专攻 NBA。为了给自己建立人脉，WOJ 重点经营与年轻的助理教练和一些底层官员的关系。几年过去，WOJ 经营的这个年轻人际圈终于到了收获的时候，他的好朋友们逐渐成为 NBA 的中坚和骨干，自此以后 WOJ 在 NBA 世界里可谓无所不知，无所不晓。

2011 年 NBA 选秀大会，WOJ 彻底名声大噪，因为 WOJ 甚至能够比总裁大卫·斯特恩还要快地知晓被选中球员的名字和顺位。球员交易市场上，WOJ 也总是能最快、最准确地报道出与球员相关的交易进展和背后的内幕消息。这就是 WOJ 的专业性。多年专注于一个行业，辛勤耕耘，建立了自己的信息源网络，终于让 WOJ 成为 NBA 最著名的体育记者。

（二）良好的职业精神素养

无论在哪个领域、哪个行业，具备良好的职业精神和职业素养都是从业者的一种软实力。职业精神是指具有职业特征的精神与操守，即从业者从事这种职业就该具有的精神、能力和自觉。职业素养是指职业内在的规范和要求，是从业者在从事这种职业的过程中表现出来的综合品质。

国际体育新闻记者在长期面对特殊且复杂多变的工作任务时，拥有良好的职业精神素养是非常重要的。良好的职业精神能让国际体育新闻记者增强应有的社会责任感，给予国际体育新闻事件应有的人文关怀，用有温度的双手和双眼记录新闻现场；过硬的职业素养要求国际体育新闻记者增强政治敏锐性和调研能力，提高新闻敏感性，持续锻炼自身的新闻采写能力，在工作过程中不断扩充自身的知识面。

1. 良好的职业精神

（1）社会责任感

社会责任感要求国际体育新闻记者在工作过程中要以社会文明进步为己任，坚持服务社会、回馈社会，时刻具备社会整体意识，在参与新闻报道的同时注重在心理上和行动上对其他人的伦理关怀和义务。

国际体育新闻报道在这一方面具备明显的特殊性。国际传播要求国际体育新闻记者在提高政治站位的同时，突出体育新闻事件和体育精神的普遍价值，减少不必要的政治因素对体育精神和奥林匹克精神的影响，摒弃为了追求时效性和新媒体流量对事件本身进行刻意渲染、破坏新闻真实性和客观性的行为，时刻注意报道方式与现代道德伦理规范的良好统一。

案例 11

自退役以后,马拉多纳的健康状况就一直亮着红灯。吸毒、酗酒的习惯一直侵蚀着他的健康,再加上放纵的生活态度,他的体重一度达到了 130 公斤,饱受肥胖问题的困扰,而且还患上了肝炎、心脏病等,退役后入院治疗了无数次。2007 年,马拉多纳因为肝炎和酗酒再次入院治疗,情况严峻。马拉多纳入院后,英国《太阳报》一度披露其坦承自杀企图,后又有来自当地媒体的报道,称很有可能马拉多纳已经"仙逝"。

接下来,在《世界报》关于马拉多纳近况的报道中,就连阿根廷总统都要求了解球王的真实近况。《不可能,马拉多纳已经死了吗?》这是此前一日当地媒体报道的头版拟题。紧随其后,阿根廷内务部官员以及负责马拉多纳救治工作的医护人员纷纷出面就此事进行了辟谣。

（2）人文精神

一般认为,人文精神是一种普遍的人类自我关怀,表现为对人的尊严、价值、命运的维护、追求和关切。体育本身具有强烈的人文色彩,人文精神的塑造和展现是现代体育价值的一个重要组成部分,在国际体育新闻事件中更成为促进体育跨文化沟通的重要锚点。

2008 年北京奥运会前后,我国的体育新闻业界开始弱化以展现竞技成绩为主旋律的体育新闻报道方式,以更加广阔的思维和角度来对体育新闻事件进行深刻的评论和剖析。简而言之,国际体育新闻记者在完成国际体育新闻报道时应该更具有理性和深度,以人为本,更加注重体育中"人的价值"。[①]

---

① 薛文婷.体育新闻传播叙事模式的嬗变与共存［J］.北京体育大学学报,2018,41（8）: 33-40,52.

案例 12

杭州亚运会体操女子跳马决赛 2023 年 9 月 28 日结束，乌兹别克斯坦传奇老将丘索维金娜以 13.383 分的成绩获得第四名，与奖牌擦肩而过。赛后她表示，没有遗憾，生活继续。

丘索维金娜是本届亚运会的人气选手，赛后在混采区等她的记者围了好几层。通过媒体，她对众多的中国粉丝说："谢谢中国所有关心我的人。"她还透露，曾经患病的儿子现在身体完全健康，在德国上大学，他想当数学、德语和体育老师。

对于和自己同场竞技的年青一代，"丘妈"寄语道："我想对她们说，最重要的是保持健康，不要受伤，一定要多微笑，从自己热爱的事业中得到快乐。"[1]

2. 过硬的职业素养

（1）政治敏感

政治敏感是国际体育新闻记者职业素养的一个重要方面[2]。简单来说，政治敏感就是记者在工作中要始终保持政治头脑清醒，要在重大原则性问题上划清是非界限，从政治的角度去分析社会风向、理解社会矛盾，透过现象抓住本质。

在我国，国际体育新闻记者需要有明确的政治态度和行为方向，在完成国际体育新闻报道的过程中，要充分结合国内国际时政和形势、充分接受马克思主义的指导，始终对党和人民高度负责，处理好国际体育新闻事件中的敏感问题。

（2）调研能力

调研能力即调查研究的能力，是调查能力和研究能力的统称，是记者

---

[1] 杨德洪，岳冉冉. 杭州亚运会 | 丘索维金娜：未登奖台，没有遗憾［EB/OL］.（2023-09-29）［2024-05-03］. https://baijiahao.baidu.com/s?id=1778328374432681861&wfr=spider&for=pc.

[2] 蔡笛. 提高新闻记者素质略谈［J］. 新闻世界，2010（3）：24-25.

从事国际体育新闻报道所应具备的本领和技能。国际体育新闻记者应该充分采用各种调查方法，了解体育新闻事件的真实情况，用系统的、普遍联系的观点对调查的问题做出总体判断和估价，用事实说话、用数据说话，为受众提供具有高度预见性的国际体育新闻。具体内容已在前文中详解，此处不再赘述。

（3）新闻敏感性

新闻敏感性又称"新闻眼"[①]，即新闻工作者判断客观事实是否具有新闻报道价值的能力。对新媒体时代的国际体育新闻记者来说，面对体育新闻碎片化的冲击，培养良好的新闻敏感性有助于记者及时发现体育新闻线索，准确预测新闻事件发展的趋势，从而挖掘并突出更深刻的新闻价值。

（4）新闻采写能力

展开来说，新闻采写能力就是针对新闻事件、新闻人物等新闻客体进行采访和写作的能力。这种能力不仅仅局限在国际体育新闻报道中，对所有新闻媒体从业者尤其是新闻记者来说，新闻采写能力是必备的基本功。

国际体育新闻记者所要重点掌握的新闻采写能力包括体育新闻采编、撰稿，体育人物采访、访谈，体育事件调查、写作等，这些都需要国际体育新闻记者具备良好的语言能力、文字表达能力和外语能力，能够准确、简明地传递国际体育新闻信息。

（5）知识面

著名学者南怀瑾先生曾经说过："新闻记者是'杂家'。"国际体育新闻传播兼具体育属性、国际传播属性和公共外交属性，决定了国际体育新闻传播工作的复杂性、多样性，也决定了国际体育新闻记者知识的广博性。

国际体育新闻记者应了解基本的大型体育赛事、国际体育组织的历史，懂得所涉及领域常见的体育队伍和运动员及其动态，同时充分掌握驻在国的政治、经济、文化概况，具备良好的人际交往能力和一定的对外交往知识。

---

① 李良荣.新闻学概论［M］.8版.上海：复旦大学出版社，2023：345.

案例 13

要不是北京联合张家口申办 2022 年冬季奥运会，我从来没有想到有一天会和全球的体育记者坐在一起。无论是在中国还是阿拉木图代表团的驻地，总会看到许多体育记者西装革履，十分绅士。其中有一个满头花白的体育记者身穿浅绿背带裤，配着浅黄色西装上衣，着实抢眼。

国际体育记者圈仍然是他们的天下，连国际奥委会的发言人也能一一认得他们，他们几乎成了国际奥委会的老相识。"这些国际奥委会邀请的记者牛得很，满世界飞行即是工作。"一名为奥委会服务的人告诉我说。而随着奥林匹克精神不断在中国蓬勃发展，一旦冬奥申办成功，将奥运精神不断融入民众日常生活中，未来会不会有越来越多能够信手拈来英文、德语和法语的中国体育记者？[①]

三、怎样做好国际体育新闻编辑

新闻编辑一般指负责设计、策划、编写、整合新闻报道的媒体从业者。新闻编辑应当与新闻记者密切配合，对记者发来的新闻报道及其相关材料进行深度解析和处理，让新闻以符合媒介要求和读者需求的方式发布出来，是策划和编辑新闻的"把关人"之一。[②]

记者工作在前方，重在"记"，编辑工作于后方，重在"编"。相较于国际体育新闻记者，国际体育新闻编辑除了需要掌握一定的体育新闻采写编评技能，还需要更强的统筹意识和管理能力，懂得策划国际体育新闻报道的方法、指挥报道策划的实施，擅长处理和编辑记者来稿，并对报道做出总结和点评。作为体育传媒工作者，国际体育新闻编辑还应及时了解国内国际体育事业和体

---

① 李理. 记者手记：国际体育记者圈仍然是他们的天下 [EB/OL].（2015-07-29）[2024-05-03]. https://zgqyjlm.com/zhongguojizhe/guojishiye/2015-07-29/28069.html.
② 张甜. 对新媒体时代"把关人"理论的新思考 [J]. 新闻实践，2007（11）：35-36.

育产业发展趋势，研究体育事务和体育问题。

（一）组织策划报道并指挥报道方案的实施

组织策划报道是国际体育新闻编辑的一项重要基本功，要求编辑具有扎实的组织策划能力，即有挖掘体育新闻事件的敏锐嗅觉，有延续性、长期性的新闻视野。对国际体育新闻编辑来说，思考如何在工作中做一名组织者和指挥者是十分重要的。

国际体育新闻报道具有较强的可预见性和周期性，在新媒体时代激烈的媒介竞争环境下，决定国际体育新闻报道质量的一个重要因素就是报道策划，在奥运会、世界杯、亚运会等大型体育赛事的国际化报道中更是如此。[①] 这就需要国际体育新闻编辑不断锤炼自己的核心能力，在组织策划报道和指挥报道方案实施的过程中充分发挥自己应有的职能作用。

1. 制订或修改补充报道策划方案

国际体育新闻报道策划，是指体育新闻编辑为使某些体育报道选题获得预期的国际化传播效果，对体育新闻、体育赛事报道活动进行系统规划和设计，并且在报道实施过程中不断接收反馈，修正原有设计的行为。

国际体育新闻编辑可以自己制订从宏观到具体任务的报道策划方案，也可以与前方记者密切配合，根据国际体育新闻报道实际修改订正记者的报道策划方案。在制订国际体育新闻报道策划方案的过程中国际体育新闻编辑应清晰地界定体育事件或体育赛事中可供传播的客体，同时了解新闻读者、赛事受众和广大体育迷的需求，并统筹兼顾实现传播和报道的有利条件。

2. 给记者下达报道任务

由于体育新闻记者供职于整个体育新闻报道流程的前端，往往在赛事现场进行相关工作，而体育新闻编辑供职于报道流程的后端，往往进行新闻产出

[①] 牛炎涛，刘巧芳. 媒体运行服务对大型体育赛事传播的影响［J］. 传媒，2014（8）：65-66.

的最后把关，因此，体育新闻编辑有必要也有责任给前方记者下达具体的报道任务。

当具体的报道任务下达后，体育新闻编辑就可以将策划方案的每一部分内容落实到人，使工作进入微观操作阶段。除此之外，接受信息反馈和处理各类信息也是体育新闻编辑始终需要进行的一项工作，尤其是在国际大型体育赛事报道中，由于工作节奏快、难度大、细节多，国际体育新闻编辑应该有意识地接受记者和受众等各方面的意见和建议，并据此对正在进行策划的报道内容做出必要的修正。

3. 给予记者采访提示

采访提示一般是编辑在记者采访过程中给出的关于采访对象、采访方向、采访要点和具体采访方式的提示。国际体育新闻编辑应当审时度势，在推进新闻采访工作的过程中给予记者一定的采访提示，以便记者能够在前方获取更多后方需要的信息和素材。

例如，重点赛事中的重点运动员、创造新的历史纪录的运动员和队伍、体育赛场上和赛场外的突发事件、国内体育受众特别关注的相关内容等，都可以成为国际体育新闻编辑给予前方记者的采访提示要点。需要注意的是，体育新闻编辑也要减少对记者工作的过度干预。

4. 给予记者写作提示

写作提示一般是编辑在记者写作过程中给出的关于写作题材、写作体裁、写作要点和具体写作内容的提示。国际体育新闻编辑应当统筹兼顾，在推进新闻写作工作的过程中给予记者一定的写作提示，以便记者能够产出符合编辑部门和读者需求的基本新闻内容。

例如，针对什么样的体育事件可以撰写深度报道，面向什么样的运动员可以创作人物特写，遇到什么样的突发情况只需要传回简讯或消息……有时在体育赛事前线，国际体育新闻记者并不能完成对相关写作重点的判断，这就需要国际体育新闻编辑做好记者的"大脑"。

(二)研究体育事务和体育问题

国际体育新闻编辑要有强烈的职业使命感和崇高的敬业精神,还要善于做组织者、指挥者。国际体育新闻编辑应对体育事业的发展变化及可能影响这种变化的趋势、地区和国际形势,以及地区热点和国际热点等有较为清晰的认知,能在重大体育事件的传播中做出正确的判断。国际体育新闻编辑应当充分利用时间,研究自身工作涉及较多的领域的相关体育事务和体育问题,并建立自己的知识库,供相关新闻报道策划和编辑使用。

1. 研究体育事务

体育事务一般是指各大型体育赛事、国际体育组织、职业体育比赛、运动队、俱乐部等组织的具体工作、运行情况、社会情况和行政工作情况。对体育事务的充分研究和了解有助于国际体育新闻编辑推进、完善自身的编辑工作。尤其是深入掌握一些大型体育赛事的媒体运行服务方式,有助于国际体育新闻编辑与前方的体育新闻记者密切配合,提升自身的组织和指挥能力。

国际体育新闻编辑应该充分了解自己所对口的相关体育项目和领域的事务,懂得相关体育事务推进的具体规律,防止因自身体育专业性不够而出现原则性问题。在必要情况下,国际体育新闻编辑应该通过系统学习甚至科学研究对相关内容进行深化、内化,以便在工作中灵活运用这些知识和研究成果。

2. 研究体育问题

体育问题一般是指各大型体育赛事、国际体育组织、职业体育比赛、运动队、俱乐部等在具体运行过程中出现的非常规、具有特殊新闻价值的事实。之所以要研究这些体育问题,是因为这些问题往往可以成为国际体育新闻编辑策划和制订报道方案的灵感来源。国际体育新闻编辑在研究相关体育事务的过程中应该具有充分的问题意识,捕捉到相关体育问题的矛盾点,将其转化为可操作的国际体育新闻选题。

体育作为一种社会文化活动,其发展也融于整个社会的发展过程中,受一定的政治、经济条件制约，并为一定的政治、经济发展服务。由于体育的社会属性，许多体育问题常常与政治、经济、文化等社会问题密切相关。国际体育新闻编辑在研究体育问题时，也应该以更加广阔的视角和开放、多元的思维方式拓宽体育问题的广度，以期为相关报道提供更有价值的参考。

案例 14

印度代表团在第 19 届杭州亚运会上取得了令人瞩目的成绩，以 28 金 38 银 41 铜的成绩排名奖牌榜第四名，为印度代表团历届亚运会最佳，受到了亚洲各国体育爱好者的广泛关注。此次成绩不仅体现了印度在多个项目上的突破，同时也证明了经济发展对体育成绩产生的积极影响。

《印度时报》称，在 2023 年第 19 届杭州亚运会上，印度代表团取得了前所未有的 107 枚奖牌，这一成绩让印度备受鼓舞，力争将全球最大的体育盛会（奥运会）带到这个国家。印度总理莫迪表示，2023 年印度特别关注体育，印度选手也在国际赛事中表现出色，印度代表团在杭州亚运会取得了历史性表现，这也是印度体育实力快速提升的信号。

（三）编辑记者来稿

按照新闻编辑的基本工作要求和工作流程，高效地编辑记者来稿是一名国际体育新闻编辑应当具有的基本能力。出色的国际体育新闻编辑能够迅速判断记者来稿的新闻价值，并根据新闻价值大小确定稿件编辑的顺序与轻重缓急，以便按照前期制订的新闻报道策划方案对各稿件进行合理编排，使前方发来的稿件迅速被处理和充分运用。

在国际体育新闻报道中，由于报道领域和报道内容较为特殊，新闻事件常常涉及许多政治问题、政策问题，以及很多体育领域的专业问题，因此，除了基本的排序和编排工作，国际体育新闻编辑也需要负责仔细核对记者来稿中的事实和专有名词，在发现问题时，动手编辑或改写记者来稿。在这一过程中，国际体育新闻编辑至少需把好三道关：政治关、政策关、新闻写作关。

1. 政治关

2016年11月7日，习近平总书记在会见中国记协第九届理事会全体代表和中国新闻奖、长江韬奋奖获奖者代表时，曾勉励广大新闻工作者坚持正确政治方向，做政治坚定的新闻工作者。政治性是新闻宣传工作的根本属性，对国际体育新闻传播工作来说也是如此。国际体育新闻编辑要有政治眼光、政治智慧，做好国际体育新闻记者的政治把关人，在编辑记者来稿时善于把政治导向、政治要求融入其中，在记录国际体育新闻事实的同时，准确地向世界讲好属于中国的体育故事。

案例15

2021年新冠疫情全球大流行，特别是奥密克戎等变异毒株的传播，给全球疫情带来了极大的不确定性，全力以赴做好北京冬奥会防疫保障至关重要。

北京冬奥组委专职副主席、秘书长韩子荣表示，中国政府始终坚持人民至上、生命至上的原则，按照"外防输入、内防反弹"总体防控策略，有力保障了我国经济社会持续稳定发展，确保了国内公众健康安全。

"安全"是"成功"的基石。冬奥会期间，将有大量不同国家和地区的涉奥人员来华，人流聚集增加，出现一定数量的阳性病例将成为大概率事件。面对全球和国际社会的冬奥热情，北京冬奥会疫情防控工作务必全力以赴、科学精准、切实有效。[1]

---

[1] 顾天成，徐鹏航. 全力以赴做好北京冬奥会防疫保障［EB/OL］.（2021-12-23）［2024-05-03］. https://baijiahao.baidu.com/s?id=1719928994431821490&wfr=spider&for=pc.

2. 政策关

除了把好政治关，新闻稿件的内容还应与相关政策保持一致。这里提到的相关政策不仅仅是指我国或记者驻在国的政策法规，还包括各国际体育组织、职业体育联盟、体育协会、俱乐部等的相关规定。国际体育新闻编辑在日常工作中要熟知经常涉及的相关新闻报道政策和体育政策，在接到记者来稿后迅速判断稿件中可能存在的政策问题并进行适当修正，使稿件最终能够按照我国的新闻出版政策顺利播发。

3. 新闻写作关

考虑到国际体育新闻报道的整体性，新闻写作不仅仅是记者的职责，也是编辑必备的技能。当国际体育新闻编辑发现记者提供的稿件存在基本的新闻写作方面的问题后，应当在不影响基本信息表达的前提下着手进行修改，在修改过程中及时与记者进行沟通确认。同时，根据新闻报道策划方案的动态调整，国际体育新闻编辑也需要进行稿件的二次写作，如篇幅字数的调整，甚至文体体裁的调整。

（四）对报道做总结和点评

除了以上三点，作为新闻内容生产过程中的后端"把关人"，对报道做适当的总结和点评也是国际体育新闻编辑的重要职责之一。报道总结可分为对一段时间内的报道工作的全面总结和对某一篇重要报道的单项总结。报道点评包括对具体稿件的点评和对普遍性差错及其改进方法的点评。报道总结与点评也是编辑的一项基本功，及时准确地结合国际体育和新闻报道日程对报道工作进行总结点评，可以体现一位国际体育新闻编辑在工作上的专业性。

1. 对报道做总结

对一段时间内的报道工作进行全面总结有助于系统地归纳一个工作单元的成绩、收获以及不足甚至失误，督促自己和其他记者编辑扬长避短，在今后的报道工作中继续保持优势、弥补不足、规避失误。例如，对职业体育联赛一整个赛季的报道总结、对某一篇重要报道的单项总结，都可以为今后相似条件下的报道积累直接经验，为后续同一赛事、同一项目或同一运动员、同一球队的相关报道打下理论和实践基础。

2. 对报道做点评

对具体稿件的点评较为微观，编辑往往会指出稿件中的某些细节，在点评的过程中也会指向负责该稿件的一位或几位记者，是在具体操作层面的建议、指导和帮助；对普遍性差错的点评较为宏观，编辑往往会概括一段时间以来稿件的共性情况，在讨论的过程中总结改进方法，提出意见建议，从而助推报道工作的改进。

第二章　国际体育新闻的报道策划

一、国际体育新闻的报道策划：何以需要又何以必要

在对国际性的重大体育赛事进行报道前，媒体应做好报道策划工作。完备的报道策划不仅可以使报道内容层次分明、重点突出，也有利于现场记者和后期团队等之间开展合作。特别是在各种媒体形式层出不穷的当下，做好新闻报道策划，能够使媒体在跟进赛事的过程中，把握好报道节奏，紧跟最新热点，避免受制于人，从而生产出成功的新闻作品。

（一）满足受众对新闻信息产品日益增长的需求

将新闻视作产品，是数字化时代传统媒体引入互联网思维、实现转型升级的新思路，新闻媒体运用产品思维进行整合与改造，从而更有效地应对数字化给传媒业带来的冲击。[1] 在新媒体时代的背景下，传统媒体在内容生产、产品分发和广告营销等领域的霸权都不复存在。与之相反，新媒体公司往往以产品为核心，以服务为突破口，再逐渐扩展到内容生产领域，对于新的生产和消费趋势往往把握得更加到位。[2]

作为媒体市场的重要组成部分，体育新闻产品的形态日益多样化。首先，

---

[1] 史安斌，贺飞. 新闻产品思维：理念重构与实践创新［J］. 青年记者，2016（19）：82-85.
[2] 刘义昆，赵振宇. 新媒体时代的新闻生产：理念变革、产品创新与流程再造［J］. 南京社会科学，2015（2）：103-110.

体育新闻产品具有以下几个特征：第一，即时消费，体育新闻产品主要围绕体育赛事组织材料，体育赛事的不确定性与体育迷对赛事结果的好奇构成一对反差组合，体育新闻产品的即时性越强，其需求量往往也越大；第二，客观性，假如体育新闻产品不能反映体育活动的真实性和客观性，那么它不仅丧失了自身的新闻价值和社会责任，也违背了体育精神；第三，差异性，随着大众的体育消费意向逐渐增强，体育新闻产品市场的竞争也越发激烈，体育新闻产品需要保持对生产理念的创新意识，才能站稳脚跟；第四，公共性，体育活动往往在公共空间中发生，这使体育新闻天然便是公共物品，其生产、分发和消费的过程无不带有公共性色彩。[①]

其次，体育新闻产品既是对消费者娱乐和信息需求的回应，也潜移默化地塑造了体育新闻市场的消费品位。在文化工业的背景下，"媒介体育"成为与体育新闻产品相伴而生的新概念。体育新闻的功能取决于其自身的真实性与客观性，但诞生于文化工业背景下的媒介体育却更多地表现出大众文化商业性的特征。[②]

总而言之，在新媒体环境下，体育新闻"产品化"运行思路的重要性日益凸显，而作为一种产品，体育新闻的生产也面临更加严格的考验，这就需要媒体从业者转换思路、调整策略，重新思考体育新闻的发展可能性。将新闻作为产品，进行项目制的计划和管理，便是重要途径之一。

案例1

体育新闻播客如今越来越受消费者喜爱。在播客平台上，体育内容既可以提供信息和娱乐，又可以履行新闻的义务。专注于板球运动的独立体育播客《最终话语》(*The Final Word*)因其内容和形式广受好评。这个播客由伦敦

[①] 黄铁英.体育新闻产品和消费者市场特征的经济学分析[J].新闻知识，2012（4）：25-26，103.

[②] 郭晴，郝勤.媒介体育：现代社会体育的拟态图景[J].体育科学，2006（5）：21-24，32.

的亚当·柯林斯（Adam Collins）和墨尔本的杰夫·莱蒙（Geoff Lemon）共同运营，他们将自己描述为"一对环游世界的板球作家，报道着最奇怪、最可爱的比赛"。柯林斯曾是一位政治工作人员，2015年开始从事新闻工作，同时也是一名自由职业者，工作范围涉及欧洲、亚洲和大洋洲，而莱蒙自2010年起开始撰写板球评论和文章，以自由撰稿人的身份为BBC、卫报等知名媒体供稿。这两位运营者或多或少地与主流媒体相关联，但都没有稳定地受雇于任何媒体，因此，《最终话语》在内容和形式上相较于组织机构运营的播客更加灵活。

一项针对《最终话语》听众的调查研究显示，体育新闻信息产品改变体育迷与新闻业关系的同时，消费者对新闻产品的需求却仍保持着一些朴素的特质。板球爱好者高度卷入媒体内容，在观看比赛之外还会通过各种形式的传统媒体和社交媒体消费板球新闻产品。同时，他们在收听体育播客时，对内容的真实性和客观性而非内容对生活方式的引领作用抱有较高的期待。《最终话语》提供了一种现代的、杂志风格的新闻和评论方式，作为听众消费主流新闻产品的一种补充。①

体育播客往往更加关注传统体育媒体所忽视的问题，这种特殊的视角反而使一些"另类"播客成为具有把关（gatekeeping）效应的传统媒体之外最重要的媒体形式。②未来，新兴的体育新闻产品将在坚守新闻行业责任意识的前提下，面临更加多元、更富有挑战性的前景。

（二）增强报道的不可替代性，提升媒体自身的竞争力

在媒介市场日益复杂、受众需求渐趋多样的新闻发展背景下，各路体育媒体如何将自家新闻打造成具有不可替代性的优质产品，在层出不穷、花样繁

---

① ENGLISH P, BURGESS J, JONES C M. The final word on sports podcasts: audience perceptions of media engagement and news consumption [J]. Media international Australia, 2023, 187（1）: 8-20.
② MARKMAN K M, SAWYER C E. Why pod? Further explorations of the motivations for independent podcasting [J]. Journal of radio & audio media, 2014, 21（1）: 20-35.

多的各类新闻产品中"杀"出生路，是一个重要的课题。

有学者指出，当下体育新闻面临的挑战主要有四种：第一，来源于新闻读者和社交媒体用户的资料加强了新闻的互动性，也对传统媒体的权威性产生威胁；第二，数据驱动的内容生产理念应用愈加广泛，如何恰当地使用数据，并向不同层次的读者解释清楚数据的来源，需要进一步思考；第三，有赖于社交媒体的发展，传统媒体被运动员、俱乐部、自媒体等不同新媒体参与者绕过，信息生态的秩序被破坏；第四，油管（YouTube）、亚马逊等大型媒体平台加入体育新闻领域，成为传统媒体将要面临的强有力竞争者。[1]一言以蔽之，传统的媒体格局被各种新兴报道技术打乱，传统媒体的权威地位受到巨大冲击。体育新闻作为新闻传播的特殊领域，往往是最先受到新媒介技术冲击的，也是最早对形势作出反应的，这无形中体现着体育媒体从业者的职业素养。

另外，即使专攻内容的思路在新媒体时代已不再适用，对专业精神和职业能力的质疑声也时时萦绕在体育新闻产品从生产到分发的整个流程中，这源于体育新闻部门长久以来被视为编辑部的"玩具部门"（toy department）的偏见。[2]在这重意义上，记者或媒体的组织与策划能力以及对报道全局的掌控感显得尤为重要。记者不仅要参考传统媒体时期赛事策划的技巧和思路，也要了解新技术因素对赛事报道方向可能产生的影响。

案例2

2022年北京冬奥会期间，苏翊鸣获得坡面障碍技巧项目银牌当天，网络上出现了针对裁判打分问题的争论。《北京日报》记者邓方佳抓住这一契机，

---

[1] WISKE J, HORKY T. Digital and data-driven sports journalism: new challenges and perspectives [M] //Insights on reporting sports in the digital age: ethical and practical considerations in a changing media landscape. London: Routledge, 2021: 31-48.
[2] SALWEN M B, GARRISON B. Finding their place in journalism: newspaper sports Journalists' professional "problems" [J]. Journal of sport and social issues, 1998, 22 (1): 88-102.

在综合苏翊鸣及其教练佐藤康弘的现场采访情况和详细打分表信息的基础上，直接在新闻发布会现场以正在参加发布会的苏翊鸣为背景，录制了一段视频来解释打分问题。

这段视频迅速在网络上传播并被推上热点，因有现场采访背景、现场采访资料，其权威性得到了观众的认可，在没有外力推动的情况下得到了短暂却广泛的传播。尽管随后因为涉及版权争议，该视频最终被下架，但其带来的影响是毋庸置疑的。

邓方佳表示，随着体育赛事转播技术的发展，记者仅观看赛事转播也能完成基本的赛事报道工作，这在一定程度上已经破坏了体育赛事现场报道的不可替代性，甚至出现"劣币驱逐良币"的现象。但对"如何增强体育报道的不可替代性"这个宏大的问题，邓方佳关于苏翊鸣的报道案例可以作为参考。

邓方佳能够抓住这一关键时刻，生产出兼具真实性和影响力的视频新闻产品，得益于其对赛事新闻工作的良好策划与严格执行能力。赛事期间，邓方佳与同事李远飞、陈嘉堃、潘之望组成"张家口小分队"，在张家口赛区协同进行报道工作。四人在报道流程、驻守场地和负责工作方面，都有清晰明确的安排与策划，这使他们得以覆盖张家口赛区大部分项目金牌诞生的报道，圆满地完成了报道任务。

不过，邓方佳也提到，冬奥报道期间，"小分队"在视频策划和制作方面也面临人手不足的问题。"小分队"每天都要在不同的比赛场地之间来回奔波，通勤时间较长，文字稿件需求又很大，难以腾出时间和精力进行视频端的策划、拍摄及剪辑工作。这也从侧面说明，新闻策划工作的能力是在实践中不断提高的，在新媒体环境下，媒体进行体育新闻报道策划时，同样不可忽视视频这一重要阵地。

（三）引导社会舆论的需要

互联网带动了体育信息的普及，方便了网民对热点和重大体育赛事的关注、转发和评论。网络平台的开放性也为体育赛事舆情的产生、积累和扩散提供了渠道。① 有研究显示，关于体育的新闻往往被认为是更加中立客观的②，这使体育新闻成为新闻舆论场中的特殊存在。

体育新闻的舆论引导主要分为四种模式：日常报道的软性引导、监督类新闻的硬性引导、热点新闻的热点引导和突发危机事件的强势引导。第一，对于日常性的体育报道，媒体主要承担发布信息、沟通情况的责任，让观众在获取信息的同时潜移默化地接受体育精神。第二，对于体育赛事中偶发的负面现象，媒体应起到监督作用。深受球迷喜爱的电视专题节目《足球之夜》便是最集中、最权威的批判中国足球违背体育道德行为的节目之一，正如其主持人刘建宏所言："《足球之夜》既要反映中国足球美好的一面，也要照出中国足球黑暗的一面。"第三，对于重大赛事等社会关注的体育热点事件，如北京冬奥会、杭州亚运会等，媒体要在短时间内建立强大的宣传阵势，进行强有力的舆论引导。第四，体育活动和其他社会活动一样，具有很强的公共性，对于诸如赛场暴力和黑幕一类的恶性事件，媒体要始终关注突发事件的走势和舆情方向，坚持正确的指导思想，辩证地平衡突发事件报道"时"与"效"的矛盾。③

案例3

2024年2月4日，在中国香港进行的一场友谊赛中，迈阿密国际足球俱乐部（简称"迈阿密国际"）4∶1战胜中国香港男子足球代表队。然而，这场看似普通的友谊赛随后却掀起了轩然大波。当天比赛的举办地香港大球场涌入了约四万名海内外球迷，绝大部分都是为了效力于迈阿密国际足球俱乐部的巨

---

① XIE Q, HAN Q, CHEN D. Analysis of sports popular trend based on public opinion mining of new media [J]. Mathematical problems in engineering, 2022: 1-8.
② KIM K, PATNODE R. Sports media versus news media: perceptions of media bias in coverage of the NFL National Anthem Protests in 2017 [J]. Journal of sports media, 2021, 16 (1): 1-19.
③ 李金宝, 王雪峰. 试论我国电视体育节目分类及舆论引导 [J]. 体育文化导刊, 2010 (2): 91-93.

星梅西而来。然而整场比赛，梅西都坐在替补席上，甚至连外套都没脱下。现场球迷多次高喊梅西的名字，但最终仍未能如愿看到偶像登场。比赛最后时刻，一部分球迷开始提前退场，甚至高喊"退票"。赛后，迈阿密国际主教练马蒂诺解释称，这是团队根据梅西的伤病情况共同做出的决定。但对于愤懑的球迷而言，这显然是个难以服众的理由。这次事件甚至已经在国内主流搜索引擎中"争得"了一席之地——百度百科将其称为"2·4梅西香港友谊赛缺阵事件"。

此次事件发生后，众多知名媒体、记者纷纷发布相关内容。一些媒体从商业角度出发，指出这是一场失败的商业活动。"不到两周的时间，从深圳到香港，C罗和梅西的商业赛最后都演变成一场口水大战，如果算上2023年11月提前流产的迈阿密国际内地行，商业赛三个月内完成'爽约'帽子戏法，其背后原因值得业界深思。"（澎湃新闻）"如果把球迷视作'韭菜'，把球星来华的商业比赛看作'赚一笔就走'的快钱，那么很可能会发生一些不欢而散的闹剧，让满怀期望的球迷伤心收场。"（红星新闻）

另一些媒体则指出，梅西此举实在有失职业水准，也伤害了高尚的体育精神。"无论球队还是球星，他们踢商业比赛，也是在商言商，绝非提供免费劳动。既然如此，就应展现应有的商业素养。比如，在遵守合同的前提下，尽可能地体现专业精神，而不是敷衍受众；尽可能地保持职业风范，而不是走个过场。友谊赛的'商'是货真价实的，梅西的伤或是值得推敲的。"（人民网）

同时，一些知名体育记者也直指迈阿密国际足球俱乐部的做法太不专业。"迈阿密国际股价跌了，公关也就睡醒了，终于想起中国香港行的事儿了，回应为保护球员健康，临时决定才造成了这次事件。但全文没有提道歉，都什么时候了，还是拿球员健康当挡箭牌。……这哪里是一个成熟的职业俱乐部面对商业比赛的态度？迈阿密国际，你的信誉何在？"（体育评论员韩乔生）

由于事件过于突然、过于出人意料，许多媒体都被打了个措手不及，但这并不能证明提前对重大新闻事件报道进行预先策划就是无用的。相反，在策划阶段积累的资料和信息，正是媒体能够以不变应万变的法宝。倘若没有前期的大量基础准备，如在这一事件中媒体没有提前深度了解梅西的个人信息、香港特区政府为此次友谊赛所做的准备以及体育商业活动的相关知识，想必是无法应对这一突发事件的。从另一个角度看，赛事报道策划本身也应该包括对突发事件的预案。

二、国际体育新闻报道的策划内容

国际体育新闻报道策划工作往往规模较大、范围较广，具体而言，其策划内容主要可分为以下几个部分。

（一）对报道方针和报道基调的策划

国际体育新闻报道在一定程度上反映着一个国家的精神面貌，报道的方针和基调是国际体育新闻报道组织材料、整理内容时需要遵循的根本原则。报道方针主要根据我国体育和外交战略的需要以及引导舆论的需要确定，包括报道应该倡导什么、反对什么以及涉及的敏感问题如何把握等。

在当下的国际传播格局中，去中心化的社交媒体平台激发了互联网用户的能动性，使海量信息以极快的速度、极大的规模跨越国家和地区流动，因此国际新闻记者不仅要在保证本土化的基础上与其他国家媒体竞争，还要应对这一趋势对新闻记者造成的不可替代的冲击。[1]与一般的体育新闻报道不同，国际体育新闻报道常常涉及跨文化议题，这对媒体从业者提出了多重要求，一方面在报道前必须明确我国新闻报道的根本方针，另一方面也要对报道涉及的其他国家和地区的文化背景、政治环境有所了解。在此基础上，国际体育新闻报道还要求媒体和记者能够辩证、全面地看待问题，从体育的个性化领域中辩证地探索普遍适用的价值取向。完成一篇既有正确立场，又有新闻价值，还有体育专业水平的国际体育新闻报道，才是当今我们应该追求的目标。

---

[1] 陆洪磊，杨鹏成．国际报道的"驯化"挑战与国际记者跨文化素养提升[J]．教育传媒研究，2023（4）：33-37．

报道方针也应关涉体育精神的传递。2021年7月，在东京奥运会举办之际，国际奥委会通过投票表决，同意在原奥林匹克格言"更快、更高、更强"之后，加入"更团结"一词，连在一起呈现为"更快、更高、更强——更团结"。这说明社会各界对体育精神的理解更进了一步，从追求速度与力量、追求更好的竞赛成绩转为探索体育带给全人类共同的精神遗产。在这样的背景下，我国的国际体育新闻报道也应将注意力更多地分给对体育精神的呈现，警惕"锦标主义"的思想，传递人文主义的精神。

案例4

2010年温哥华冬奥会，韩晓鹏作为上一届自由式滑雪空中技巧的冠军，在资格赛中却因失误无缘决赛。韩晓鹏本就有伤在身，尽管赛场失利令人遗憾，但从体育精神的角度看，他勇敢地站上赛场、全力拼搏的行为同样值得尊重和喝彩。然而，一位记者却在现场发问韩晓鹏"以后有什么打算"，使韩晓鹏直接泪洒现场。

对于普通运动员，这一问或许无可厚非，但韩晓鹏在过去的8年中经历了两次大伤，2008年底的重伤直接导致他的2009年几乎成了"空白"。即使在这样的处境下，韩晓鹏也始终没有放弃对自身极限的挑战，8年中连续三次参加奥运会，甚至为此取消了几家品牌的代言和商业活动。面对这样一位刚刚失利的老将，记者完全可以将这些引人伤感的问题留到发布会等场合，在现场采访中抓住机会还原赛事本身的情况。也许记者想通过煽情营造"悲情气氛"，但这种发问方式对受访人而言无疑是巨大的伤害。

这次事件后，网络上出现了不少对该记者提问方式的批评，质疑其不该在运动员的伤口上撒盐。《新闻晨报》随后也发表文章，称"或许我们更应该用另一种更加开放和轻松的心态，而不是泪水，来面对这样的时刻"。冬奥会属于重要的国际体育赛事，从国际体育新闻报道策划的角度来看，出现这种情况的重要原因之一，便是记者没有在赛前对报道的方针和基调做好策划，使报道缺乏人文精神。

（二）对报道面与报道规模的策划

随着国际交流合作日益频繁，形形色色的国际性体育活动也与日俱增，要想在有限的报道成本和海量的潜在报道对象中取得平衡，需要媒体和记者在报道前对报道面和报道规模进行策划。

报道面与报道规模应该多大，要根据报道方针和受众需求确定。对于奥运会、亚运会、世界杯这类在全世界范围内都拥有极高关注度的大型体育赛事，媒体应在能力范围内扩大报道面、增大报道规模，以满足受众对相关新闻的需求。

案例 5

2022 年，世界杯时隔 20 年第二次在亚洲举办，来自全世界的 32 支优秀球队将为球迷奉上 64 场精彩赛事，在这之中，于北京时间 0 点之前开球的比赛有 40 场之多，这对中国球迷而言是一个非常好的消息。一方面，世界杯本身就具有强大的观众基础，另一方面，赛事分布时段对国内观众而言极为友好，使得 2022 年卡塔尔世界杯具有巨大的影响力和传播力。为此，中央广播电视总台（下称"总台"）组建了阵容强大的报道团队，为卡塔尔世界杯量身打造了堪称"奢华"的新闻策划方案。据了解，总台将通过 CCTV-1、CCTV-2、CCTV-5、CCTV-5+、CCTV-13、CCTV-16 等电视频道，央视频、央视体育、央视网、央视新闻等新媒体平台及广播频率共同搭建"全媒体"传播矩阵。其中 CCTV-5 作为世界杯赛事报道的主频道，将直播 56 场赛事，包括 40 场小组赛，以及全部 16 场淘汰赛；小组赛第三轮并发进行的 8 场比赛将在 CCTV-5+ 频道播出；CCTV-16 奥林匹克频道将以 4K 超高清模式历史首次参与世界杯赛事转播，为广大球迷带来无与伦比的视听享受。

相较于传统意义的男足世界杯比赛，总台对于女足世界杯的报道策划在相当一段时间中都较为简单。在传统观念中，足球被认为是一项偏男性化的运动，女性参与者和球迷数量都比较少，女足世界杯的关注度也因此偏低，这是总台在对女足世界杯进行新闻报道策划时考虑的主要因素。不过，随着近年来中国女足在一些重大赛事中贡献的精彩表现，越来越多的球迷也开始关注女足赛事。在2023年女足世界杯的报道中，总台便制作了全新的赛事主页，策划了一些赛事栏目和相关活动，对于北京时间7月22日晚中国女足对阵丹麦女足的比赛，提前25分钟就开始进行电视端全国直播，甚至"挪走"了同时进行的中超比赛。

从总台对于两场世界级赛事的不同报道策划方案以及对女足世界杯赛事报道策划理念的变化中可以看出，国际体育新闻报道的规模基本以受众需求和报道方针等为主要依据。

此外，报道面与报道规模也受媒体自身定位和报道成本影响。在注意力经济时代，新闻报道的商业性质日益突出，许多媒体转变思维，开始参考商业策划的思路进行新闻策划。在这种条件下，所供职媒体的规模体制、营收水平、自身定位都将对新闻报道的规模产生重要影响。国际体育新闻报道的策划不能一味追随热点，而要慎重考虑现实因素的制约，在尽量控制成本的前提下打造有新意、有亮点的优质体育新闻报道。

案例6

在2022年卡塔尔世界杯的新闻策划中，中央广播电视总台（下称"总台"）组建了160人的庞大前方报道团队，以位于卡塔尔多哈的国际广播中心为枢纽，在多哈具有浓郁地域特色的瓦其夫广场搭建外景演播室，在风景独特的滨海大道搭建出镜平台，在包括决赛、半决赛在内的10场核心赛事中搭建场边报道点，为球迷带来与顶级球星零距离接触的观赛体验。另外，总台还在赛事举办的八个球场架设了解说评论席，评论员和嘉宾将现场完成全部64场赛事解说。总台对每场比赛设置至少7路机位直播，其中淘汰赛阶段比赛将设置14路机位，实现教练席、明星球员、替补席、横向战术、纵向战术、航拍、无人机、球场全景、空中俯瞰等无死角全景呈现，带给用户更加沉浸式的观赛体验。

从策划方案的内容中可以看出，对于世界杯这一国际足球盛事，总台的报道规模十分浩大，远非一般媒体可以比拟。就赛事本身而言，为国际知名媒体机构提供报道便利，也有利于扩大赛事影响力，因此，这样的赛事与媒体合作可以说是双赢的。

然而，并非只有雄厚的财力才能支持优秀的新闻报道。一些媒体巧妙地利用社交媒体时代信息的传播特点，独辟蹊径地打造了"小而美"的新闻产品，同样值得参考和借鉴。在短视频新闻领域，足球情侣博主花式足球克里斯和我是阿刁耶于世界杯期间发布的视频同样取得了良好的传播效果。克里斯从小接触足球，后来练习花式足球并在疫情期间逐渐走上短视频博主的道路，而阿刁耶则是在大学期间才开始对足球产生兴趣，并逐渐成为北大女足的队长，二人因为相同的志趣相识相恋，并成为彼此的工作伙伴，可以说是互联网时代因流量而"误入"媒体行业的典型案例。

由于这对博主并非严格意义上受雇于媒体机构，受限于自媒体运营者的身份，无法像大多数专业媒体一样，提前对世界杯之旅进行周密的计划，但他们选择以"球迷＋博主"双重身份的特点出发，将临行前的各种事件、赛场上的所见所闻以及赛后的心得感想全部纳入了内容策划的框架中，用真诚的表达赢得了受众的信任。至2022年底，两人仅抖音平台的粉丝数量已突破150万，这说明成功的国际体育赛事报道策划并不总以高标准、高预算的面目出现，找准自身的定位，制订适合自己的计划，同样也可以打造精品报道。

（三）对报道重点的策划

在策划时应考虑国际体育新闻报道的重点。具体而言是指围绕某一体育界普遍关注的国际热点体育事件，经过具有前瞻性和思辨性的谋划，提炼出主题，并紧扣这一主题，运用充足的体育新闻素材和创新的媒介实践技术，多角度、多侧面、全方位地通过主题版面（网页）或专题系列的形式，加强报道的深度和广度。任何体例、篇幅和题材的报道都需要找准落脚点、明确聚焦点，对国际体育新闻报道而言更是如此。大多数国际性的体育赛事活动都会持续数日，身处其中的记者常常需要在不同的场馆之间穿梭，报道不同类别和场次的比赛，这对记者的统筹规划能力是相当大的挑战。在有限的时间和精力下，报道应该着重强调什么、大胆"舍弃"什么，都是前期策划时需要特别考虑的。具体而言，在一则报道中，哪些内容应全面、充分、深入地报道，哪些内容应予以突出展示，除了考虑报道方针、报道成本等因素，还要考虑时效性、重要性、接近性、显著性和趣味性等新闻价值五要素。

案例 7

美国篮球职业联赛（NBA）在世界范围内拥有大量狂热粉丝，也向来是国内外体育媒体的"兵家必争之地"。2015 年 NBA 总决赛在金州勇士队和克利夫兰骑士队之间展开，最终勇士队 4∶2 战胜骑士队，夺得 2015 年 NBA 总冠军，不少媒体都针对这次总决赛策划了相应的报道。

在总决赛前夕，中国知名体育媒体《体坛周报》分别对进入总决赛的两支队伍的常规轮换球员的进攻和防守情况进行了详尽的分析，并规划了一整个版面刊发《完全技术报道》。一方面，对纸媒而言，这种整版的主题报道能够营造出一种"大战将临"的仪式感，具有很强的冲击力；另一方面，充裕的版面也使记者的专业知识有了发挥的余地，可以从更细节的角度分析两队球员的实力差异，给读者留下讨论的空间。

腾讯体育则通过策划头条新闻、总决赛热点、两队赛后言论和专家解读等一系列报道来呈现主题。在这一系列报道中，每篇新闻报道都包含视频和高清组图，对两支队伍的自身条件和赛况予以清晰的解读，在球迷中同样收获了很好的反响。

对比纸媒《体坛周报》和互联网媒体腾讯体育对 2015 年 NBA 总决赛的报道策划，可以看出两家媒体在定位和报道方针上有明显的区别。前者作为经验丰富的老牌体育报纸，报道风格更加沉稳保守，而后者借助互联网优势，用视频和图片营造视觉冲击力，对年轻人而言更加友好。

（四）对发稿计划的策划

国际体育活动往往既有"变量"，又有"定量"。"变量"包括比赛和活动现场正在发生的各种情况，以及前期虽然已基本确定，但随时可能被更改的运动员、赛程等信息，"定量"则侧重报道的精神内核，包括体育精神和人文主义理念等。无论是"变量"还是"定量"，都是可以通过前期策划来尽量把握的。针对"变量"，发稿计划往往侧重于现场报道、短视频、图片和消息这类短平快的形式，而对于"定量"，则可以适当安排一些深度报道和访谈节目，以提升整个报道项目的立体感和纵深感。具体而言，发稿计划主要根据报道的重点和规模等确定。

案例 8

2023 年成都大运会期间，《中国青年报》针对"Z 世代"这群主要受众，打造了平实质朴、充满趣味性和人文关怀的传播策略，获得良好反响。

在"变量"方面，《中国青年报》记者梁璇在成都大运会现场抢拍制作的系列短视频《璇转大运会》火爆全网。梁璇在大运会开幕式现场第一时间报道各国和地区运动员的花式表白，真实地反映了各个国家和地区年轻人对中国的态度。虽然梁璇无法预测大运会开幕式现场的一切状况，但在前期的发稿计划中，梁璇确定了发稿的形式（视频）和稿件的主题（运动员对开幕式的想法），这让她能够在第一时间抓住重点，在紧迫的时间内完成报道任务，抢占先机。

在"定量"方面，《中国青年报》从体育赛事的多元文化碰撞出、提炼出了具有普遍性的价值取向，找到了与"Z世代"受众的话语共同点和情感共鸣点，在深度报道上也有所作为。《中国青年报》旗下《冰点周刊》针对大运会开幕式策划特稿《他们在大运会开幕式上对世界唱歌》，讲述了开幕式表演团体大凉山女孩合唱团的故事。深度报道往往有相对充裕的发稿准备时间，在开幕式举办之前，《中国青年报》即派出记者赴大凉山采访，早早成稿，并在开幕式当晚第一时间发出，获得成都大运会、共青团四川省委等官方微信公众号转发，上级向全网推荐转发，被大运会官方专业人士认为"既扎实详尽，又鲜活温暖"。

（五）对报道力量配置和报道运行机制的策划

国际体育新闻报道能够顺利进行，离不开媒体对人力和物力的有效调配，具体而言可分为报道力量配置和报道运行机制两部分。报道力量配置是指对参与报道的人力、资金和技术设备的配置，报道运行机制是指为实施报道而临时建立的组织机构、工作流程及其管理制度。要在前期策划中做好这两项保障性工作，需要媒体做好调研，结合实际情况灵活地制订报道方案。

案例9

2022年北京冬奥会和冬残奥会在奥运历史上十分特殊，由于新冠疫情的影响，这届冬奥会采用了前所未有的闭环管理模式，以最大限度地保障相关人员和北京群众的健康。闭环是指从入境到离境的全流程、全封闭、点对点的闭环管理措施，整个冬奥会赛事是一个大闭环，每个场馆、每个驻地、某些工作场所都是一个小闭环，在小闭环之间，注册人员可以通过专用交通工具，以点对点的方式，在工作场所、比赛空间里自由流动。在这种情况下，相关媒体必须慎重地考虑北京冬奥会的报道方案。一方面，对于这样一次体育盛会，没有不投入大量精力进行报道的理由；另一方面，在闭环中工作成本更高，对记者的要求也更高。

对于北京冬奥会和冬残奥会的报道，相关媒体应该主动提前了解赛事组委会发布的防疫条例和媒体手册等资料，根据官方信息考虑报道人员和资金的配置。在这样的特殊环境中，记者和媒体不仅要关注自己的本职工作，更要做好自身的健康风险预案，在保护自己的基础上完成工作。

案例　中央电视台体育频道2016年里约奥运会报道策划

一、任务目标

1. 重点保证强档新闻

赛事期间，时政新闻、赛事资讯和非赛事新闻报道任务由其他频道保障，保证中央电视台综合频道（简称"央视一套"）《新闻联播》《朝闻天下》《新闻30分》等常规新闻节目正常播出。

2. 全面实现奥运战略（7+1）

中央电视台打造了一个24小时开放式的奥运资讯平台以满足观众对奥运报道的需求，此外，央视旗下7个赛事转播频道形成互补，实现赛场内外全覆盖，力求第一时间将最新、最快的赛事资讯传递到位。

3. 奠定报道"旗舰"地位

中央电视台利用"主场优势"，与世界大台、强台展开"奥运新闻大战"。利用版权方面的独家优势，搭建融合传统媒体、新媒体、观众互动参与的超级平台，应对新媒体的挑战和竞争，让更多的人通过央视的节目"看"奥运。

4. 整合各方资源

搭建融媒体平台，整合台内各中心、驻外记者站、央视网资源，以及协办城市和各地方电视台资源，并优化利用NBC等国外大台的资源和素材。

二、频道定位

里约奥运会期间，中央电视台体育频道（简称"央视五套"）定位为"奥运资讯频道"，即最快发布赛事资讯、集纳荟萃奥运新闻的第一平台，全时段、全方位地对奥运新闻进行报道。

1. 全时段覆盖

里约热内卢和北京有 11 个小时的时差，大多数项目进行时国内都是深夜或清晨。为满足受众对奥运资讯的需求，央视五套在赛事期间实行 24 小时全天开放式直播，充当观众的赛事"遥控器"。对于重要赛事、金牌时刻等特别为人所关注的事件，央视五套加大报道力度，做到点面结合、有的放矢。

2. 全方位覆盖

观众喜闻乐见的不仅是赛场内的激烈竞争，还有运动员背后的故事、异国的风土人情。央视五套在对赛场内外热点的呈现方面，策划了新闻人物访谈、深度新闻专题、大众焦点评论等不同环节，引导观众参与互动。

三、报道方案

（一）奥运会前

奥运会前，央视五套主要针对奥运火炬传递和奥运筹备动态两方面进行了报道：

①奥运火炬传递：全程跟拍火炬传递进度，综合动态直播。

②奥运筹备冲刺阶段动态跟踪升温系列。

A.《小节探营》：包括运动队探营、夺金形势分析、场馆介绍、文明观战等。

B.《奥运有我》大型志愿者系列节目，共 6 集，展现奥运志愿者风采。

（二）奥运期间

①奥运期间，央视五套仍然保留与央视一套的并机栏目，如《新闻联播》《焦点访谈》《朝闻天下》《新闻 30 分》《晚间新闻》等，但这些栏目也会分出

部分篇幅报道里约奥运会。

A.《新闻联播》：除了时政新闻，也会对当日赛事进行汇总、对次日赛事进行预告，并及时插播最新动态。

B.《新闻联播》重播：形式上由录播改为直播，保留时政新闻部分，再根据赛事进度对信息做更新。

C.《朝闻天下》：集纳盘点前一天的赛事资讯，并对当天赛事进行预告和推介。

D.《新闻30分》：一般在中午播出，对上午赛事集锦、最新动态进行总结，并预告下午赛事。

E.《晚间新闻》：盘点全天比赛资讯，进行次日赛事预告。

②除了并机栏目，全频道打通，统一冠名《一起看奥运》直播特别节目。

A.频道全天打通，优先保证现场直播信号；突发新闻、最新资讯随时打断、穿插播发，及时跟进；字幕新闻第一时间播发。

B.每逢整点进行赛况资讯梳理，播发奥运会之外的其他国内、国际新闻；每两个小时做一次赛事回顾、盘点；每天赛事结束后做全天回顾、盘点、形势分析；每五天做一次阶段性回顾、盘点。

C.晚间直播利用频道标志性栏目《新闻1+1》《东方时空》《新闻会客厅》等，融奥运资讯（及时、全面、细节、情感）、奥运深度报道（深度、角度、共享）、演播室访谈（明星、参与、互动）、奥运观点（评论、争议、有趣）为一体。

D.做好突发事件报道，对于一般性的意外情况，主持人、嘉宾及时评论；对于影响较大的意外情况和重大突发事件，第一时间进行报道，给出回应，采访相关人士，演播室请权威人士给予解读，相关节目及时跟进。

央视五套里约奥运会期间各板块名称及其主要内容

板块名称	主要内容
资讯快报	赛事最新资讯，重点介绍中国代表团的成绩
最新奖牌榜	动态梳理奖牌榜变动情况
中国军团	介绍中国代表团的比赛，根据各个项目进行详细梳理

续表

板块名称	主要内容
外国军团	介绍外国选手，重点是破纪录的选手
风云人物	以所有奥运冠军为基础，兼顾其他奥运英雄和新闻人物
冠军访谈	展现奥运冠军风采
赛场全攻略	精彩看点、预告赛事、夺金概率、形势分析
奥运村纪事	赛场外的花絮
IBC见闻	媒体大战
奥运有我	展现志愿者风采
啦啦队	看台上的故事
第四名	赛场上的失意英雄，弘扬奥运精神
观众互动	"今日我之最"以"1+X"模式，每天主打傍晚，全天多点穿插
焦点关注	媒体同行或者奥运会参与者围绕热点赛事及焦点话题在演播室进行讨论，配发媒体评论
天气、出行资讯	由中央气象台详细介绍各赛场当日的天气状况、观赛提示等

（三）奥运赛后

这一阶段的报道，央视五套一方面聚焦"后奥运"经济话题，关注赛事场馆的后续运营、当地群众体育的发展状况等，另一方面对紧随其后的残奥会进行报道，彰显"两个奥运同样精彩"的报道理念。

四、总结

央视五套关于里约奥运会的报道规划取得了良好的收视效果，其中有几个方面值得参考。

一方面，央视五套借鉴抗震救灾等大型事件活动报道的成功模式，通过全频道的整体规划，打破日常组织架构和部门界限，搭建24小时开放式的超级播出平台，建立以后期为中枢的主编负责制，统一调动各种资源，形成前后期一体化的奥运报道组织系统。这样的工作模式能够最大限度地挖掘各部门的潜能，大幅提升工作效率。

另一方面，央视五套里约奥运会期间的特别工作组领导中心明确、组织架构清晰，为报道工作的正常推进提供了良好保障。奥运报道领导小组由中心领导和各部门主任组成，建立了规划统筹、时政报道、采编播一体化平台、公共服务和技术保障等五大系统，下设策划组、新闻编辑组、专题背景组、注册和非注册记者报道组、日常新闻组、外围记者组、外围直播报道组等二十多个报道小组。

可以看出，央视五套在策划里约奥运会的报道方案时，对报道的基调、重点、篇幅和保障机制等都有清晰的规划，这也是其成功的基础保障。媒体环境和新技术时刻在发展变化，每家媒体的定位、成本也不尽相同，但我们仍然可以对照央视五套的报道策划方案取长补短，打磨报道策划方案，打造更好的报道效果。

三、国际体育新闻报道策划的分类

国际体育新闻报道策划主要针对可预见性国际体育新闻和不可预见性国际体育新闻两种。可预见性国际体育新闻主要包括各类体育比赛、活动的常规信息，由于日程相对稳定，是报道策划的重点，在具体策划方案中，又可以通过周期性报道策划和非周期性报道策划来进行梳理。不可预见性国际体育新闻则主要指各种突发体育事件，如知名运动员突然去世、体育比赛过程中发生大型公共安全意外事件等。针对这类新闻的报道策划一般无法提前进行，通常是在事件发生之后立即策划报道活动，这就对记者和媒体的职业素养、新闻敏感度提出了更高的要求。

（一）可预见性国际体育新闻的周期性报道策划

周期性报道策划是指报社新闻采编部门对日常新闻报道的一种常规性策

划，策划的时间具有周期性特点，如按季度、月、周等进行的报道策划均属此类。对于可预见性国际体育赛事活动的报道，策划的功夫既在赛时，又在平时。媒体既需要在行动上为不同的赛事活动制订专门的报道方案，也应该在思路上以年为单位，对未来一到五年的大型赛事有所把握。

1. 具体国际体育新闻事件的报道策划思路：拉周期、切点面

本部分将以2023年杭州第19届亚运会为例，分析一项具体赛事的报道策划思路。

①参照官方发布的赛事资料，浏览比赛期间的每日赛程信息。

一般而言，大型赛事的官方组委会都会提前发布赛事总赛程，并通过官方渠道进行更新和调整。杭州第19届亚运会官网2023年9月8日发布的总赛程（3.0版本）如图1所示：

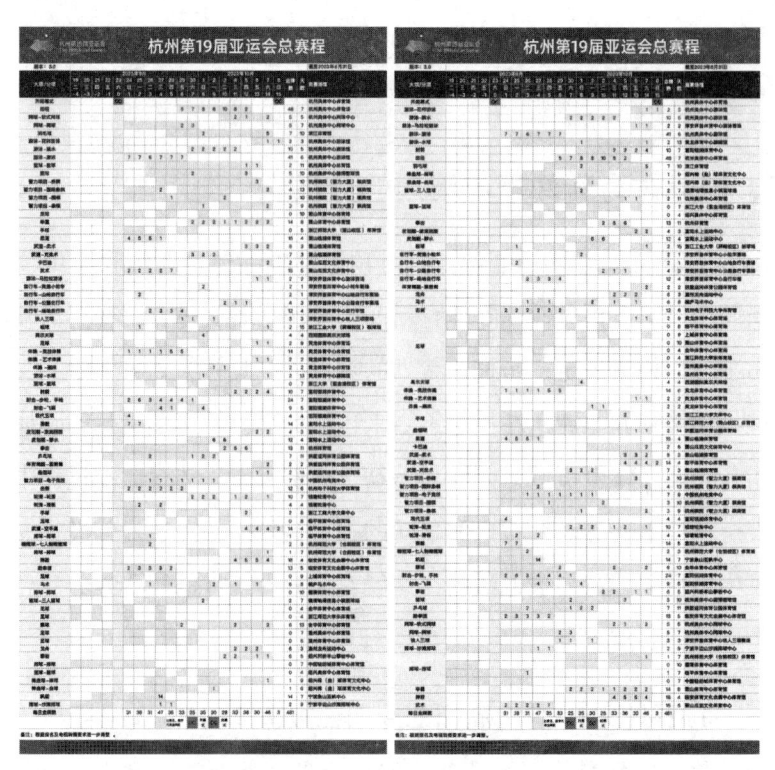

图1　杭州第19届亚运会官网2023年9月8日发布的总赛程（3.0版本）

两张赛程图分别是按照场馆和项目进行归类的，这是因为在大型体育赛事中，出于经济和效率考虑，一个场馆常常会承担数种职能，同一个项目也可能在不同场馆举办比赛。

假如国内知名足球媒体《足球》报要对亚运会进行报道，按项目区分的赛程图便更合适，记者可以在图中清楚地看到自己可能要去黄龙体育中心体育场、临平体育中心体育场、上城体育中心体育场、萧山体育中心体育场、金华体育中心体育场、浙江师范大学东体育场、温州奥体中心体育场和温州体育中心体育场进行报道，从而更好地安排行程。如果淳安县融媒体中心要对亚运会进行报道，其工作人员可能更需要按场馆区分的赛程图，在"淳安界首体育中心"部分能够查询到在这里举办的几场比赛——游泳－马拉松游泳、自行车－竞速小轮车、自行车－山地自行车、自行车－公路自行车、自行车－场地自行车和铁人三项。

不过，对大多数综合类体育报纸或一般媒体而言，其统筹任务会更加繁重，这就要求媒体灵活配合使用两张赛程图。

②确定赛事周期内是否有重要事件需要报道。

除了参考赛程图了解安排赛事报道计划，记者还应留意赛事组委会和政府举办的媒体吹风会和新闻发布会等。这些会议传达的信息本身就是新闻报道的重点，记者也要善用这些会议为整体新闻报道策划做准备。

例如，2023年4月27日，在杭州亚运会于北京举办的首场媒体吹风会上，相关负责人便透露，"倒计时系列活动"是迎接杭州亚运会的重要活动之一。6月15日将迎来杭州亚运会倒计时100天，届时将发布亚运会的奖牌设计，8月23日，倒计时30天之际，将公布鲜花、托盘等颁奖辅助物资，火炬传递也将在倒计时一个月时推出。对媒体而言，这场吹风会就传递了"做好针对倒计时活动的报道策划准备"的信息。

除此之外，场馆和竞赛方面的信息也可以从发布会中找到。例如，2023年10月2日，杭州亚运会"场馆运行"主题新闻发布会在主媒体中心新闻发布厅A举行，会上介绍了桐庐马术中心和国内第二个"无规定马属动物疫病区"的建立建成，以及温州龙舟运动中心、绍兴柯桥羊山攀岩中心等场馆的建设意义。然而，并非每一位参与报道的记者都有机会亲临发布会现场，在这种情况下，利用好官方发布的发布会信息便十分重要。

③如有重要比赛，需要仔细研究赛事的日程安排，为报道策划做准备。

在确定需要报道的重要比赛后，记者需要对这些项目的赛程进行进一步了解。抽签分组情况如何，决赛在何时何地举行，中国队何时出场，对手都有谁，这些都是需要记者提前做好功课的。一般球类比赛耗时最长、场数最多。杭州亚运会的足球项目共有40支男女球队参赛，耗时19天，涉及8个竞赛场馆，其赛程也是最复杂的，对记者的规划能力要求最高。对于普通项目，主要关注其赛事时间和地点即可，在需要同时报道多个项目时，还应关注项目与项目之间是否存在时间冲突。表1为杭州第19届亚运会霹雳舞项目的赛事日程。

表1 杭州第19届亚运会霹雳舞项目的赛事日程

比赛场馆	\multicolumn{4}{c}{拱墅运河体育公园体育馆}
日期	单元	组别	时间	阶段
2023年10月6日 星期五	BRK01	男子	14:30—15:30	资格赛
		女子	15:30—15:50	资格赛
		男子	16:15—17:55	循环赛
		女子	18:15—19:55	循环赛
2023年10月7日 星期六	BRK02	男子	18:00—18:30	四分之一决赛
		女子	18:40—19:10	四分之一决赛
		男子	19:20—19:32	半决赛
		女子	19:40—19:52	半决赛
		男子	20:00—20:06	季军赛
		女子	20:06—20:12	季军赛
		男子	20:20—20:26	决赛
		女子	20:26—20:32	决赛

注：赛事日程将根据最终参赛人数和电视转播的要求进行调整。
来源：杭州第19届亚运会组委会。

霹雳舞在该届首次成为亚运会正式比赛项目，受到广泛关注。尽管相较于田径、游泳等常规项目，霹雳舞赛程较短、比赛场数较少，但在这张官方发布的赛程表中仍然包含了许多记者需要了解的重要信息。

首先，需要明确比赛的时间和场地。杭州亚运会霹雳舞项目在拱墅运河体育公园体育馆进行，分 10 月 6 日和 10 月 7 日两天赛完。在策划时，记者需要考虑拱墅运河体育公园与其他场馆、居住酒店之间的距离和通勤方式，以及是否能在场馆周边就近找到其他新闻素材等问题。

其次，需要明确哪些比赛需要报道。表格中显示，决赛集中在 10 月 7 日，因此 10 月 6 日的资格赛和循环赛记者便可以适当减少报道。

2. 国际体育新闻报道工作的长期策划思路：从"每年"到"每天"

体育新闻工作呈现明显的周期性和峰谷性，有重大体育赛事活动时记者的工作压力大、强度高、节奏快，平日新闻报道频率则低一些。随着媒介技术和社交平台的发展，体育竞赛的传播力逐渐增强，这种工作周期的转换变得越来越频繁。记者在日常工作中，也要有意识地搜集信息、积累经验，将"策划"的思路融入日常工作的细节中，这样遇到重大国际体育事件时才能先人一步。

①宏观上，以年为单位：每年初确认当年的重大国际体育赛事活动。

②中观上，以月为单位：将报道任务进一步划分，明确每个月的发稿计划。

③微观上，以日为单位：至少提前一周做好每日新闻工作计划，将报道任务精细化切割。

以上仅是一个粗略的报道策划工作思路。不同背景、不同定位、不同体量的媒体，以及同一媒体中负责不同板块、不同内容的记者，其策划工作的形式可能都有所不同。落实到具体行动层面，记者需要考虑的不仅是报道本身，还有部门之间、媒体之间的多方面协调。

思考题

如果你是中央电视台体育频道的编导，现在台领导请你制订一份六月的报道计划，你该如何着手？

（二）可预见性国际体育新闻的非周期性报道策划

非周期性报道策划是指根据报道需要临时进行的策划，如对突发性新闻事件的报道，一般不会被提前纳入常规性的报道策划中，只能在事件发生之后立即策划并进行报道，是周期性报道策划之外的一种应变策划。诸如奥运会、世界杯这类赛事，其筹备周期长、比赛时间长，虽然可以提前准备，纳入周期性报道策划中，但由于报道内容非常重要，需要以长时间、大规模的报道来完成，有时也在周期性报道策划之外专门进行报道策划。

非周期性报道策划要求媒体跳出"事件—新闻"的逻辑，主动加入新闻的生成机制。在新闻价值取向越发受到流量机制牵引的当下，媒体应该保持自身职业操守，同时因势利导地适应新的规则。在一些涉及国际利益冲突的敏感话题面前，媒体更要站稳立场，突出能动性，引导舆论方向，维护国家主权利益。

1. 主动设置议题、引导国际舆论报道策划

策划只有为新闻服务，为更好地获得新闻、讲述新闻服务，才能称为策划，否则，将仅仅是一种包装，甚至成为新闻的枷锁，变成主题先行的"虚新闻"[①]，国际体育新闻报道的策划工作也是如此。一般而言，大型体育赛事往往涉及相当长的申办期和筹备期，这段时间内公众对赛事的关注热度不高，媒体需要主动设置议程，完成前期铺垫性报道的非周期性策划。

📖 案例 10

2022年北京冬奥会和冬残奥会使北京成为历史上第一座"双奥之城"，意义十分重大。主动策划、设置议程、引领舆论，是《人民日报》冬奥报道走先

---

① 王学锋，郭强.新闻策划：新闻行进中的策划——北京晚报如何在"7·21"特大自然灾害报道中"抢先半步"[J].新闻与写作，2012（8）：9-12.

手、发先声的重要做法和成功经验。冬奥会开幕前夕,《人民日报》推出"细节看冬奥"系列评论,包括《一棵树背后的绿色之路(体坛观澜)——细节看冬奥之一》《小入口打开共享大门(体坛观澜)——细节看冬奥之二》《冰面如镜,折射开放气象(体坛观澜)——细节看冬奥之三》《透过一扇窗,品味廉洁办奥》等篇目,这些评论通过诸多小切口,生动展现了"绿色、共享、开放、廉洁"的办奥理念如何落实在冬奥筹办的点滴细节中。比如,《小入口打开共享大门(体坛观澜)——细节看冬奥之二》谈到,世界顶级的雪车雪橇专业赛道"雪游龙",设计时特意在赛道下方较平缓处预留了一个入口,以便大众体验,为赛后利用创造了空间。这组评论视角独特、立意深远,展现了中国为奥林匹克运动改革发展做出的原创性贡献。

在北京冬奥会的筹办过程中,《人民日报》还推出新媒体报道《这些年,总书记牵挂的民生事:冰雪运动热起来》,展现了习近平总书记心系人民的深厚情怀,展示了冬奥会对我国冰雪运动、冰雪经济,乃至区域发展、乡村振兴等领域的拉动作用,获得了热烈反响。这些报道融高远立意于群众身边发生的小事中,营造了良好的冬奥气氛,为冬奥会的顺利举办和冬奥会报道的圆满进行打下了基础。

2. 解疑释惑、开展舆论斗争的报道策划

由于国际体育新闻报道工作的特殊性质,其往往会涉及一些新事物和新概念,这就需要媒体和记者有意识地策划相关解惑报道。这类报道常常涉及对体育政策的解读、对体育新产业的介绍等,记者在策划的过程中需要主动向相关行业的专业人士咨询,保证报道的专业性。

案例 11

在中国,曾有"冰雪运动不进山海关"的说法。要建设体育强国,就必须大力发展冰雪运动，改变中国体育"夏强冬弱""冰强雪弱"的问题。申办冬奥会成功之后，中国着力推广冰雪运动，补缺项、强弱项，积极推进"南展西扩东进"战略，不仅使冰雪运动"走进"山海关，还"迈过"秦岭淮河，实现全国覆盖。

为了让更多群众了解冰雪体育运动项目和冰雪产业经济，《人民日报》在冬奥会开幕前推出了"走向冬奥·盘活冰雪经济"系列报道。《冰雪资源 用好用巧（走向冬奥·盘活冰雪经济）》《冰雪产业 大有可为（走向冬奥·盘活冰雪经济）》《冰雪装备 乘势而起（走向冬奥·盘活冰雪经济）》等篇目选题精准、角度新颖，展现了冰雪经济欣欣向荣的景象，展现了冰雪运动对区域协同发展、全民健身发展和体育产业发展，以及满足人民群众对美好生活的需要等方面的综合价值。报道的关注点"跳出体育看体育"，打通体育报道与经济、社会、生态等领域的联系，在网络上广泛转载，彰显了党报体育报道的格局与特色。

3. 重大可预见性国际体育新闻的专题报道策划

对于一些重大可预见性国际体育新闻，记者应该在平日留心积累资料，时刻做好准备。在体育新闻报道中，关于明星运动员退役、年轻运动员成为"黑马"等话题的报道屡见不鲜。表面上看，这些事件何时发生、产生何种后果都是不可预料的，但专业的体育新闻从业者往往都能在第一时间发出报道稿件。

案例 12

2021年，全红婵在东京奥运会上一举摘金，让世界记住了这位年仅14岁的小将。一时间各大媒体纷纷报道，人民网、新华社、《中国青年报》等纷纷发稿，《南方日报》、《重庆日报》、《南风窗》、《南方都市报》、《新京报》、上游新闻、红星新闻和《楚天都市报》等10多家省内外媒体更是组队前往全红婵母校——湛江市体育运动学校进行联合采访。

跳水运动是我国的传统强项，人才储备多、更新换代快，出现"黑马"运动员并不稀奇，但全红婵这匹"黑马"却显得尤为突出。全红婵在东京奥运会亮相之前，只参加过一次全国比赛，即2020年中国跳水冠军赛，并接连击败任茜、陈芋汐、张家齐等人，夺得一枚金牌。不过，其初次亮相全国比赛的精彩表现并未引起媒体太多注意，仅有新华社一篇报道记录了全红婵获得冠军的始末。至东京奥运会开幕前，涉及全红婵的报道大多也只是强调其"东京奥运会中国代表队年纪最小的成员"身份，并未过多介绍其过往经历。事实上，奥运代表队成员的选拔经过多方综合考量，全红婵作为一名年仅14岁、缺乏大赛经历的小运动员，仅仅一场全国赛的冠军并不能成为她入选奥运代表队的保证。那么，最终敲定全红婵这一人选的是谁？其中又有怎样的故事？全红婵是否有冲击金牌的希望？她个人的技术特点和性格特点如何？在全红婵夺冠之前，这些问题几乎没有得到回答。

相反，全红婵夺冠后，媒体一拥而上，有些来访者甚至打扰到了全红婵家人的生活乃至湛江体校的教学秩序，一时间造成混乱。如果媒体在东京奥运会前详细了解了每一位中国运动员的过往经历，多问几个"为什么"，提前做好人物相关的专题策划，想必全红婵夺金这个话题的传播面貌也会有所不同。

思考题

篮球运动员斯蒂芬·库里（Stephen Curry）退役时，你会如何报道？

第三章 国际体育新闻报道的信息采集

一、信息采集：不只是采访

从广义上讲，信息采集是指通过各种途径收集信息的过程。对国际体育新闻报道工作来说，做好信息采集是十分必要的。信息采集可以让国际体育新闻记者和编辑更好地了解国际体育新闻事件的来龙去脉，并为新闻报道的过程提供现实依据。

最常见的信息采集包括信息的初步收集过程和信息的初步处理过程。信息采集的方式有很多，常见的获取信息的渠道包括采访、调查、观察等。信息采集是新闻报道的基础和重要依据，因此，通过什么渠道进行信息采集、如何做好信息采集是国际体育新闻从业者在工作中应该思考的问题。

对新闻工作来说，采访是信息采集的重要方式和主要渠道。但在新媒体时代，信息采集的过程又不能仅局限在单一的采访之中。国际体育新闻从业者应当做好日常准备和临时准备，时刻对体育新闻事件保持高度敏感，掌握相关的体育政策导向，积累相关的体育专业资料，在面对可预见或突发性新闻事件的过程中做到游刃有余，及时通过采访和其他方式获取需要的国际体育新闻信息。

（一）什么是采访

新华社新闻研究所前所长徐人仲曾说，新闻采访是一个充满着人生滋味的旅途，是一个开满各色花朵、兴味盎然的乐园，是一个活力充盈、无边无际的"海洋"。采访的本意是指人有目的地进行搜集、访问，了解实情的过程。对新闻工作者来说，采访是一个新闻学的专业词汇，在工作中专指新闻采访，即记者为取得新闻材料而进行的观察、调查、访问、记录、摄影、录音、录像等活动。

采访作为一种特殊的调查研究，也随着采访对象即调查研究对象的不同而产生很多适应性的调整。采访是一个客观的新闻事实采集过程，也是采访者结合自身经验对新闻事实进行分析和判断的过程。采访的目的是获得新闻事实，并向大众进行传播。在国际体育新闻报道中，由于国际体育新闻事实和受众的特殊性，采访者对于采访本身的理解也需要有特殊考虑。

1. 采访是"记者的爱"的结晶

曾几何时，记者被许多人称为"无冕之王"[1]。如今，记者头顶上的这个光环或许已不再耀眼，但真正对新闻职业有远大抱负的新闻工作者，始终怀有对党和人民的热爱、对国家和社会的热爱。

优秀的国际体育新闻工作者也会带着自身对体育运动和奥林匹克精神的热爱，参与各项国际体育新闻工作。当记者怀揣梦想进行新闻采访时，一定会不断深入事实，将自己的爱倾注到采访中。没有深入采访就没有爱，记者的爱也会在这个过程中凝结成优秀的采访结果。

2. 采访是"新闻大厦"的地基

采访是众多新闻作品产生的依据，是新闻写作的基础，也是防止新闻报道失去真实性的第一道防线。真实性是采访的第一要求，采访的深刻性、生动性和可信度直接影响新闻作品的后续制作和传播质量。采访在整个新闻传播过程中属于第一步中的一个环节，值得新闻记者和编辑下功夫打好基础。

好的新闻采访能够在保证高度时效性的基础上，实现对新闻事实从浅层向深层的认识，这是做好新闻报道的重要方法。如果把新闻工作比作一座"新

---

[1] 姜红. 现代中国"无冕之王"神话的建构与消解[J]. 新闻与传播研究, 2012, 19（3）: 12-21, 109.

闻大厦",那采访就是地基,地基不牢、不正,大厦就会倾斜、倒塌。

3. 采访有"机遇",但不是全靠机遇

针对不同的采访对象和新闻事实,新闻记者的采访方式和难度也各不相同。有些新闻事实公开、浅显,在采访过程中就可以适当运用一些常见的采访流程、知识、经验和技巧;有些新闻事实难以被公众甚至新闻工作者发现,因为挖掘采访线索很多时候也需要一定的运气和机遇。

但采访不是全靠"机遇"。对记者来说,更重要的是如何捕捉机遇。在国际体育新闻报道中,许多在国际上引发轩然大波的体育新闻事件都是记者甚至非专业人士在无意中捕捉和发现的,这样的案例屡见不鲜。当记者碰到这样的机遇时,如何将有新闻价值的线索转化为有效的采访和值得受众关注的新闻作品,是记者需要进行思考的重点。

案例 1

环法自行车赛 7 次夺冠的阿姆斯特朗因长期服用违禁药物被终身禁赛,7 个环法冠军被直接取消。其实,早在 2003 年,爱尔兰女子艾玛·奥莱莉便成为阿姆斯特朗禁药事件的"吹口哨者"。但对奥莱莉来说,受许多复杂因素影响,把这一切向公众披露是非常艰难的。

当看到报纸上关于自行车手猝死现象增多的报道后,奥莱莉改变了想法。她接受了英国记者大卫·沃尔什的采访,后来便有了沃尔什与法国《队报》前记者皮埃尔·巴莱斯特合写的《洛城机密:阿姆斯特朗的秘密配方》(*L.A. Confidentiel: Les secrets de Lance Armstrong*)一书。此书披露了阿姆斯特朗服用违禁药物的秘密。

4. 采访各有"经验",又有规律

采访的实践性很强,它既依赖于经验,又不限于经验。长期对口某个领

域的新闻记者在进行相关的新闻采访活动时，往往显得游刃有余。这不仅仅是因为其积累了丰富的采访经验，也是因为资深记者总结并掌握了一套适合自身的新闻采访规律。

在国际体育新闻报道中，不同赛事、不同项目所涉及的内容各不相同，因此国际体育新闻记者掌握的经验和技巧也各有差异。但因为同属体育报道领域，所以各个赛事、各个项目之间，也存在着一些共性的规律。[①] 当国际体育新闻工作者掌握这些规律后，有时便可以触类旁通，拓宽自己的知识面和工作范围。好的记者可以将自身的经验与客观采访规律有机融合，在保证采访客观性的同时，尽可能发挥自身的主观能动性。

（二）采访之外，路径何在

对记者来说，采访的过程仅仅是新闻事实转化成自身所需信息的一个短暂的过程。除了采访对象、采访方式、采访时间地点、采访主题等因素，决定采访内容和质量的因素还存在于记者自身的日常准备和面对各类体育新闻事件时的临时准备中。这些准备既体现了记者平时学习和积累的能力，也有效拓展了体育新闻信息采集的路径。

简而言之，世界上每天都会发生很多的新闻事件，在体育领域，具有新闻报道价值的事件也层出不穷、数不胜数。国际体育新闻工作者要做到"时刻准备着"，在符合自身报道能力和受众需求的国际体育新闻事件发生时，及时出击、迅速开展策划与采访，做到实效性、专业性和深刻性相统一，为体育新闻受众提供最生动的国际体育新闻报道。

1. 日常准备

日常准备又被称作"平时准备"，是相对于"临时准备"而言的一个概念，主要表示记者在非采访周期内进行的一种宏观的、具有普遍性的采访工作准备。这样的准备并不是专门针对某一项或某一次采访的，而是依据记者自身所

[①] 毕雪梅.体育新闻学概论[M].北京：北京体育大学出版社，2021：146-150.

负责的领域、对口的体育项目进行的知识和经验上的准备。

日常准备需要融进记者的整个工作流程，成为记者学习、工作甚至是生活的一个常态。国际体育新闻工作者要在这方面做到"内化于心、外化于行"，在没有采访任务时保持采访意识，积极准备相关资料。日常准备包括理论修养的准备、政策思想的准备和专业知识资料的准备。

（1）理论修养的准备

理论修养通常是指人们在理论知识、思想体系等方面所达到的水平和具备的素质。国际体育新闻工作者应该在工作实践中保持理论学习热情，不断提高包括新闻传播专业理论素质和理论水平、体育专业理论素质和理论水平在内的相关能力。

新闻传播专业理论素质和理论水平在实践层面主要包括表达修养、采访修养、应变修养和技术修养。表达修养，是指新闻工作者语言的组织和传递、文字的组织和传递修养；采访修养，是指新闻工作者按照采访任务、针对新闻事件和人物完成信息采集的修养；应变修养，是指新闻工作者在遇到临时变动时保持思维逻辑和工作水准的修养；技术修养，是指新闻工作者运用现代科学技术服务新闻收集采编过程的修养。

体育专业理论素质和理论水平在实践层面主要包括人体生物科学修养、心理学和教育科学修养、体育人文社会科学修养等。[1] 人体生物科学修养主要涉及体育运动的底层生物学逻辑，国际体育新闻工作者应适当掌握运动生理学、运动生物化学等知识；心理学和教育科学素养主要涉及体育教育学和运动心理学，加深对运动员教育和心理的理解对国际体育新闻报道有一定的帮助；体育人文社会科学修养主要涉及体育社会学、体育管理学、学校体育学、体育哲学与体育史等内容，这些也是许多国际体育新闻报道工作中的背景材料和理论基础。

---

[1] 田麦久，刘大庆.运动训练学[M].北京：人民体育出版社，2012.

案例 2

在 2022 年卡塔尔世界杯八分之一决赛中，摩洛哥队与西班牙队在常规时间和加时赛战成 0∶0 平，最终摩洛哥队通过点球大战以总比分 3∶0 获胜。在比赛中有队员出现了大腿后侧的伤情，总台解说员贺炜在评述中说："左大腿后侧的腘绳肌也是人体当中一个非常重要的肌群，主要负责髋关节和膝关节的运动，由半腱肌、半膜肌和股二头肌组成，这个地方因为肌肉的力量不同、肌肉的体积不同、肌肉的深浅不同，所以一旦出现拉伤，跑起来会非常的慢……"这一段解说也被许多足球球迷称赞"专业"。

大腿后群肌肉又称"腘绳肌"，位于大腿后侧，是主要的屈膝肌群之一，由股二头肌、半腱肌、半膜肌组成。运动中，抬腿起跑时，腘绳肌会使向前摆动的小腿减速。当脚部落地时，它则尽可能牵拉伸展髋部后方，使髋关节伸直。在足球运动员迈出脚落地之前，腘绳肌被最大幅度牵拉，更容易受损伤。

（2）政策思想的准备

在国际体育新闻报道中，政策是指各个国家、政府或国际体育组织制定的一系列规则、措施和准则，用于指导包括体育领域在内的相关活动的管理；思想是指在国际体育新闻报道中人们经过系统的理论思考总结形成的众多观点和观念体系。在进行新闻采访的日常准备工作时，充分了解相关政策和思想有助于顺利开展采访工作，避免引起众多误会甚至出现错误。国际体育新闻工作者应该重点关注我国和记者驻在国的外交方针和政策，在采访准备中考虑相关方针政策可能带来的影响。

我国一贯坚持走和平发展之路，奉行独立自主的和平外交政策。[1] 由于国际体育新闻报道工作带有一定的外交色彩，国际体育新闻工作者应该在工作中

---

[1] 娄新红. 建国以来中国外交政策演变探析 [J]. 才智，2014（11）：351-352.

坚持维护我国的主权、安全和发展利益，同时积极促进各个国家和地区运动员之间的友谊，加强在大型体育赛事中的国际交往，注意同第三世界国家运动员和媒体同人的团结与合作。

案例3

在杭州亚运会的开幕式上，观众掌声如潮，欢呼声连绵不绝。特别是当中华台北代表团进入场地时，现场气氛达到了高潮。值得注意的是，中央广播电视总台解说员在解说过程中，刻意将大屏幕上显示的"中华台北"改为了"中国台北"。这似乎只是一个细微的字眼变化，但其中却蕴含着深意。

以"中华台北"为称谓是台湾地区体育代表团参与国际体育赛事的共识称呼，台湾并非独立主权国家，因此必须使用"中华台北"来避免政治敏感。然而，中央广播电视总台解说员却选择使用"中国"来解说台湾代表团入场，其中可能隐藏着总台对两岸和平统一的坚定支持。对解说员而言，将台湾地区称为"中国台湾"更能体现"世界上只有一个中国"的原则立场，多年来的"中国香港"和"中国澳门"的称呼也为这一立场提供了参考依据。

（3）专业知识资料的准备

国际体育新闻工作者在日常学习、工作和生活中需要做好专业知识资料的准备，同时建立相关的专业知识资料库。这里的专业知识资料指所报道体育项目和所报道赛事、运动员或队伍的背景资料和专业理论知识。大多数国际体育新闻工作者要保证对常见的或者自己对口负责的一至两个体育项目有深入了解，并能在采访中做到融会贯通，体现自身的体育专业性。[①]

在国际体育新闻工作中，新闻工作者可以掌握的基本专业知识资料主要包括体育项目的历史起源、主要比赛规则和训练规律、世界级的重要大赛及相

---

① 毕雪梅.体育新闻学概论［M］.北京：北京体育大学出版社，2021：232-233.

关职业联赛概况、项目在我国和记者驻在国的基本发展情况及竞技水平、国内和国际知名运动员、教练员及队伍等。国际体育新闻工作者应热爱自己所对口负责的体育项目，并将以上涉及该项目的知识内容内化在自己的思维逻辑之中。

2. 临时准备

日常准备是一种长时期、常态化的工作准备，而临时准备是一种短时间、临时性的工作准备。在国际体育新闻工作中，临时准备主要是指体育记者在出发采访之前进行的准备工作，通常是为某一场比赛、某一位运动员、某一个体育事件等单一采访任务所做的准备。

虽然临时准备具有一定的短期性特点，但国际体育新闻记者在面对周期性的体育新闻报道任务时往往可以将临时准备规律化，尤其是在面对可预见的新闻事件时，经验丰富的体育新闻工作者会充分运用赛前时间进行政策资料的收集、过滤和整理，做好采访的基本事务性策划，并以此指导相关采访或访谈的提纲撰写工作。

在面对突发性体育新闻事件时，国际体育新闻记者应保持冷静的头脑，积极应变，迅速投入采访准备工作中，确定采访目的、基本的采访内容，备齐采访的物料设备，保证基本采访任务顺利完成，并尽可能获得更有时效性和深度的体育新闻信息。

（1）临时准备的基本内容

①了解有关政策。

与日常准备中政策资料的收集准备和政策素养的提升过程略有不同，临时准备过程中对有关政策的了解更有针对性，是国际体育新闻记者对与本次采访任务高度相关的政策规定的重点研读。记者在启程采访前对有关政策进行充分了解有助于采访的顺利推进，当采访的具体内容涉及相关体育政策时，更应该对其进行深入学习和分析，以便在采访过程中抓住重点信息，方便对后续新闻生产过程中的内容进行把控。

案例 4

新华社南宁 2023 年 11 月 2 日电（记者徐海涛）运球、投篮、对战……傍晚时分，广西平果市新安镇中心小学的篮球场上特别热闹，放学后的孩子们在专职体育老师的带领下进行课后集中训练。

"近几年，篮球已经成为学校的特色体育项目，我们还曾获得过联赛冠军。"在新安镇中心小学任职 10 年的体育老师潘小艳说。

潘小艳口中的冠军是学校师生们引以为傲的荣誉——2019 年 8 月，新安镇中心小学篮球队在 2019 姚基金希望小学篮球季全国集训及联赛中脱颖而出，勇夺全国冠军。

"奖杯背后是体教融合给基层教育带来的巨大改变，孩子们越来越热爱运动，也变得更加自信。"在新安镇中心小学校长黄华看来，体教融合不仅给学校提供了更多参与体育活动和赛事的机会，更通过学校体育工作的完善为孩子们的成长注入了更多能量。

②收集和阅读有关资料。

临时准备过程中对有关资料的收集和阅读也是更有针对性的。临时准备的过程要为本次采访活动的顺利完成服务，而高度相关的重点资料的收集和整理是体育采访的基础。很多国际体育新闻记者都将收集、分析背景材料作为采访的起点。

无论是采访某一位运动员、一支运动队，还是采访一个体育组织、体育联盟，只要有可能，在出发采访之前，一定要抽出时间去收集丰富的背景材料。特别是一些关于突发体育事件、重要体育人物的采访，要想达到高速度和高效率，除了平时的积累，主要得靠采访前收集、分析报道对象的背景材料。这样，记者在进行采访时就可以发现重心、直取中心，集中精力深入对体育新闻事实进行挖掘。

③参考这个问题已有的报道。

每个采访任务都是相对独立的，但对具体操作的新闻工作者来说，每次采访又不是孤立的，因为每次采访都可以看作国际体育新闻记者采访经验的再运用、再升华。对国际体育新闻报道来说，许多体育新闻事件的发生具有重复性，如职业联赛一年一度的冠军悬念、运动员交易定时定点的转会窗口、同领域运动员新秀的诞生和老将的退役……因此，充分运用以往的背景材料可以帮助国际体育新闻记者旧题翻新，顺利完成此次任务。

在国际体育新闻报道中，有相当一部分题材是老话题，包括著名运动员、重要体育比赛和重大体育事件等。针对这些经常出现但体育新闻受众喜闻乐见的老题材，国际体育新闻记者首先要了解过去国内和国际媒体各有些什么报道、分别报道到什么程度，这样才能避免重复，进而在前人报道的基础上访出新事、写出新意。

案例5

肘击，锁喉，四张红牌，哈维尔下跪……这是一场粗糙的比赛，也是海港的夺冠之战。最终，比分定格在了1∶1，凭借积分优势，冠军又一次来到上海。比赛结束后，海港队员们围拢在一起，蹦跳着庆祝，就像他们五年前那样。武磊哭了，奥斯卡哭了，就像他们五年前那样。

2018年11月7日，农历立冬节气，上海的天空飘着雨，令原本就不暖和的天气更多了几分阴冷，上海八万人体育场内却人声鼎沸，热闹非凡。凭借艾哈迈多夫和武磊的进球，上海上港2∶1战胜北京人和，提前一轮夺得2018年中超冠军，斩获队史首个中超冠军，同时掀翻了恒大对中超长达7年的统治……[①]

④拟定采访提纲。

采访提纲和访谈提纲的撰写对绝大部分国际体育新闻采访来说是必要的。

---

① 西北望看台.五年，海港从冠军到冠军；五年，陈戌源从冠军到囚徒［EB/OL］.（2023-10-29）［2024-05-16］. https://news.zhibo8.com/zuqiu/2023-10-29/653e2f31a5233native.htm.

采访提纲以实用为主，在面对突发性的体育新闻事件时更需要做到简洁、精练。不同媒体单位、不同记者在面对不同采访对象时拟定的采访提纲往往在内容和形式上不尽相同，但一般包括采访目的、采访方式、采访对象、最重要的采访问题等，有时还需要简单设想在本次采访中可能遇到的突发情况及解决方案。

采访提纲的主要作用是为国际体育新闻记者提前明确好本次采访的目的和方向，避免采访陷入盲目和混乱的状态。因此，拟定采访提纲是进行国际体育新闻采访临时准备的重要一步。在拟定采访提纲时，记者应在头脑中简单模拟采访的场景，充分考虑采访的思路延续性，并结合采访对象和采访的难度初步给出采访的预期结果。

⑤做好出发采访的各种事务性准备工作。

做好事务性准备工作是进行新闻采访的基础，对国际体育新闻工作者来说更是如此。除了政策知识和背景资料方面的准备，准备相关硬件设施也非常重要。通常来说，出发采访前的重点事务性准备工作主要包括交通工具的准备、通信设备的准备和采访设备的准备等。

在进行国际体育新闻报道时，往往需要国际体育新闻记者跨国进行相关体育赛事和体育人物的采访，涉及护照、签证、通勤、语言、计算机网络等诸多复杂且特殊的问题，这些问题涉及的相关基础物料应该提前准备充分、妥善解决，防止出现在发生突发性新闻事件时由于准备不充分而导致采访失败的情况。

（2）对不同性质体育新闻事件的临时准备

根据所面对体育新闻事件的不同，国际体育新闻的临时准备工作可以简单分为对可预见的体育新闻事件的临时准备和对突发性体育新闻事件的临时准备。

①对可预见的体育新闻事件的临时准备。

在国际体育新闻报道中，常见的可预见性新闻事件有很多，其往往随着各体育赛事的周期性举办和推进按照日程逐一出现。参与国际体育新闻报道的专业成熟的媒体组织,往往有以周期为标准的新闻采访策划工作方案,记者在进行采访前有充裕的时间做准备,对采访主题、相关背景以及被采访对象都有相对充裕的时间做调查研究。

面对这样的体育新闻事件,国际体育新闻记者应提前考虑好采访的具体方向和框架,尽可能设计好采访主题下包含的众多具有关联性的采访话题,充分利用时间将这些子话题设计得更加具有针对性,充分考虑新闻的重要性、时效性、国际性和受众的具体需求。

案例6

在2008年北京奥运会期间,知名电视专访节目《杨澜访谈录》以"东方看奥运"为主题制作了体育人物专访节目。此节目策划采访了包括姚明、菲尔普斯、张艺谋在内的50个体育人物,得到了广泛的好评和良好的收视率。

杨澜及其团队针对2008年北京奥运会所准备的体育人物专访以谈话为主要形式,通过深层交流的方式让观众了解体育人物在比赛、思想、爱好、生活等方面的内容,以其独特的魅力吸引了广大受众,至今仍被许多观众津津乐道。尽管如今各类体育人物专访亮相于银屏,但是《杨澜访谈录之东方看奥运》仍然是迄今为止较为集中的、最有代表性的体育人物专访节目之一。

②对突发性体育新闻事件的临时准备。

在新闻工作中,人们往往把那些在不可抗力下毫无预兆发生的新闻事件称为突发性新闻事件[1],在体育新闻工作中往往表现为重大体育比赛发生的变故、著名体育人物的离世、运动员或运动队伍出现的丑闻等。在面对这些突发性体育新闻事件时,国际体育新闻记者要做到思想沉着、头脑冷静,在保证遵守新闻伦理道德规范的前提下,承担国际体育新闻记者应该承担的责任。

当面对突发性新闻事件时,记者在采访前一般没有多少时间做充足的准

---

[1] 李良荣.新闻学概论[M].8版.上海:复旦大学出版社,2023:35-99.

备，但出发采访前至少要做好三个方面的基础准备。首先要确定报道目的和基调，根据突发体育新闻事件的性质进行初步的价值判断；其次要制订一个简要的采访计划，计划应该包括采访对象、采访时间地点和采访内容等；最后要注意备齐必要的采访设备，包括交通工具、通信设备等，在进行灾难性的体育新闻采访时还应携带好安全防护设备。

案例7

新华社北京2016年11月29日电　巴西沙佩科恩斯俱乐部乘坐的包机29日在哥伦比亚麦德林市附近的热带雨林坠毁。当地警方宣布，机上76人死亡，5人幸存。事发时，沙佩科恩斯俱乐部一行正乘机前往麦德林市参加30日举行的南美杯决赛第一回合的比赛，对手是哥伦比亚民族竞技队。

一名在现场采访的路透社摄影记者表示，飞机已断成两截，只有机首和机翼还能辨认，机尾已被彻底毁坏。俱乐部副主席伊万·托佐在接受当地电视台采访时不胜悲痛。他说："我们做到了（进入南美杯决赛），我不是说我们能到达顶峰，但能彰显我们民族，此时发生了如此灾难。这是个非常艰难、非常大的悲剧。"

二、日常采访的相关知识

根据不同的划分方式，新闻工作中常见的采访形式有很多。如按照采访记录的方式来分，可以分为录音采访、电视采访；按照参与采访人员的规模来分，可以分为一对一、一对多、多对一等采访形式；按照采访的场合来分，可以分为现场采访、座谈采访；根据是否明确表明记者身份来分，还可以分为显性采访和隐性采访。

在国际体育新闻报道领域，以体育人物参与的国际性活动为契机，许多记者乐于进行当面采访；考虑到有些体育人物常居国外，互不见面的电话采访、书面采访、网络采访等也成为国际体育新闻记者进行采访的重要方式。

案例8

2019年3月16日，2019年国际篮联篮球世界杯抽签仪式在深圳进行。作为形象大使，科比·布莱恩特早早来到中国，接受了现场媒体记者的采访。科比面对现场记者的提问，谈到了如今自己眼中的美国队和中国队的实力，也分享了湖人队的相关消息。

他表示，在2019年国际篮联篮球世界杯上，美国队想轻松获得冠军并没有那么容易。科比称各国的球员实力都提升了不少，尤其是在NBA打球的众多外籍球员将会代表自己的国家出战，给美国队带来了许多挑战。同时科比也盛赞中国男篮，称中国队的成绩还是比较稳定的，可以顺利通过第一阶段和第二阶段的比赛，要走出现在的舒适区，全力冲击奖牌。

在这里，我们根据采访是否需要提前预约分类：日常采访一般不需要提前预约，是指记者在常规工作环境和工作条件下进行的采访，一般包括现场采访、电话采访、书面采访、新闻发布会等形式；专访则需要提前预约，是指记者在特殊工作环境和工作条件下进行的更有针对性的采访，一般包括新闻专访和人物专访。本章将分别阐述日常采访和专访的相关知识和技巧。

（一）现场采访

采访是记者获取有效事实信息的过程，其总是以获取现场见闻、第一手新闻为宗旨。广义的现场采访是指新闻记者在新闻事件发生的第一现场所开展的采访；狭义的现场采访专指同步采访，是指节目主持人借助话筒和镜头在节目录制或拍摄现场进行的口头采访，主要出现在广播电视媒体报道中。这里讨论的现场采访是广义的现场采访。

现场采访有许多其他采访方式难以替代的重要优势，比如记者可最大限度确保自身获取第一手新闻，从而提高新闻的真实性和准确性；记者通过现场采访获得的亲身体验与感受，也可极大增强新闻的生动性和不可替代性。对国际体育新闻记者来说，在许多大型赛事或体育事件的采访工作中，都应该尽量采取现场采访的方式。如果因为采访权限、客观条件限制等无法进入现场采访，也需要尝试用其他更加贴近现场的方式代替现场采访。

观察是非常重要的采访手段，现场采访重在观察。体育新闻记者在新闻现场如何对体育新闻事件进行观察、采用什么样的方式进行观察，直接影响其现场采访的效率和质量。现场观察讲究"口、耳、眼、手"并用，其中信息的捕捉、输入和输出的源头就在于"眼"，也就是记者如何通过观察在现场发现有新闻价值的线索。

1. 现场观察的作用

对记者来说，现场观察是众多获取新闻信息的渠道中最直观的方式之一。现场观察可以充分调动记者的主观能动性，使记者在现场充分获取想要的新闻信息，并对其进行初步处理。因为这样的处理过程带有新闻现场的具体语境条件，可以使材料"具体化、形象化"，保证新闻采访的真实、准确、生动。

与普通的新闻采访过程不同，体育新闻报道经常需要一定的情感代入和价值引导[1]，因此在体育新闻采访中，如何向受众传递体育事件发生现场的情感和氛围是体育现场采访的难点之一。只有记者在现场进行充分的沉浸式观察，才能把基本的体育新闻事实同现场的情感和氛围联系起来。尤其是重大国际体育新闻事件，现场观察所能带来的额外信息非常丰富，往往可以成为记者独家报道的重要抓手和突破口。

2. 抓住观察的重点

新闻记者在进行现场观察时需要考虑观察的方式和技巧，重要的是一定要抓住观察的重点。抓住重点一方面要求记者观察新闻事态的总体发展情况，

---

[1] 陈林柯.情感的连接和引导：体育赛事新闻语篇的主观性叙事研究[J].体育与科学，2022，43（6）：65-72.

另一方面要求记者在观察这些常规信息内容的同时在整个事件中找到生动的、具有特殊意义的事情，不要被众多的、一般的现象所迷惑。

在以大型体育赛事为主要情境的体育新闻事件发生现场，经验丰富的体育新闻记者在记录整个事件发生的具体情况的同时，一定会关注此次事件同之前相似的体育新闻事件的不同之处，譬如人员的不同，规模的不同，人物语言、动作、情绪的不同等。当这些差异可以赋予国际体育新闻记者更多的新闻价值时，就成为其在现场观察的重点。

3. 掌握观察的规律

观察一般是指仔细地察看事物或现象的过程。对新闻记者来说，这样的新闻信息获取方式看似简单，实际上需要很多的经验和技巧。重要的国际体育新闻事件往往涉及许多运动员、教练员，以及许多国际体育组织、各俱乐部，事件结构较为复杂。因此，记者在观察这些体育新闻事件的过程中，需要掌握的重要经验技巧之一就是观察顺序。

体育新闻记者在进行现场观察的过程中，主要的观察对象有两个，一个是事件当中的人，一个是事件本身。无论是观察人还是观察事，一般可供参考的操作顺序是先动后静、先大后小、先近后远、先上后下。如上所述，记者需要现场观察的体育事件往往较为复杂，因此对体育新闻记者来说，最应该掌握的观察方式就是从一般到细节的观察。

（1）观察典型细节

新闻记者在面对某个体育新闻事件时，要观察整个事件必不可少的细节，或者说典型细节。典型细节是指最能够体现本次体育新闻事件本质的细节，需要新闻记者重点进行观察。在注重细节观察的同时，新闻记者也不可忽略对整体的观察，并用典型细节去辅助对整体的观察。

（2）观察容易被忽视的细节

新闻记者要思考观察他人往往容易忽视的细节，这是增强报道不可替代性的重要途径。观察容易被忽视的细节需要新闻记者具备丰富的工作经验，有时候也需要新闻记者有一定的运气和机缘；观察容易被忽视的细节还需要新闻记者具有独到的眼光，在必要时做出正确的取舍与抉择。

案例 9

一张名为《一步之遥》的新闻摄影图记录了梅西 2014 年世界杯决赛失利凝望大力神杯的瞬间。这幅新闻摄影作品的作者鲍泰良也因此获得了第 58 届世界新闻摄影比赛（荷赛）一等奖这个摄影师最高荣誉。

2014 年 7 月 14 日，在《成都商报》担任摄影记者的鲍泰良作为巴西世界杯注册记者，获得了拍摄决赛的机会。为了拍到阿根廷队员路过大力神杯的镜头，鲍泰良选择"赌一把"，他扛着沉重的 400mm 定焦镜头和增倍镜，火速冲上了看台的最高处。当他观察到梅西领取金靴后第二次经过大力神杯时，拍下了这张名为《一步之遥》的图片。

（3）多视角观察细节

新闻记者要做到多视角观察。"横看成岭侧成峰，远近高低各不同。"在参与重大体育新闻事件报道时，新闻记者可以尝试代入现场各人物角色，比如现场的运动员在想什么、做什么，现场的观众和体育迷在想什么、做什么等。

（4）结合社会热点观察细节

新闻记者要以广阔的思维和视角进行观察。体育作为现代社会一种重要的教育方式和社会仪式，还具有许多身体教育之外的意义。体育新闻记者应该把对一人一事的观察和对社会大系统的观察结合起来，把对体育事件的观察和对社会热点、难点的观察结合起来。

案例 10

十几分钟前，张琳芃和他儿时在崇明基地的小伙伴们，背朝红色海洋的看台，肩并肩站成一排。他的身边，是武磊、颜骏凌、蔡慧康、王燊超、吕文君；而他们的身前，是各自的孩子。球迷眼中的"崇明六虎"，留下了一张极具意义的合影。

一向不大外露的武磊，在场上也快哭成泪人。"这次夺冠比上次更开心，我们比五年前老了很多，非常想拿到冠军，因为机会越来越少。今年有很多困难，外界可能不知道，但我们在最关键的比赛顶下来了。这个冠军是给支持球队的所有人的，也是给上海这座城市的！"

5年，1817天，"根宝的孩子们"再次集体站上中国足球之巅。这温馨的一幕，多圆满，多美好。[①]

4. 观察与还原现场

还原现场是指迅速弄清楚整个新闻事件的来龙去脉和演变过程。在这个含义下理解，新闻记者还原现场的过程就是一种特殊的观察过程。国际体育新闻记者在争取第一时间到达体育新闻事件发生现场的前提下，应该具备良好的还原现场能力。

还原现场需要注意一些常见的事项。首先，无论是常规性的体育新闻事件还是突发性的体育新闻事件，记者都应该在最短的时间内赶到事发现场；其次，记者在观察时应该注意对典型细节的选取；最后，记者应在现场找到相关新闻事件的目击者，作为事件还原过程中的补充。

（1）在最短时间内赶到事发现场

为了新闻时效性，在条件允许的情况下，国际体育新闻记者应尽可能在最短的时间内赶到事发现场。距离体育新闻事件发生的起始时间越短，进行现场还原的难度就越小。比如，记者对于某球队夺冠游行、颁奖典礼的现场采访，应该尽可能地进行全程观察，因为仪式一开始往往就能达到高潮，提供更

[①] 关尹．"崇明六虎"小时候的心愿，终于圆了［EB/OL］．（2023-10-30）［2024-05-16］．https://news.xinmin.cn/2023/10/30/32508782.html．

多有价值的新闻信息。

（2）对典型细节进行精准采样

为了整体描述重大新闻事件的概况，在观察时选取典型细节是非常重要的。对典型细节进行观察的过程不是随意观察，而是有意识地观察那些对还原现场最有帮助的细节。当体育新闻记者对整个事件当中的典型细节进行了较为精准的采样，就可以借此勾勒出事件发生的大概过程，从而迅速融入事件，提升现场采访的条理性。

（3）尽快找到现场目击者

在参与人员较多、涉及范围较广的国际体育新闻事件中，新闻记者往往很难在观察中做到"面面俱到"，难免会遗漏个别新闻信息。更多情况下，当国际体育新闻记者意识到重要现场信息未被观察到时，为了还原现场，会找到合适的现场目击者描述当时的情况。目击者以更接近事件发生第一现场的观众或体育迷为宜，体育新闻记者应该记录并选择性地使用现场目击者所描述的情况。

案例 11

北京时间 2022 年 6 月 21 日，NBA2021—2022 赛季总冠军球队金州勇士队举行了一场盛大的游行活动。本次游行勇士队全员出席，都显得非常开心和兴奋。

库里携全家出动登上了游行彩车，库里的妻子阿耶莎穿着库里的球衣裙，小卡农、莱利和莱恩站在库里夫妻旁边。在游行队伍前面，有一位球迷牵着一只山羊，它身穿库里球衣，一直领着队伍前行，非常吸睛。

克莱·汤普森身着一身船长服装出现在游行队伍中，不仅在现场与队友热情交流，还大秀舞技，与旁边的球迷进行互动，全程显得非常积极。在游行途中，他还差点被绊倒，撞在了一名女球迷的身上。

（4）体育游行期间的观察

体育游行是体育新闻报道领域的特殊新闻事件，在国际体育新闻报道中是非常常见的报道对象。体育游行主要包括颁奖典礼、夺冠庆典等大型赛事的室外仪式，具有较高的新闻价值和社会关注度。因此，国际体育新闻记者往往需要进行体育游行活动的采访工作，需要重点掌握此类新闻报道的观察与现场还原技巧。

体育游行是体育新闻事件的一种，适用上述提到的众多观察方法，当然也存在一些特殊的观察技巧。当记者现场进行体育游行的相关采访时，应该重点观察人群的比例、游行的口号、游行者中的特定人群、社会各界出席的名人、游行者的心情、旁观者的反应等。

①观察人群比例。

人群比例可以反映一次体育游行的规模、性质和影响力。对记者来说，观察好人群比例可以判断本次体育游行事件的新闻价值，从而对事件整体有宏观的把握。体育新闻记者可以用更加具象的术语对人群规模进行描述，例如游行持续多少时间、覆盖多少区域等。

②观察游行口号。

游行口号在表现上是本次体育游行参与者所倡导和宣传的标语，实际上也是一次体育游行之所以进行的核心价值诉求。国际体育新闻记者应当获取准确的游行口号信息，并观察其在游行期间展现的规模和方式，并汇总一些有代表性的游行口号作为新闻信息。

③观察游行者中的特定人群。

一次体育游行的参与者往往来自社会各界、拥有不同的身份，他们在整个体育游行中扮演着不同的角色。例如，在某次球队夺冠庆典上，球队的球员、教练组、投资方、球队老板，以及球队之外的观众、球迷、记者等都是以不同身份来参加此次体育游行的人。

④观察社会各界出席的名人。

一次具有影响力的体育游行不仅会吸引体育界的名人，还经常有其他领域的名人来参加。对国际体育新闻报道来说，这些人参与无疑是一个重要的新闻价值点。体育新闻记者在观察的过程中要注意一些具有社会影响力的参与者,并对其进行记录。

⑤观察游行者心情。

除了观察表面上的细节,进行现场采访的体育新闻记者也应该注意观察参与游行的人的内心感受,尤其是核心运动员和教练员的内心感受。观察游行者的情绪状态可以让记者更好地感受游行现场的浓厚氛围、体会游行现场的真实气氛,有效地辅助现场采访和稿件写作。

案例 12

当地时间 2016 年 7 月 11 日,葡萄牙里斯本,葡萄牙国家队自欧洲杯决赛凯旋,抵达里斯本机场。C 罗向等候的球迷展示德劳内杯。随后,葡萄牙国家队开启欧洲杯夺冠大游行。葡萄牙总统与国家队球员捧杯合影,笑容满面。

大巴上,葡萄牙队球员一直在欢庆。葡萄牙队大巴驶近总统府时,葡萄牙队球员"抢过了"大巴上司机用的麦克风,扯起嗓子高呼"冠军"。总统府外就是静静流淌着的特茹河。球迷们激动,葡萄牙队成员也激动,他们唱起了葡萄牙国歌。葡萄牙队主教练费尔南多·桑托斯右手放在左胸前,任由眼泪从眼眶里流出。

⑥观察旁观者的反应。

对一场体育游行来说,核心的参与者并不多,更多的是游行之外的观察者和旁观者。这些观察者和旁观者主要包括观众、球迷、媒体记者以及游行的组织者、现场的其他市民等。通过观察、记录旁观者的反应,记者可以以一个更独特的视角反映本次游行的价值影响。

(二)电话采访和书面采访

1. 电话采访

电话采访是一种特殊但常见的采访方式。在体育新闻记者无法及时来到体育新闻现场或面见体育人物的情况下，电话采访可以有效弥补现场采访适用性不足的问题，保证新闻事实可以在真实性和时效性兼具的前提下被收集、处理和报道。现场见面不便，约定专访较为困难，因此对国际性体育人物进行电话采访是记者比较常用的方式。

电话采访的一般适用范围：由于各种因素无法对受访者进行面对面采访时，可以协调相关受访者进行电话采访；体育新闻记者在已经掌握了部分新闻事实的基础上，可以通过电话联系的方式做适当的补充采访；在面对重大体育新闻事件时，针对已经获取的信息，记者可通过电话让权威部门做进一步确认。

（1）电话采访的优势

虽然电话采访时记者不能直面新闻现场和新闻人物，但相对于其他采访方式，电话采访具有一些独特的优势。首先，电话采访随时随地、方便快捷，可帮助体育新闻记者在比较短的时间内做多场采访，保持合理的工作节奏，在时间紧张的情况下高效完成采访任务；其次，电话采访时记者不用直接面对被采访对象，因此，即便提出的问题有些敏感或尖锐，也不会让受访者有太大压力，有助于特殊采访的顺利进行。

（2）电话采访的劣势

电话采访毕竟是一种较为特殊的采访方式，对记者来说有一定的操作难度。由于不能直面新闻现场和新闻人物，记者针对电话采访的准备工作要更加充分；电话采访的时间相对较短，在提问时也要做到简短凝练；电话采访一般无法完成需要现场观察的报道，在面对较为复杂的体育新闻事件时，也难以完成需要多方采访的报道。

2. 书面采访

简单来说，书面采访是记者通过文字形式对采访对象进行访谈的过程。与电话采访类似，其适用于记者由于客观因素无法来到新闻现场或对新闻人物进行现场采访的情况。如果说电话采访的信息载体是记者的语音，那么书面采访的信息载体就是简单的文字。因此，书面采访可以就同一问题同时对多个对象进行采访。

根据书面采访中使用文字形式的不同，可以将书面采访简单地分为两类，一类是文传采访，另一类是电子邮件采访。从字面意义上讲，文传即文字的传播，文传采访就是借助文字表述和传统书信形式来进行采访。电子邮件采访是通过互联网以网络文字的方式进行的采访。值得一提的是，随着新媒体的发展，目前的书面采访已经在结合新技术的基础上出现了更多灵活的形式。

（1）书面采访的优势

在电话采访中，记者本人需要通过电话与新闻现场或新闻人物进行联系，因此不可能同时完成面向多方的采访工作。而书面采访没有时间和空间的限制，因此记者可以同时进行多个采访甚至多向采访。书面采访最大的优势就是不受时间和空间的限制，同时也可以节约大量的时间和资金，在较为复杂的体育新闻事件报道中可以结合其他方式一起使用。

（2）书面采访的劣势

与电话采访类似，书面采访也是记者无法直达新闻第一线的采访方式之一，而且由于受访者无法及时给予有效的反馈，书面采访相对于电话采访单向性更强。在书面采访过程中，受访者通常被动地接收采访文稿并进行回答，记者也无法在此过程中与受访者互动。因此，采访结果几乎取决于记者在文稿中的提问设计。

（三）新闻发布会

新闻发布会一般是指政府或某个社会组织举办的信息发布活动，是其与新闻媒体直接进行信息沟通的一种方式。新闻发布会往往意味着有重大新闻事件发生，举办的形式多样，有些新闻发布会具有周期性，有些则不定期或临时举办。

许多综合性体育比赛、职业体育联盟或国际体育组织都有召开重大事件新闻发布会、周期性例行新闻发布会和赛前赛后新闻发布会的规定和安排。鉴于国际体育新闻报道工作的特殊性，出席新闻发布会是体育新闻记者工作流程中非常重要的环节之一，是从事国际体育新闻报道工作的经常性采访活动之一，也是采集国际体育新闻信息最重要的渠道之一。参加新闻发布会并顺利完成新闻采写任务，是国际体育新闻记者需要长期实践和训练的一项基本功。

在大部分新闻发布会上，新闻记者并不能只是被动地接受信息，而是要通过主动采访来获取新闻信息。其中，现场提问是新闻发布会上记者进行采访的主要方式，如果能在新闻发布会上提出一个好的问题，有时就可以为体育新闻事件的报道打开思路。

寻求某个问题的答案是最常见的提问方式。国际体育新闻记者应该在新闻发布会上用好"三问"，即"敢问、快问、会问"。"敢问"就是积极争取、大胆提问，前提是做好功课，准备好提问的内容并对可能得到的回答做好预期；"快问"的前提是尽早到场，占据有利地形，做好提问前的所有准备，在允许自由提问时迅速争取提问机会；"会问"是指要掌握一定的提问技巧，防止出现提问效率低或提问失误的情况。

1. 如何准备问题

上述"三问"的核心之一便是对相关问题做充足准备。国际体育新闻记者在面对新闻发布会的信息采集机会时，应该注意受众意识、问题的简明性和具体性等，这样可以有效辅助记者进行问题准备，帮助记者在新闻发布会上发挥出应有的提问水平和效能。

（1）代表受众

国际体育新闻记者应该代表自己所在媒体服务的受众来提问，以受众的关注度决定拟提问题的优先次序。受众意识是体育新闻记者在新闻发布会上确定提问方向和具体问题内容的重要依据之一。不同的体育新闻记者供职于不同的新闻媒体，所服务的体育新闻受众也各不相同。[1]记者在提问时应当充分考虑自己所服务的受众需要什么样的新闻信息、对哪些体育新闻内容更感兴趣，

---

[1] 毕雪梅.体育新闻学概论[M].北京：北京体育大学出版社，2021：194-195.

或者哪些新闻内容更能激发受众思考。

（2）问题要具体

新闻发布会的时间安排一般比较紧凑，提问的机会也较为有限，因此当体育新闻记者获得宝贵的提问机会时，尽量不要泛泛而谈，提出的问题应尽可能具体，避免提一些比较虚的问题。当记者提出的问题比较具体时，不仅有助于自身梳理提问思路，也便于新闻发布会的发言人抓住问题的关键，迅速针对问题做出反应，防止出现无话可说的现象。例如，与其问"您如何看待北京冬奥组委的前期工作"，不如问"您觉得北京冬奥组委在哪个方面给您留下了深刻印象"。

案例 13

国际奥委会第141次全会通过了将举重和现代五项重新列为奥运会比赛项目的提议。此前，举重、现代五项和拳击没有出现在洛杉矶奥运会的"初步设项清单"中。国际奥委会表示，鉴于现代五项和举重正按要求努力解决自身存在的问题，全会遂同意洛杉矶奥运会保留这两个项目，但拳击的未来仍然待定。

国际奥委会主席巴赫此前在接受新华社记者采访时直言，现代五项在国际上已经没有足够的吸引力，运动员人数很少，参与门槛较高，年青一代也对此不太感兴趣。尤其是马术项目，这项运动对年轻人而言，参与成本高昂；对组委会来说，花大价钱提供马匹也有压力。此外，由于马匹质量不同，一直有关于比赛公平性的质疑存在。

（3）尖锐但不冒犯

如上所述，由于在新闻发布会上获取提问机会较为不易，能够用于提问的时间非常宝贵，所以记者应该利用一些特殊的方式，在短时间内获得更加有效的新闻信息。因此，有些时候记者在新闻发布会上提问比普通采访提问更加直接和尖锐。在面对有些特殊的体育新闻事件时，发言人可能存在刻意回避的情况，因此记者提出的问题越尖锐越好。但值得注意的是，记者的提问方式一定要讲究，尽可能避免出现言语上的冒犯，不要激怒采访对象，这可能导致提问过程处于被动或失控状态。

案例 14

在北京冬奥会的新闻发布会上，谷爱凌遇到了很多"特别"的提问。有些外国记者的提问焦点集中在谷爱凌的国籍上："你现在的国籍是什么？你现在还是美国人吗？""你在中国生活得多还是在美国生活得多？""你如何平衡在两个国家之间的生活？"

在场的记者们不禁为谷爱凌捏了把汗。没想到谷爱凌凭借自己超高的情商和智商，将这些敏感的问题纷纷化解，最终让整个发布会变得轻松温暖："我非常感谢美国以及美国队，因为他们一直都非常支持我。同时，我也非常感谢中国和中国队，因为我在这边也得到了非常多的支持和帮助。我觉得体育可以团结所有人，体育不需要和国籍挂关系，我们所有的人在这里，就是为了希望可以不断地去拓展人类的极限。"

（4）问题要简明

新闻发布会上的提问与普通的面对面采访也有很大不同。新闻发布会实际上是一个多对多或多对一的新闻采访环境，每一个记者能够获取到的采访时间较为有限。如果因为自身的提问耽误其他记者的工作或整场新闻发布会的进程，则会导致提问效果下降。因此，国际体育新闻记者需要在充分准备和整理提问思路的基础上，简明扼要地进行现场提问，尽量避免大段陈述，把更多的时间留给发言人回答问题。

2. 如何争取提问机会

（1）引起发言人注意

新闻发布会的内容和节奏一般掌握在组织方或新闻发言人的手中，因此如果想要争取到更多的提问机会，就应该在发布会上通过一些特殊的方式引起发言人的注意，这样可以有效地增加获准提问的概率。比如，提前来到新闻发布会现场，占据记者席靠前的有利位置；在发布会开始前，争取与发言人"偶遇"，与他打招呼或进行互动。另外，体育新闻记者应该注意自身的着装，需要避免奇装异服，但可以通过特殊的着装方式，从众多记者中脱颖而出。

（2）学会大胆要求

有些新闻发布会会出现提问流程或提问机会被事先安排，或者因为现场记者较多难以获得提问资格的情况，如果体育新闻记者有较为强烈的提问意愿，可以大胆尝试直接向新闻发言人或组织方表达自己提出相关问题的意愿。比如，发言人刚结束对一个问题的回答，记者可以抓住时机大声要求提一个跟进问题，争取到提问机会后提出自己想问的问题。

（3）积累经验和人脉

在有些规格较高的新闻发布会上，争取到提问机会是非常困难的，尤其是对一些小型媒体的记者而言，往往难以获得独立提问的机会。在不能改变客观条件的前提下，体育新闻记者应该通过各种方式积极积累参与新闻发布会的经验和人脉。在有些发言人看来，如果一位记者多次出现在新闻发布会上，或者多次争取提问机会未能如愿，则可能会倾向于把多余的提问机会留给该记者。比如，记者在新闻发布会结束后不要马上离开，可以争取同发言人闲聊几句、混个脸熟，为下次争取提问机会做铺垫。

3. 需要注意的事项

（1）选择尽可能靠前的位置

在新闻发布会基本规则允许的前提下，若没有提前安排座位次序，体育新闻记者可以提前来到新闻发布会现场，选择尽可能靠前的位置。这样做不仅能够使记者更加方便地获取新闻发布会的相关信息，拍摄更清晰、角度更佳的新闻发布会照片，也能够增加记者获取提问机会的概率。

（2）尽可能收集材料

参加新闻发布会的过程，就是新闻记者集中收集和整理新闻信息材料的过程。新闻发布会的规模不尽相同，但大部分新闻发布会的信息含量和信息密度都很大。因此，国际体育新闻记者应该在新闻发布会上尽可能收集信息材料，包括其他记者提出的问题，便于后期借鉴和使用。

（3）尽可能录音但不依赖录音

如上所述，有些新闻发布会的信息量和信息密度较大，新闻记者很难通过传统方式迅速记录下所有的新闻信息，因此可以通过录音的方式对本次新闻发布会的信息内容进行留档。但值得注意的是，记者不可以依赖录音进行新闻发布会的采写工作，只有将录音与重点记录相结合，才能完成一场新闻发布会信息的有效收集工作。

（4）快速记录

快速记录是新闻记者完成新闻发布会采写工作的一项基本功。在传统媒体时代，许多体育新闻记者都具有速记的经验和能力，在工作中掌握了快速记录的技巧。尤其是对于新闻价值较高或自身服务的体育受众感兴趣的信息内容，体育新闻记者往往可以通过快速记录的方式收集更多的新闻信息。

（5）提问前自报家门

在大多数新闻发布会上，新闻记者得到提问机会后往往先"自报家门"，进行一句话的简单自我介绍。新闻发布会上提问前的自报家门，可以调动新闻记者的积极性，使记者迅速整理问题思路，进入提问状态，也可以让新闻发言人知晓提问者的基本信息，对后续问题进行更有针对性的回答。

（6）同发布会主持人建立联系

对新闻记者来说，如果能在新闻发布会前同主持人或发言人建立联系，则更有可能在新闻发布会上获得提问的机会。在建立联系时，应与新闻发布会的主持人交换基本信息，让主持人提前了解你所代表的新闻媒体的基本情况和想要提问的诉求。

（7）留意突发事件

在新闻发布会上，记者还需要注意其间出现的突发事件。尤其是在一些较为重大的体育事件和重要体育比赛的新闻发布会上，或者是在围绕一些争议性话题进行讨论时，现场可能会出现一些违反新闻发布会常规流程的事情。对体育新闻记者来说，这些突发事件也可以成为新的有价值的新闻信息。

案例 15

在 CBA 的一场赛后新闻发布会上，获胜方山东主帅巩晓彬心情大好地带着弟子贾诚出席，却遭到了现场工作人员的劝阻——"发布会应该是带数据统计最高的（球员）"。巩晓彬举出个"三"的手势，解释道："前三名，前三名都可以。"

"真是最高的。"工作人员又重复了一遍。面对这种进退两难的场景，巩晓彬也有些不耐烦，他低头看了会儿技术统计，再抬起头，面露不悦，指着工作人员说道："前三名可以，你打个电话问一问。"巩晓彬已经坐不住了，瞥了一眼旁边的工作人员。

巩晓彬情绪有些激动，几次欲言又止。最后，巩晓彬没有再和工作人员争执下去，匆匆总结了比赛，贾诚也没有离席，同样对本场比赛做了发言。待贾诚发言后，巩晓彬没有留给现场媒体提问的机会，就和弟子起身离去。

（四）国外采访常遇到的困难

许多国外的职业体育赛事是国际体育新闻工作者关注的重点，同时由于许多体育赛事长期在国外举办，对口负责这些赛事的国际体育新闻记者就需要经常在外国进行采访工作。值得注意的是，在国外采访同在国内采访，无论是环境条件还是人际关系，都有很大的不同，驻外记者对这种差别必须有足够的认识和思想准备。

短期派外的国际体育新闻记者一般需要处理好护照签证办理、记者资格注册和报道等必要手续，还应该克服时差和气候不适，争取迅速融入体育赛事报道工作中；长期驻外的体育新闻记者，应该积极学习驻在国的语言技能和宗教习俗知识，在适应工作节奏的同时尽可能高效地获取相关体育新闻信息。

1. 信息渠道不畅通

体育新闻记者在国内进行体育新闻报道时往往已经建立了成熟的获取各类体育信息的渠道。当记者来到驻在国进行体育新闻报道时，往往会遇到体育信息渠道难以建立或不畅通的情况，主要体现为组织关系上的不畅通、人际人脉上的不畅通以及网络信息获取过程中的不畅通。因此，体育新闻记者应该迅速适应陌生的工作环境，积极建立新的信息获取渠道，保证重要的体育新闻信息采编工作顺利进行。

2. 语言障碍

在国际体育新闻工作中，语言障碍是许多驻外记者所面对的重要问题之一。在体育新闻的采写编评工作中，语言障碍往往会给记者带来很大的心理压力，尤其是对常驻非英语国家的一些记者来说，在短时间内掌握一门新的外语是非常困难的。因此，国际体育新闻记者应该建立自信的心态、积极思考，多与他人交流，多参加社交活动，积极接受语言学习和培训，同时学会利用翻译器或翻译软件等辅助工具，帮助进行新闻采写工作。

3. 宗教习俗

宗教习俗方面的隔阂也是需要驻外记者高度重视的问题。不同国家的宗教习俗差异很大，在极端情况下，同一种表达方式在不同的宗教习俗语境下表达的含义甚至完全相反。国际体育新闻记者在面对涉及宗教习俗的新闻采写工作时应该谦虚谨慎，遇到特殊情况或不懂的问题积极向他人请教，规避违反当地宗教习俗的行为。

📁 案例 16

2022 年国际足联世界杯在中东国家卡塔尔举办。在卡塔尔，宗教和法律是相结合的，伊斯兰教在所有宗教中属于比较保守的宗教，因此其法律规定比较严苛。

卡塔尔对于公共场合的行为有很多限制，比如非夫妻关系的异性拥抱亲吻会面临严重的惩罚。这对观赛的球迷来说是一项巨大的考验，因为在为了自己喜欢的球星进球而欢呼时，难免情之所至触犯法律。

在卡塔尔，外国人在穿着方面也需要注意，至少要上衣遮住肩膀，下衣超过膝盖。在公共场合，比较自由的区域是海边沙滩，球迷可以穿着泳衣庆祝球队胜利。但是在日常情况下，以上这些行为都被视为违法行为，可能会遭到逮捕。

4. 驻在国的媒体政策

在国际体育新闻报道中，体育新闻记者往往会发现不同国家对于媒体的相关政策差异很大。常见的媒体政策规定涉及新闻从业人员的行动准则、工作任务、工作方式、工作步骤以及面向具体体育赛事或体育事件报道的对策和措施。长期派外的体育新闻记者应当熟知驻在国的媒体政策，在当地媒体政策允许的情况下进行体育新闻的采写工作。

5. 其他特殊情况

除了以上内容，在国外进行体育新闻采访的记者往往还会经历一些在国内难以遇到的特殊情况，比如采访兼具体育内容的高访活动。在采访兼具体育内容的高访活动时，一定要尊重各方的文化和习惯特点，注重特殊的礼节和仪式，注意言行举止是否得体，正确估计随行采访的困难，同时尽力收集有效的体育新闻信息。

案例 17

2015 年 10 月，国家主席习近平对英国进行国事访问。习近平乘车抵达曼城足球学院时，英国首相卡梅伦在下车处迎接。两人首先参观了足球历史展，英国国家足球博物馆向习近平赠送了最早的现代足球比赛规则影印件，习近平向该馆赠送了中国古代的蹴鞠。

前曼城中国球员孙继海也来到现场与习近平交流。习近平还为孙继海颁发了象征加入名人堂的奖杯。随后，曼城俱乐部预备队主教练维埃拉向习近平介绍了俱乐部如何从各地发现有潜力的球员，以及如何通过科学的培养使他们成长。习近平说，足球运动不仅是一门艺术，也是哲学与科学的结合。

当天，习近平还与曼城球星阿圭罗在活动现场自拍合影，气氛轻松。这张自拍照后来在推特上走红，被英国媒体称为"阿圭罗上传了史上最超现实的自拍照之一"。

三、专访的相关知识

（一）专访的定义、分类、特点及作用

1. 专访的定义

与日常采访类似，专访的具体含义根据划分依据的不同存在很多不同的解释。根据采访内容的重要性来判断，专访可以看作记者邀请新闻人物就专门性的问题进行解答的一种新闻采集和报道方式；根据采访对象的重要性来判断，专访是记者带着特定目的对有关人士进行的专门采访，是一种以特殊方式获取独家新闻的手段；若把专访看作一种新闻体裁，专访则指以记者同人物的谈话为主取得直接材料并穿插背景材料而成的一种特殊通讯。

在国际体育新闻报道领域，专访是一种非常常见和重要的采访方式。狭义的体育专访是指体育新闻记者就某一个专题对运动员、教练员、裁判员、官员、体育迷以及其他与体育有关的人士进行的采访报道。体育专访可以极大地增强新闻报道的不可替代性，有效地引导社会舆论，为记者自身和所服务媒体吸引大量高黏性的体育新闻受众，有效提高体育新闻媒体的公信力和影响力。

2. 专访的分类

专访可以根据不同的分类方式，划分成不同的专访类型，其所适用的体育新闻事实或体育新闻人物也各不相同。从事国际体育新闻报道工作的记者常做的一般是人物专访。人物专访通常有独家专访和联合专访的形式，记者在专访的过程中会收集相关体育新闻信息，辅助生产体育新闻产品。

（1）独家专访和联合专访

根据参与媒体数量的不同，专访可分为独家专访和联合专访。独家专访一般是指某一媒体机构对某一特定对象进行采访的形式，这种采访一般由记者单独完成，采访对象一般是重要的体育人物；联合专访一般是指多个新闻媒体单位共同组织的、针对某一事件或某一新闻人物的专访。

（2）新闻性专访和人物专访

根据报道对象的不同，专访可分为新闻性专访和人物专访。新闻性专访的对象一般是某一个体育新闻事件，或者说专访的目的是解释或进一步说明某一体育新闻事件；而人物专访是记者带着采访目的对相关体育人物进行的专门的采访，专访的内容更加聚焦于体育人物本身，而不是宏观的新闻事件。

（3）一般性专访和高端专访

根据受访者的社会地位，专访可分为一般性专访和高端专访。一般性专访是相较于高端专访而言的一个概念，一般性专访的难度较小、规格较低，适用于普通的体育新闻事件或者是影响力较小的体育新闻人物；高端专访一般用于社会地位较高的受访者，如某一领域具有代表性意义的体育明星、国际体育组织的重要负责人或国家领导人等，其难度较大、规格较高。

案例18

"我印象最深的是中国人民的友好""中国的发展是最令人钦佩的成功故事""杭州亚运会将在多方面树立新标杆"……2023年9月22日，前来参加杭州亚运会开幕式的国际奥委会主席巴赫接受新华社记者独家专访，感慨中国奇迹，点评亚运盛会，畅谈奥运发展。

对于过去40多年中国的发展，巴赫表示，这是一个最令人钦佩的成功故事。中国在这么短的时间内使所有人摆脱贫困并走向富裕，这在世界历史上是独一无二的。这也伴随着体育领域的蓬勃发展。中国运动员在世界体育中处于领先地位。过去，中国选手专注于中国的传统体育项目，但在接下来的几十年里，他们参与了所有运动项目，并在很多比赛中取得成功。我们必须祝贺中国和中国运动员。

3. 专访的特点

（1）访谈性

专访本质上是一次特殊的新闻采访或新闻访谈。专访往往是为了营造一个特殊的采访环境，从而更加高效地获取新闻信息、说明当前需要说明的体育事件、解决当前需要解决的体育问题。体育新闻记者在进行专访的过程中，不能忘记专访的访谈性本质，在面对采访对象时，要按照自己的节奏把握好专访的内容，在访谈的过程中不断落实访谈内容的现实性、针对性，顺利完成基本的访谈任务。

（2）记言性

很多专访的最终呈现形式是一问一答的访谈稿。专访的写人性和记事性相对较弱，结果和形式往往突出较强的记言性特征。专访的记言性表明，专访的工作内容或工作重点之一，是忠实地记录专访过程中访谈对象所传达的体育新闻信息。专访更有利于获取真实和有效的体育新闻信息内容，且这样一个过程依赖于体育新闻记者扎实的记录功底。

（3）专题性

专访的特殊性在于"专"，也就是此次访谈或采访的特色性、专题性。体育新闻专访的对象是经过事先选择的，采访的内容或问题也是有具体专题依托的。正常的体育新闻人物专访，往往是记者所属的体育新闻媒体策划的某一个报道专题中的一个环节。记者在参与专访的过程中，要注意保持专题性意识，在搜集和整理相关信息时兼顾体育新闻专题报道。

4. 专访的作用

（1）获取独家信息

对体育新闻媒体来说，获取独家信息、抢发独家新闻有时候是非常重要的。独家的价值在于稀缺，而独家新闻可以提升媒体的公信力，促使受众养成定期关注的习惯。专访新闻作品可以有效增加读者对媒体的信任度和忠诚度，针对某一体育新闻事件或体育人物进行专访，有利于体育新闻媒体获取独家体育新闻信息，增强自身报道的不可替代性。

（2）引导社会舆论

社会舆论一般是指社会公众的集体意见和看法。在许多体育新闻事件当中，社会舆论的导向变化很大，这就需要体育媒体工作者利用客观公正准确的体育新闻报道，引导社会舆论向正确的方向发展。引导社会舆论的一个重要方式，就是通过体育事件专访或体育人物专访进行体育新闻专题报道。此外，部分专访对象可能是体育领域的"意见领袖"，则相关报道更能够起到引导社会舆论的作用。

（二）专访的三个关键环节

相对于一般的采访，专访涉及的环节更多也更复杂，其过程的艰辛，往往也很难通过最后的访谈视频或者文字记录来体现。对国际体育新闻从业者来说，想要完成一次成功的专访，至少需要处理好以下三个关键环节：

1. 寻找和争取专访机会

寻找和争取专访机会是完成专访的第一步，也是至关重要的一步。特别是在面对较为复杂的体育新闻事件或者社会地位较高的体育人物时，如何寻找和争取专访机会是体育新闻记者需要首先考虑的问题。毕竟，如果连专访的机会都抓不到，那么一切专访的方式和技巧也就无从谈起。

具体而言，在面对可能的专访任务时，首先要评估此次访谈采用专访形式的价值有多高、顺利获取专访机会的可能性有多大。在完成这些评估内容后，再根据实际情况利用一些技巧和方式争取获得专访的机会。在国际体育新闻报道实践中，寻找和争取专访机会的技巧和方式有很多，大致可以概括为"勤、早、巧、书"这几点。

"勤"是指体育新闻记者平时要积极参加各种体育比赛和采访活动，争取在运动员、教练员、媒体官员等常打交道的"朋友圈"中"混"个脸熟。从许多报道案例来看，被访谈人往往更愿意将专访的机会留给自己熟悉或者常和自己打交道的记者。

"早"指的是体育新闻记者参加各种活动时抵达的时间要早。机会从来都是留给有准备的人的，早到场不仅能让未来潜在的采访对象感受到尊重，有时也会让记者捕捉到意外的采访机会。例如，很多优秀的运动员在赛前训练时会提前踩场或者在比赛日的第二天进行个人加练，此时如果记者提前到了指定场地，就很有可能捷足先登，抢在别的媒体记者之前接触到采访对象。

"巧"指的是巧妙利用各种时机，当出现采访机会时要勇敢把握。在当下，无论是运动员、教练员还是体育行业的其他从业者，他们的个性日益鲜明，在日常生活中除了训练、比赛，往往也会参加赞助商举办的各类活动或者为自己的兴趣爱好买单，比如听演唱会、看表演、健身等。对记者来说，这也是争取访谈机会的突破口。近年来，不少记者就是靠着"蹲点邂逅"的方式，勇敢地接触到了访谈对象，从而为之后的专访打下了基础。但需要注意的是，千万不要过度打扰访谈对象，以免让人心生厌恶，进而彻底失去机会。

"书"指的是可以适当购买体育人物写的书，可用作请求体育人物签名，进而争取专访机会。不少体育新闻记者都是通过这种方式接触到体育人物的，特别是对于一些前期和专访对象没有什么接触的记者来说，这几乎是他们唯一公开的能和专访对象建立联系的渠道。比如，在2013年由国家体育总局、国家旅游局、中国奥委会和安徽省人民政府共同主办的中国体育文化·体育旅游博览会上，组委会就安排了高敏、马燕红、吴静钰和程菲四位奥运冠军与广大群众零距离接触，为追星族签名、售书。有些记者便借此良机争取到了专访机会。

2. 专访提问设计的原则与技巧

好不容易争取来专访机会，在进行访谈前，体育新闻记者必须要认真进行提问设计。

专访作为新闻采访的一种特殊方式，记者在策划专访内容或设计具体问题的过程中，也应该遵循普通新闻采访提问设计的原则。常见的采访提问设计的原则包括依据采访主题进行问题设计、依据政策进行问题设计、依据社会热点进行问题设计、依据所服务的受众的需求进行问题设计等。对国际体育新闻采访报道工作来说，记者应该遵守的基本原则有以下三点。

（1）根据采访主题设计

在国际体育新闻报道工作中，许多专访往往与近期某个大型体育赛事或重要的体育新闻事件挂钩。因此，针对体育事件或体育人物的专访，往往有明确的采访主题，这个采访主题也是服务新闻媒体某一个体育报道专题的。在设计专访问题时，应该紧扣采访主题，减少无关问题甚至低相关问题，专访过程中提出的问题应紧紧围绕采访主题，不要偏离主题。

（2）根据相关新闻报道政策设计

如上所述，不同国家的新闻报道政策有很多不同。记者在进行国际体育新闻专访提问设计时，应该充分考虑本国和相关国家的新闻报道政策，不能出现任何违背新闻报道政策的情况。尤其是当某些问题可能涉及较为敏感的领域时，一定要仔细谨慎、反复斟酌。体育新闻记者提出的问题应符合相关新闻报道政策，可以且应该充分报道的话题内容可成为专访的提问重点。

（3）根据特定受众群体的兴趣与爱好设计

不同的受众群体对于同一体育新闻事件或体育人物的兴趣点可能会有所不同。国际体育新闻记者所服务的受众迫切需要知道些什么、最感兴趣的是什么，记者提问的重点就应该是什么。因此在进行专访提问设计之前，国际体育新闻记者一定要做好受众调研工作，确保专访的方向与所服务受众的兴趣一致，这样才能够达到更好的专访效果。

以上三点是国际体育新闻记者进行专访提问设计的几个基本原则。除此之外，在具体问题设计的细节方面，也存在很多值得借鉴的思路和技巧。

首先，遵循"十一法则"，尽可能多地准备问题，然后再根据采访对象同意的采访时间做删减。其次，在开始专访前确定重点问题和候选问题，初步构思提问的顺序；对于敏感问题，在提交的问题清单中，措辞可稍平缓一些，正式提问时不妨尖锐一些；在访谈过程中要换位思考，避免提只需用"是"或"不是"来回答的问题；遇到敏感话题时，需设想采访对象可能会在哪些问题上含糊其词以及应如何应对。

3. 注意访谈过程中的谈话艺术

要想在对体育人物进行专访的过程中营造出一个轻松愉悦的谈话氛围，就需要参与专访的体育新闻记者拥有较为丰富的谈话经验和谈话艺术。谈话艺术不是刻意培养的技巧或方法，需要记者在专访过程中随机应变，始终从整体的角度思考问题，以便保证专访活动顺利进行。

（1）谈话要灵敏、求实、可亲

在专访过程中，体育新闻记者应该迅速察觉和应对专访对象在动作和情绪上的细微变化，并迅速做出反应，从而调整访谈问题的内容或顺序。除此之外，在谈话过程中，体育新闻记者一定要实事求是，不虚伪、不虚假，与专访对象坦诚相待，展现和蔼可亲、落落大方的形象。

案例 19

主教练埃里克·滕哈格承认，他无法解释曼联本赛季初糟糕的防守表现。红魔在过去五场比赛中丢了14个球，在过去三场比赛中丢了10个球。

"当然，从赛季一开始，我就在推动球队并向球队提出要求，但他们是人，而不是机器人，所以，为什么他们不这样做，我试图找出答案，尝试给予解决方案并尝试激励参与者完成工作。作为一名主教练，当你处于像我们这样的时期时，你就会问自己这些问题。我的工作就是让他们完成这项工作。"

人们对曼联球队的态度提出了疑问，拜仁比赛的片段显然显示球员们并没有尽最大努力进行反击。不过，滕哈格并不认为缺乏意愿是罪魁祸首。"当我们没有参选时，这总是一个问题，但我认为对阵拜仁时情况并非如此。在某些情况下是的，所以还要认识到在哪种情况下他们没有意识到这一点并且没有做出正确的决定，或者是关于意愿？对阵热刺，我们没有跑太多。但我认为对阵拜仁的比赛我们在体能输出方面尽了最大努力，但我们并不总是在正确的时刻跑动。如果我们像在慕尼黑那样反弹，你就不能说这种精神不对。我认为我们还有其他问题。"[①]

（2）提问要具体、简短、坦率

与新闻发布会的提问方式相似，即使在专访过程中，体育新闻记者也应

---

① 足球文化FF.滕哈格：我无法解释曼联的防守表现［EB/OL］.（2023-09-23）［2024-05-16］.https://sports.sohu.com/a/722628496_121243338.

该尽量减少对无关话题的引入以及笼统或宽泛问题的出现。体育新闻记者在提问时一定要精准、具体、简短，让采访对象迅速抓住问题的重点，语言精练简洁，当自身出现问题或错误时应该坦率承认。即使是资深的专业体育新闻记者也应该放低姿态、不搞花架子，与采访对象平等沟通。

（3）启发、诱导合情合理

诱导法是采访过程中，尤其是专访过程中常见的一种提问方式。体育新闻记者可以利用一些技巧启发和诱导采访对象，让采访对象更加具有针对性地提供记者想要掌握的相关信息。记者应该始终将访谈的整体思路掌握在自己的手中，在符合新闻伦理规范的前提下进行合理的启发和诱导。当采访对象出现不良反应时，应及时停止启发和诱导。

（4）要学会随机应变

随机应变是体育新闻记者在参与专访时应该具备的一项基本素质。当采访遇到困难甚至陷入尴尬局面时，体育新闻记者应该迅速调动自己的知识储备，通过转移话题让专访顺利进行下去。[①] 若在专访过程中发现了新的有意思的问题，可以转移采访方向，与既有的问题设计相配合，收集更加有新闻价值的信息。

（5）勤实践、勤思考

专访是一个特殊的实践过程。对体育新闻记者来说，只有积极参与各项专访和访谈工作，总结属于自己的实践经验、专访的方法和技巧，才能不断提高自己推进专访工作的能力。乐于总结、善于总结是体育新闻记者的优良传统。体育新闻记者应该在不断试错中成长，提高自身的采访艺术水平。

（三）专访的几点注意事项

1. 名人效应

名人效应通常是指人们对于社会名人的言行表现会产生一定的自我影响

[①] 陈孝娟. 浅析新闻记者在采访中的提问技巧和应变能力［J］. 传播力研究，2019，3（18）：135.

和自我引导。尤其是在体育领域，许多名人在社会中具有较高的权威性和影响力，各项目的体育明星拥有众多的追随者，他们的行为和观点十分容易引起公众的广泛关注。

对国际体育新闻专访而言，记者应该充分认识到名人效应是一把双刃剑，在获得重要体育人物专访机会的同时，要谨慎对待专访任务，确保专访工作顺利进行，将名人效应的正面效果发挥到最大，帮助所供职的新闻媒体树立公信力和权威，同时尽可能避免产生负面影响或社会舆论波动。

2. 潜在的外交影响

许多特殊的体育新闻事件可能会产生潜在的外交影响，记者针对这样的体育新闻事件进行专访时，应该多加注意，比如20世纪70年代的"乒乓外交"。

这些具有外交色彩的体育新闻事件固然有着较为丰富的国际体育新闻传播意义，但在处理过程中一定要符合基本的外交政策，在规定允许的情况下，合理地开展专访工作，寻找合适的采访对象，保证专访内容的规范性、真实性。

案例20

2008年4月，正在北京参加第十六届国际奥协代表大会的德国奥委会秘书长米夏埃尔·费斯佩尔在会议间歇接受新华社记者采访时表示，奥运圣火是奥林匹克精神的象征，奥运火炬传递活动是神圣的。在巴黎发生的干扰事件是对奥运圣火的暴力干扰，这是不能容忍的。他表示，人们表达自己的意见可以通过很多种方式，但绝对不能使用武力和暴力。费斯佩尔还明确反对将奥运会政治化的做法。[①]

[①] 刘海燕. 德国奥委会秘书长谴责对奥运圣火实施暴力干扰［EB/OL］.（2008-04-09）［2024-05-16］. https://www.gov.cn/jrzg/2008-04/09/content_940526.htm.

3. 跨文化的移植和培育

部分体育新闻报道有较强的国际性，这使得许多体育新闻事件或体育人物专访存在跨文化相互借鉴的可能性。譬如针对斯诺克名将奥沙利文的专访内容，可以借鉴国内媒体对丁俊晖的专访思路；而针对CUBAL（中国大学生篮球联赛）球员或教练的专访内容，也可以借鉴美国相关媒体对NCAA（全国大学体育协会）相关球员和教练的专访思路。

跨文化的移植和培育是体育新闻专访当中的一个重要落脚点。它的重点在于从不同的文化视角去解读同一个体育人物或者相似的体育事件。这样的操作尽管具有一定的难度，但在专访的过程中如果获得了与专访对象深度交流的机会，则可以尝试将专访向跨文化讨论的方向进行合理引导。

第四章　国际体育新闻报道中的辅助性报道

一、借鉴性报道（Reference Report）

（一）什么是借鉴性报道

所谓借鉴性报道，是指以借鉴参考他人的经验或吸取他人的教训为目的而做的新闻报道。国际体育新闻报道中的借鉴性报道以介绍和分享其他国家在体育竞赛、群众体育等方面的经验为主，往往能够起到补充知识、拓宽眼界的作用。

> 案例 1

上游新闻曾登发过一篇题为《如何为俱乐部起一个好听又中性的名字？日本的经验值得借鉴》的报道。

报道缘起于 2021 年中国足协对足球俱乐部应使用中性化名称的规定。此前中国的足球俱乐部大多使用赞助企业的名称，一时间要改为中性化名称，可能无从下手。于是，这篇报道便列举了三种日本俱乐部的中性化起名方式，供相关俱乐部参考，也为感兴趣的读者拓宽眼界。

日本俱乐部其实也有一段时间都是以企业名称命名，比如浦和红钻的前身叫三菱重工队，鹿岛鹿角的前身叫住友金属工业，大阪钢巴的前身叫松下电器。日本联赛职业化以后，日本俱乐部纷纷响应俱乐部名非商业化的条例，将各自的俱乐部名改为了中性名称，大多延续至今。而日本俱乐部的中性化名称主要分为三类，即自造词语、当地文化符号和表达价值观。在文中，记者列举了属于自造词语的仙台七夕、札幌冈萨多、柏太阳神和京都不死鸟等，属于当地文化符号的德岛漩涡、群马草津温泉和赞岐釜玉海等，以及属于表达价值观的清水心跳、大阪钢巴和广岛三箭等。

这篇报道便属于典型的借鉴性报道，恰当地抓住了国内足球俱乐部改名的契机，对日本类似事件处理方式进行了介绍与分析，既有时效性，又兼具较强的可读性和趣味性。

（二）借鉴性报道的作用与意义

曾任新华社社长的郭超人评《参考消息》的作用为："中国人民正确认识外部世界的一个窗口，吸收和借鉴外部有益成果的一个渠道，推动以经济建设为中心的促进两个文明建设的阵地。"《参考消息》长期以来一直是中国人了解世界的重要渠道，这段话充分说明了借鉴性报道在体育新闻传播中的重要意义，也引导我们思考国际体育新闻报道中的借鉴性报道的作用。

具体而言，国际体育新闻报道中的借鉴性报道主要有三种意义。

第一，借鉴性报道是全球化发展的必然趋势。大型跨国体育赛事和体育文化交流活动等逐渐发展成熟，在日益频繁的国际交流中，借鉴性报道起到了沟通彼此、创造共通话语空间的作用。

第二，这是对分众化需求快速增长的应然回应。受众对于体育内容质量的要求逐渐增高，拥有不同文化水平和兴趣方向的受众对国际性体育报道的要求亦有所不同，而借鉴性报道一般具有较高的知识性和趣味性。

第三，发展借鉴性报道也是讲好中国体育故事的客观需要。借鉴性报道可以完成中国本土体育经验的跨文化传播，提升中国体育的国际传播影响力。

案例 2

在澎湃新闻发布的《超级碗是如何成为美国春晚的》这篇报道中,记者阐述了超级碗在美国从一场赛事成为全民狂欢的真正原因:兼具话题度和教育属性,杂糅了美国流行文化的中场表演。

记者开篇便用"春晚"这一话题拉近了中国受众与美国赛事之间的距离。由于超级碗(Super Bowl)每年举办的时间都在中国农历新年前后,近年来被中国观众戏称为"美国春晚"。之所以称它为"美国春晚",除了精彩的比赛,最主要是其中场半小时文艺表演可谓集美国流行文化之大成,还有一点在于超级碗时段的各类广告往往能让人脑洞大开。

接着,记者将重心回落到超级碗的发展现状上。近年来,美国本土观众收看超级碗,也越来越不关注比赛本身,而是更青睐本应用来助兴的中场演出。由于几十年来超级碗在中场表演上层层加码,最终这项体育赛事演变成了美式嘉年华。这种状况大大降低了比赛的观赏性,1981年超级碗开始前所做的民调显示,大多数美国人都认定超级碗是美国节日,但40%的受访民众表示,自己不关心谁会赢得比赛。记者在这篇文章中还进一步分析了中场表演在超级碗中的发展历程和重要意义,也提供了海外媒体对这一现象的思考和辨析。

对不了解超级碗赛事历史和运营思路的中国读者而言,这篇报道无疑提供了相对详细可鉴的信息;对那些曾对超级碗有所了解的观众而言,报道介绍中场表演而非赛事本身的视角也尤为独特。

(三)借鉴性报道的特点

借鉴性报道可分为公开报道和内参报道。公开报道以国内大众为服务对象,大多数常见的国际体育新闻报道都属于这一类型。内参报道以国内特定人群为服务对象,在某些特殊情况下,记者需要报道的问题比较敏感,或介绍的经验尚不成熟，不便公开报道，便会采用内参报道的形式。无论是公开报道还是内参报道，都能够起到解读政策、分享经验、思维碰撞的作用。

案例3

人民网于2022年2月9日发布的评体教融合政策的一篇报道，点出2021年"双减"政策正式落地，推动基础教育发生了系统性变革，也为践行健康第一理念创造了更好的育人环境。[①] 该报道还引用了2020年国家体育总局和教育部联合印发的《关于深化体教融合 促进青少年健康发展的意见》，解析了文件在深化体教融合、破解影响学生身心健康发展的深层次矛盾和机制创新方面的意义及指导作用。对践行健康第一理念，推进体教融合政策进行了深入浅出的解读。

报道特别指出，没有体育的教育是不完整的，离开教育的体育是不牢固的，并呼吁社会认识到，体育本身就是教育不可分割的重要组成部分，是育人的一个重要手段。只有身心健康，才能够创造无限可能，才能实现人生目标，才能更好地肩负起时代赋予的使命。

在平日的国际体育新闻报道中，一般性动态反映往往很难挖掘到新闻对国内社会现实所具有的真正的借鉴价值。因此，借鉴性报道，特别是专题类借鉴性报道，一般属于深度报道的范畴，需要大量的数据、资料和实地调研加以辅助。

案例4

搜狐体育转载的一篇文章分析了全国仅有30万人口的冰岛，其足球在

[①] 杨三喜.人民网评：践行健康第一理念，推进体教融合［EB/OL］.（2022-02-09）[2024-03-14］. http://opinion.people.com.cn/n1/2022/0209/c223228-32348794.html.

欧洲杯爆冷晋级8强的原因。[①] 人口稀少、环境恶劣、世界排名百名开外的冰岛男足何以崛起？该文章从场地扩建、教练挖掘、人才培养等视角循序渐进，辅以大量数据，剖析了冰岛足球的振兴之由，给中国男足的发展提供了参考思路。

报道从2016年法国欧洲杯开赛以来冰岛的战绩展开，4场比赛之后，冰岛逼平葡萄牙、战平匈牙利、补时绝杀奥地利，又以2∶1的成绩击败了英格兰，这支赛前人们眼中名不见经传的小球队，居然获得了如此令人惊叹的成绩。对一个全国人口只有33万（相当于中国某些小县城的人口）、4年前世界排名比中国队还要低的球队来说，不可不谓之一个奇迹。

吊足读者胃口后，记者开始讲述冰岛足球的发展历史。事实上，冰岛的自然环境非常不适合足球运动，年平均气温4℃，一年中7个月都是冰天雪地。这也使得冰岛的足球队长期处于劣势。直到20世纪90年代中期，冰岛足协开始实施振兴足球的大型计划，情况才得以改善。

在振兴足球的计划中，首要的一步便是兴建球场。自2000年起，冰岛政府开始拼命建造各种足球场，全国上下9个大型室内足球馆全部都有全尺寸的球场，每个学校附近也会修建球场。到了2015年，这个国土面积只有约10万平方千米的国家，就已经拥有了179个标准足球场和128个小型足球场。即使2008年冰岛陷入经济危机，3大私有银行倒闭收归国有，它也没有停止兴建足球场。

球场数量大幅度增长后，冰岛的足球氛围有了质的改观，足球也从过去只能在夏季进行的运动变为全年运动。接着，教练培训计划、全民足球时代纷纷到来，2007年的欧洲U17比赛，一群1990年出生的小将打入了欧洲前8强。2016年，他们又成了冰岛这届欧洲杯的主力军，打入了欧洲杯的8强。

这篇报道的借鉴性意义很强，中国足球的成绩久久难以提升，不少业内人士和球迷都起身呼吁改革。这篇报道不仅可以作为茶余饭后的趣味读物，也

[①] 神奇球队谱写励志传奇 揭秘冰岛足球崛起的真相｜深度分度[EB/OL].（2016-06-29）[2024-03-14］. https://www.sohu.com/a/87129525_282704.

能给国内足球从业者一定的启发。

此外，借鉴性报道往往是作为对某一热点问题的回应和参考存在的，同一类报道的借鉴价值也会随着国内在特定时期的重点工作的不同以及国内大众关注度的不同而发生变化。借鉴性报道的新闻价值主要体现为报道在特定时期对国内具有的借鉴价值，因而一般难以用新闻价值的一般性标准去衡量。

案例5

2022年2月13日，《足球报》发文预告中国足协将出台最新版中超联赛球员限薪令，重新调整薪资结构。记者程善在报道中回顾了此前足协于2019年、2020年发布的两次限薪令，并对最新版限薪令颁布后俱乐部的未来作出预测。[1] 足协限薪是在中国男足折戟12强赛、国内各级职业联赛绝大多数俱乐部经营处于"下行线"的大背景下实行的，但在限薪之外，仍需要有新的俱乐部造血方案，盘活职业联赛经营环境，开掘出真正科学的盈利模式。[2]

记者首先对2019年和2021年的两次调薪进行回顾，讨论了"限薪势在必行"的重要性，紧接着指出，限薪并不能够从根本上解决各俱乐部的问题。在一系列铺垫后，记者引出这篇报道的核心论点：就现实情况而言，进一步限薪可能是为了节流的一种方法，但是中国足球显然不仅仅需要节流，也需要开源。

在报道主体部分，记者提出了吸引企业赞助、拓展商务潜力等设想，还分析了中国足球成绩对其创收能力的影响，对中国足球管理层提出了更高的要求。对于球员代言、外援球员的相关政策，记者也都予以解读。从新闻的视角，这篇报道似乎不具备突出的新闻价值，但对"限薪令"这一特殊的新闻事

---

[1] 程善.最严限薪令即将发布：本土顶薪税前300万，外援最高税前200万欧［EB/OL］.（2022-02-13）［2024-03-14］. https://baijiahao.baidu.com/s?id=1724604315880379454&wfr=spider&for=pc.

[2] 肖赧.男足"限薪限投加码"势在必行：球员有准备，各方认识较统一［EB/OL］.（2022-02-14）［2024-03-15］. https://www.thepaper.cn/newsDetail_forward_16686317.

件而言，这篇报道提供了丰富的信息和借鉴资料。

借鉴性报道可以是对事件性新闻的报道，也可以是对非事件性新闻的报道。专题借鉴性报道通常属于非事件性新闻报道。专题借鉴性报道一般以组稿形式播送，在报刊等传统媒体上，一般以专栏或整版的形式刊登，而在新媒体平台（如短视频平台等）上，一般也会通过合集等形式将同一话题下的报道归纳起来，以便受众查看。

案例6

2021年3月，《体坛周报》全媒体记者闫羽发布了两篇以"星少帅"为主题的报道，以"德甲门兴格拉德巴赫将聘用前西班牙中场哈维·阿隆索为下赛季球队主帅"这一已被辟谣的消息为由头，分别分析了世界足坛前明星球员执教现状和其转化为名帅仍需具备的条件。

在《"星少帅"生存报告：打造新"齐达内"是件难事》[1]中，闫羽分别从世界范围内前明星球员从教的先例、"踢球好未必带队好"的矛盾、球迷对球员和教练这两种不同身份的期待落差，以及前知名球员的职业转型方向等角度，论述了"星少帅"在世界范围内的应用现状以及其面临的种种困境。在《"星少帅"生存指南：想成功还得需要这些条件》中，闫羽进一步详细讲述了"风口浪尖"上的球星阿隆索引发万众期待的原因，并进一步从个人技术特点、成长经历等方面分析了阿隆索成为"星少帅"的可能性。

这两篇报道共计四千余字，记者在报道中将自己对足球市场和球队生存状况的了解详尽地展示了出来。这两篇报道同属一个专题，关注同样的主题，但视角有所不同，从多个层次进行分析，涉及现状、原因、未来预测等方面的信息。作为专题借鉴性报道，这组报道提供了详尽的相关资料，记者的个人知

---

[1] 闫羽."星少帅"生存报告：打造新"齐达内"是件难事［EB/OL］.（2021-03-26）［2024-03-11］. https://www.ttplus.cn/publish/app/data/2021/03/26/365123/os_news.html.

识积累也为报道增色不少。

（四）借鉴性报道的选题与写作

1. 如何确定选题

做好借鉴性报道的选题工作，不仅需要记者有深厚的专业知识，还需要对国情有深刻的理解和全球性的视野。在现代社会，体育作为人类精神文化生活的重要组成部分，已经超越国界，成为全球性的话题。因此，对记者而言，熟悉本国的国情以及全球的体育文化，是做好借鉴性报道选题工作的基础。

在选题时，记者应遵循两条核心原则。首先，选题应紧紧围绕党和国家在特定时期的中心工作。这意味着记者需要密切关注国家的政策导向，了解当前社会的发展方向。体育作为国家发展的重要一环，其报道内容必须与国家的中心工作相契合，传递出积极向上的价值观。

其次，选题应紧紧围绕国内外体育爱好者最关心的问题。体育报道的受众广泛，不同群体对体育的关注点也各不相同。因此，记者需要通过深入调研，了解体育爱好者的真实需求，把握他们的关注点。只有这样，才能找到既符合时代潮流，又能引起读者共鸣的选题。

在实际操作中，记者可以通过多种途径来寻找选题灵感。比如，关注国内外重大体育赛事，从中挖掘出具有借鉴意义的报道点；关注体育界的热点话题，通过深入剖析，提炼出有价值的报道内容；借鉴其他媒体的成功经验，结合自身的特点，进行创新和拓展。

2. 如何写作

借鉴性报道在写作时需要把握一系列关键要点，以确保报道的准确性和深度。这样的报道不仅要求记者具备深厚的专业知识，还需要有敏锐的洞察力和跨文化理解力。

具体而言，借鉴性报道的写作有以下几点注意事项：

第一，注意借鉴国与被借鉴国之间的国情差别，增强借鉴性报道的针对性。国情是一个国家在政治、经济、文化等方面的综合体现，每个国家都有其独特的国情背景。因此，在借鉴性报道中，记者不能简单地照搬他国的经验，而是要在深入了解两国国情的基础上，找出共通之处和差异点，从而增强报道的针对性和实用性。例如，在报道某个国家在体育领域的成功经验时，记者需要考虑到该国的政治体制、经济发展水平、文化传统等因素，以及这些因素对体育事业发展的影响，罔顾国情差异的贬低和赞扬不仅会损伤报道的真实性与客观性，也会大大降低其借鉴价值。

第二，尽管在撰写借鉴性报道时要顾及不同政治体制、经济发展水平和文化传统的差异，但仍要注意，不要将借鉴性报道同社会制度挂钩。借鉴性报道的初衷是学习他国的先进经验，推动本国相关事业的发展。因此，记者应该将重点放在具体的经验、做法和成效上，而不是去评价或干涉他国的社会制度。这样做可以避免引起不必要的争议和误解，使报道更加客观和公正。

第三，一般而言，借鉴性报道的重心应该放在技术层面上。技术是具体的、可操作的，也是最具借鉴价值的。记者可以在报道中详细介绍他国在相关领域的技术创新、管理经验、训练方法等方面的具体做法和成效，为读者提供实用的参考，同时还可以结合本国的实际情况，提出具体的建议和改进措施，使报道更具指导意义。

二、背景性报道（Background Report）

（一）新闻背景的定义及作用

新闻背景作为新闻报道中的重要组成部分，承载着揭示事件本质、深化读者理解的重要功能。广义而言，新闻背景涵盖了新闻事件发生发展的时代背景、与新闻人物和事件直接相关的背景材料，以及消息提供者的背景情况。这些背景信息共同构成了新闻报道的丰富内涵，为读者提供了全面了解新闻事件的视角。狭义上的新闻背景，主要指的是与新闻人物和事件形成有机联系的一定的环境和历史条件。这些环境和历史条件对于新闻事件的发生和发展具有重要影响，是构成新闻事件不可或缺的因素。通过对这些狭义新闻背景的了解，读者可以更加深入地理解新闻事件的本质和内涵，把握其背后的深层逻辑。

《纽约时报》著名记者阿尔比恩·罗斯曾说过这样一句话："任何事件的新闻价值全在通常被称为新闻背景材料的上下文之中。"在一篇完整的体育新闻报道中，背景通常是不可或缺的信息。

《中国青年报》记者慈鑫曾介绍道："在做关于运动员的报道时，平时多做前瞻性积累，这些都将成为接下来报道的素材。待到比赛出结果那一刻，很多时候基本上一篇报道只差一个标题了。"

具体而言，新闻背景有以下几个重要组成要素：

第一，时代背景。在新闻报道中，时代背景是不可或缺的一部分。时代背景能够宏观地反映新闻事件所处的社会、政治、经济和文化环境，为读者呈现事件发生的环境。通过对时代背景的了解，读者可以更加深入地理解新闻事件的发展脉络，了解其产生的深层次原因。

第二，人物背景。人物背景主要指与新闻人物直接相关的背景材料，是新闻报道中的又一重要元素。这些背景材料包括人物生平，事件起因、经过和结果等，可以为读者提供全面的信息。通过对这些背景材料的了解，读者可以更加清晰地认识新闻人物和事件，了解其背后的故事和内涵。

第三，消息提供者背景。这同样是新闻背景的重要组成部分，但在不少新闻报道中，往往被记者忽视。他们的身份、立场和观点往往影响着新闻报道的客观性和公正性。因此，在报道中揭示消息提供者的背景情况，有助于读者判断新闻报道的可信度，避免被误导或产生误解。

新闻背景的作用包括以下四点：

第一，深化主题，增加新闻价值。通过提供与新闻事件相关的历史背景、社会背景等，为读者构建更加完整的新闻图景，使得新闻内容更加丰富、立体，有助于读者更深入地理解和感受新闻事件的重要性。

第二，解释事实，使新闻通俗易懂。在报道一些专业性强、技术含量高的新闻时,通过添加相关的背景知识,可以帮助读者更好地理解新闻内容,避免因为缺乏专业知识而产生理解障碍。

第三,补充事实,增加知识点或趣味点,使消息具有可读性。一些有趣的历史故事、人物逸事等背景资料,不仅可以丰富新闻内容,还可以提高读者的阅读兴趣,提升新闻的传播效果。

第四,暗示观点,引导舆论。通过对新闻事件背景的呈现和分析,记者可以潜移默化地传达自己的观点和立场,引导读者的思考方向,进而对舆论产生影响。

(二)如何运用新闻背景

新闻背景的运用可以分为以下几种类型:

第一,浓缩式。这种类型是将新闻背景集中于一个段落,简明扼要地介绍与新闻事件相关的背景信息,使读者能够迅速了解事件的来龙去脉。这种方式的优点在于信息集中、便于读者快速掌握,但也要求记者具备高度的概括能力和信息筛选能力,从而确保背景的准确性和针对性。

第二,辐射式。这种类型是将大量的背景资料化整为零,逐渐分散式地插入新闻报道中。这种方式的好处在于能够使新闻报道更加生动有趣,避免单调乏味的叙述,同时也能够更好地展示新闻事件的多个方面。这种背景运用方式要求记者具备较高的驾驭能力,从而确保背景资料与新闻事件具有较高的融合度。

第三,毛毛雨式。这种类型是逐渐在能够驱动新闻内容的部分加入背景,以防止读者产生陈旧感。通过不断地更新和补充背景信息,使新闻报道保持新鲜感和时效性。这种方式的运用需要记者具备敏锐的洞察力和持续更新的意识。

第四,单独成篇。这种类型的新闻背景以独立文体的形式出现,经常以"新闻链接、新闻背景、背景资料、延伸阅读、新闻人物"等形式呈现。在西方媒体中,单独成篇的新闻背景还有政府记者招待会(Backgrounder)、时间表(Chronology)、事实数字(Facts and Figures)和资料库(Factbox)等多种表现形式。这种类型的新闻背景可以深入挖掘事件背后的故事和细节,为读者提供更为全面和深入的报道。

近年来,"问答体"形式的新闻背景报道日益增多,特别是在对重大突发性事件的报道中更为常见。作答者可以是专家学者,也可以是记者或编辑。一般来说,专业性比较强的问题,最好由相关方面的专家学者作答;问题的先后次序必须按照受众关注度高低排列。运用"问答体"形式的要求包括以下几点:

第一,问题必须是受众真正想问的,记者和编辑必须明白受众最想知道的是什么。这就要求记者和编辑深入了解受众的需求和关注点,明确他们最想知道的信息是什么。只有基于受众的真实需求和兴趣点,提出的问题才能引起他们的共鸣和关注,使报道更具针对性和吸引力。

第二,作答应该"对题",即记者和编辑必须掌握受众想要了解的信息,并给出准确、全面的回答。这就需要记者和编辑具备扎实的专业知识和丰富的采访经验,能够迅速找到问题的核心,并提供翔实的数据和事实,以解答受众的疑惑。

第三,记者的调研采访必须具有针对性,要能够把握主动权,引导受访者提供有价值的信息。编辑在整理稿件时,也需要精心辨析,突出重点内容,确保信息的准确性和完整性。只有这样,才能避免出现"问非所需"或"答非所问"的情况,让受众真正获得所需的信息。

(三)新闻背景在国际体育报道中常用的选题领域

新闻背景在国际体育报道中的应用十分广泛,在短平快的体育消息的基础上,这些报道补充了信息,加强了报道的纵深感。具体而言,可以分为重大突发性体育事件报道、重要国际体育会议和赛事报道、体育文化相关报道、体育国际性纪念日活动报道、重要体育人物报道以及国际体育大事盘点报道。

案例 7

2006年世界杯期间,中国新闻网发布报道《世界杯:意大利点杀法国第

四次捧杯 齐达内红牌》。除了专注于齐达内"染红"这件事本身，这篇报道还给出了丰富的世界杯赛事背景资料。

  经过了一个月的鏖战，2006德国世界杯北京时间今天凌晨在柏林落下战幕。意大利队和法国队进行的终极对决棋逢对手，两队在120分钟的比赛中以1:1战平。在残酷的点球大战中，亨利和齐达内下场后的法国队功亏一篑，被意大利队5:3点杀。法国队的超级巨星齐达内和意大利后卫马特拉齐成为比赛的焦点人物，齐达内在比赛刚开始就罚入一个点球为法国队先拔头筹，然而又因为头撞后者吃到红牌下场；马特拉齐则送给齐达内一个点球，但戴罪立功攻入扳平的一球，此后他在加时赛挑逗齐达内吃红牌，在点球大战中他又罚入一个很关键的点球，帮助意大利队最终胜出。

  这两支球队也是欧洲的两大传统强队，其中意大利队在世界杯上的战绩仅次于巴西，曾三次夺取世界杯冠军，而法国也在1998年在家门口首次捧起世界杯冠军。在历史上，意大利和法国自1910年以来已经交锋32次。两支球队都曾有过长时间压倒对方的历史，意大利队在1921年到1978年处于王者地位（19场比赛，法国未尝一胜），而法国队自那以后扭转了局势，6场比赛保持不败，3次将他们的欧洲对手淘汰出大型赛事。不过总体来说，意大利队在记录本上仍占优势，总战绩为17胜8平7负（进75球，失44球）。[①]

此后，记者一边推进赛况报道，一边对场上主力队员的技术特点和竞赛习惯、队伍的阵型和战术等做详细的介绍，将背景资料以辐射式的形式穿插于线性叙事之中。

[①] 世界杯：意大利点杀法国第四次捧杯 齐达内红牌［EB/OL］.（2006-07-10）［2024-03-15］. http://www.chinanews.com.cn/others/news/2006/07-10/755432.shtml.

第五章 国际体育新闻报道中的深度报道

一、国际体育新闻深度报道的定义、分类、特点、作用

（一）国际体育新闻深度报道的定义

深度报道是一种以深刻和全面为传播旨趣的新闻报道。[①] 深度报道往往没有固定的格式，也不会过多地受篇幅长短的限制，只要能从深层反映新闻事实真相，通讯、特写、评论、专稿、调查报告等都可以写成深度报道。[②] 它可以系统地反映重大新闻事件和社会问题，深入挖掘和阐明事件的因果关系，从而揭示新闻事件的实质和意义，是一种可以追踪和探索事件发展趋向的报道方式。

深度报道的核心在于"深度"，体现为对事实或事件及其背景的详细、平衡以及彻底的挖掘，目的是通过对事件原因和发生方式的阐释来维护公众利益。新闻学经典著作《一个自由而负责任的新闻界》更是直接说道：仅仅如实地报道事实已经不够了，现在必要的是报道事实的真相。（It is no longer enough to report the fact truthfully. It is now necessary to report the truth about the fact.）

[①] 杜骏飞，胡翼青.深度报道原理[M].北京：新华出版社，2001.
[②] 陈作平.新闻报道新思路：新闻报道认识论原理及应用[M].北京：中国广播电视出版社，2000.

体育新闻深度报道则是普通新闻深度报道的一个别具特色的分支，既有普通新闻深度报道的一般性特征，又有其自身的特质。所谓体育新闻深度报道，就是以理性化和人性化的态度直面体育运动发展过程中的成就与问题，揭示体育运动的客观规律及其相关社会、文化现象的本质，从而对公众和政府决策部门加以舆论引导或监督。[①] 国际视野下的体育新闻深度报道具有帮助受众正确认识和了解全球体育事业、增强引导体育舆论的有效性、增强报道的不可替代性、提升媒体自身影响力的作用。

（二）国际体育新闻深度报道的分类

1. 以单篇新闻的形式出现时，其常见体裁是新闻评论（分析）和通讯

国际体育深度报道不仅关注事件的表面现象，更透过现象看本质，挖掘事件背后的深层次原因和意义。新闻评论以独特的视角和犀利的笔触，引导受众对新闻事件进行理性思考，从而增强受众的媒体素养和批判性思维。通讯则是一种更加注重细节和背景的报道形式。它通过对新闻事件的详细描述和现场采访，为受众还原事件的原貌，让受众仿佛置身于新闻现场。通讯的语言生动、形象，能够给受众带来强烈的视觉冲击和心灵震撼。

2. 以多篇新闻的形式出现时，这些新闻都冠有一个同样的栏目，作为一个整体，形成对相关问题的深度报道

这些新闻从不同的角度、不同的层面，对相关问题进行全方位的报道和分析。它们之间既有联系又有区别，共同构成一个完整的报道体系。这种多篇新闻的深度报道形式，能够更加全面、深入地挖掘问题的本质，让受众对问题有更加清晰、深刻的认识。

3. 如今的深度报道还以视频等形式呈现，借助融媒体手段进行传播

视频报道通过画面、声音、文字等多种元素的有机结合，能够更加生动、

[①] 王惠生，李金宝. 体育新闻深度报道：第二版［M］. 长沙：中南大学出版社，2020：2-3.

直观地展现新闻事件的全貌。视频报道还可以加入特效、配乐等，增强报道的艺术感和观赏性。

案例1

2021年西甲联赛期间，懂球帝转载了一条名为《皇马 vs 巴萨比赛高光时刻，这下西甲争冠真的乱成一锅粥了？》[①]的视频。这条视频以动漫形式展现了皇家马德里和巴塞罗那历年来对战的高光时刻，活泼生动、风趣幽默，引起球迷的热烈讨论。近年来，随着数字化媒体的快速发展，图片、视频等素材的版权问题日益凸显，借助动漫和漫画逐渐成为一种媒体进行融媒体报道的新形式。为了避免版权纠纷，提升内容创新质量，越来越多的媒体机构开始探索新的报道形式。其中，借助动漫和漫画进行融媒体报道，成为一种新兴趋势。动漫和漫画不仅具有丰富的艺术表现力，还能够通过夸张、幽默的手法，将复杂的问题简单化，使内容更加生动有趣。同时，动漫和漫画的创作空间也更大，能够根据报道需求进行个性化定制，更好地满足受众的多元化需求。

（三）国际体育新闻深度报道的特点

国际体育新闻深度报道主要具有解释性、新闻性和分析性等三个特点。

1. 解释性

在国际体育新闻深度报道中，解释性不仅仅是简单地陈述事实，更是通过深入剖析和解读，将复杂的体育现象、事件或人物背后的故事和原因，以易于理解的方式呈现给受众。这样的解释不仅增强了报道的深度和广度，也让读者能够更全面地了解体育世界的真实面貌。

[①] 皇马 vs 巴萨比赛高光时刻，这下西甲争冠真的乱成一锅粥了？[EB/OL].（2021-04-12）[2024-03-15]. https://m.dongqiudi.net/article/1946275.html.

2. 新闻性

这类报道始终紧跟体育领域的最新动态，无论是重要比赛结果、突发体育事件还是热门话题，都能在第一时间被捕捉。新闻性保证了报道的时效性和准确性，使得读者能够及时了解体育世界的最新变化。

3. 分析性

国际体育新闻深度报道不仅仅停留在对事实的陈述和解释上，更通过对体育现象、事件或人物的深入分析，揭示其背后的深层次原因和规律。这样的分析不仅增强了报道的深度和记者的洞察力，也让读者能够更深入地理解体育世界的运行机制和内在逻辑。

案例2

2018年7月30日，《体坛周报》副总编马德兴发文称高层正在研究申办世界杯。他在文章中分析了中国在未来申办世界杯的可能性和意义。①

首先，马德兴提到，随着2018年世界杯的落幕，围绕着申办世界杯的问题已经再一次被提上了议事日程，当然，申办世界杯并不是中国足协甚至国家体育总局这个层面能决定的。目前，有关方面已经开始全面研究此事。

接着，马德兴指出，早在2008年北京奥运会结束之后，中国足协的几任领导就都曾提出过申办世界杯的意愿，韦迪甚至曾公开表示希望申办2018/2022这两届世界杯中的一届。申办世界杯虽然是由主办国的足协正式向国际足联递交申办意向书，但国际足联的相关章程及文件明确规定需要有政府层面的承诺书。而中国是否申办世界杯这样的大事，已经不是中国足协这个层面可以决定的。因此，几任领导虽然有过表态，但仅仅只是表态而已，中国足协并没有正式提出申办。

---

① 马德兴.【重磅】高层研究申办世界杯，2030或许是最合适的切入点！[EB/OL].（2018-07-30）[2024-03-15]. https://www.sohu.com/a/244217235_99935926.

随后，马德兴又引用 2015 年中央深改组通过并由国务院办公厅印发的《中国足球改革发展总体方案》（简称《方案》）。《方案》中第一次明确了"远期目标"，其中第一次明确提出"积极申办国际足联男足世界杯"。虽然《方案》中并没有指明中国究竟应该申办哪一届世界杯，但显然最早可以申办的就是 2030 年世界杯。

马德兴分析了中国申办世界杯的几个"门槛"，如规则问题、赛事章程限制问题等，并从国际足联人事变动的角度分析了世界杯落地中国的可能性。同时，马德兴还列举了国内对于中国是否应该申办世界杯的两种针锋相对的意见，并指出，申办世界杯其实是一个具有强大带动效应的"龙头"，可以促进中国足球的发展。

最后，马德兴总结道："申办与主办世界杯，恐怕不能仅仅停留在竞技水平这个层面来展开讨论，而更应该看到对国家足球、整个国家起到的积极意义与作用，唯有站在这样的高度，才能更清楚地认识到申办、主办世界杯的意义。"

这篇深度报道综合运用了大量的背景资料，作为知名记者的马德兴对中国与世界杯的历史渊源如数家珍，深入浅出地探讨了中国申办世界杯的可能性、争论与意义。

（四）国际体育新闻深度报道的作用

1. 使何时（When）扩展到过去和未来

在探讨何时这个问题时，我们不仅要关注眼前，还要回顾过去，汲取历史经验，更要展望未来，做好长远规划。过去的经验和教训为我们提供了宝贵的参考，而未来的机遇和挑战需要我们用前瞻性的眼光去把握。因此，何时不仅是一个时间点的概念，更是一种具有时间跨度的思考，涵盖了从过去到现在再到未来的整个过程。

2. 使何地（Where）扩展到现场以外的地域

谈到何地，我们不应局限于眼前的现场，而应放眼更广阔的地域。无论是国内还是国外，不同的地域都有着独特的文化、资源和挑战。通过跨地域交流与合作，我们可以实现资源共享、优势互补，共同应对全球性的挑战。因此，何地的概念应拓展到现场以外的地域，以更全面的视角看待问题。

3. 使何人（Who）扩展到相关人和其他人

在思考何人这个问题时，我们不仅要关注与事件直接相关的人，还要考虑到其他可能受到影响或参与其中的人。相关人可能包括直接参与者、决策者等，而其他人可能包括间接受益者、观察者等。他们的观点、态度和行为都可能对事件产生影响。因此，何人的概念应拓展到更广泛的人群，以便更全面地分析问题的复杂性和多样性。

4. 使何事（What）扩展到相关事和其他事

在探讨何事时，我们不能仅仅局限于当前讨论的具体事件，还要关注相关事和其他事以及可能引发的连锁反应。相关事可能包括事件的前因后果、相关背景等，而其他事可能包括与之相似或相反的其他案例或现象。通过拓展何事的概念，我们可以更深入地理解事件的本质和影响，从而做出更准确的判断和决策。

5. 使为何（Why）扩展到深层原因

为何这个问题往往涉及事件或现象背后的深层原因。在探讨为何时，我们不仅要关注表面的原因和动机，更要深入挖掘其本质和根源。这可能涉及历史、文化、社会等多个方面的因素。通过深入分析为何，我们可以更好地理解问题的本质和根源，从而找到更有效的解决方案。

6. 使怎样（How）扩展到原来怎么样、将来怎么样以及应该怎么样

在探讨怎样这个问题时，我们需要从多个维度进行思考。首先，要了解

事情原来是怎样的,这有助于我们理解事情的现状和背景。其次,要预测事情将来可能会怎样,这需要我们具备前瞻性思维和预测能力。最后,要思考应该怎样去做,这涉及决策和行动方案的制订。通过拓展怎样的概念,我们可以更全面地考虑问题的各个方面,从而制订出更合理、有效的解决方案。

案例3

2019年光州游泳世锦赛期间,新华社发布了一篇题为《为和平而战——访"最美难民运动员"尤丝拉·马尔迪尼》的深度报道。这篇报道围绕来自叙利亚的难民运动员尤丝拉·马尔迪尼展开,讲述了她少年逃亡、训练的经历以及对未来的期待等。马尔迪尼当时正在为获得东京奥运会的参赛资格而努力,以这一事件为切入点,引出马尔迪尼对自己的未来规划:在东京奥运会结束后,像以前一样,造访难民营,将身边难民的故事传播给世界,将战火的伤痕展示给世界,希望能以此换回更多的和平。

在这篇报道中,记者虽然以"为和平而战"作为题目,却并没有将叙事视角局限在主人公遭受战火侵袭的家乡环境与世界格局下的惨烈战争上,以引起读者同情,达到宣传和平的目的;相反,记者将重点聚焦在主人公的奥运之旅上,回归奥林匹克精神的核心,通过主人公的所见、所思、所为来呈现"最美难民运动员"的人物形象。

对国际体育新闻深度报道而言,无论运动员身上带有什么样的身份标签,体育比赛都应该是贯穿其职业生涯的核心要素。本篇深度报道以"我们,为和平而战"开头,首先向受众引入一个具有特殊身份的运动员,接着以"圆梦里约""再战东京""未来可期"为小标题,回顾运动员的奥运之旅,展现其对深造、未来规划的期许,改变了人们对难民的刻板印象,升华文章主题,让马尔迪尼"最美运动员"的形象更加鲜活立体。[①]

---

① 王惠生,李金宝.体育新闻深度报道:第二版[M].长沙:中南大学出版社,2020.

思考题

国际体育新闻报道中为什么需要深度报道？又有哪些事件需要深度报道？

二、哪些国际体育新闻需要或适合做深度报道

（一）解释性报道

解释性报道又称分析性报道，是运用背景材料来分析一个新闻事件发生的原因、意义、影响，或预示发展趋势的一种新闻报道，重点在于说明新闻事实的来龙去脉，阐述事实发生的原因、结果以及相关事物之间的联系。[①]

解释性报道不同于调查性报道。调查性报道注重"事"，核心在于报道新闻背后的新闻，即那些已经被披露的新闻背后还有哪些被遮蔽掩盖着的新闻事实；而解释性报道注重"理"，着重于对新闻事实的生发、走向等进行有根有据、合情合理的分析与解释。[②] 可见，解释性报道不是提供单纯的信息来源，而是通过对各种事实的解读来报道新闻事实背后的有关因素。

案例 4

天空体育（Sky Sports）2021 年 5 月 26 日发布的报道《从曼联租借而来的杰西·林加德在西汉姆联表现出色》(*Jesse Lingard in scintillating form at West Ham after loan from Man Utd*)[③] 是一篇较为典型的解释性报道。这篇报道以文字分析结合数据图，解释了杰西·林加德在加盟西汉姆联足球俱乐部后的出色表现及给俱乐部带来的影响，并引用评论员的话分析了林加德对原俱乐部曼联的意义。

[①] 欧阳明. 深度报道采写概论［M］. 北京：清华大学出版社，2011：256-257.
[②] 欧阳明. 深度报道写作原理［M］. 武汉：武汉大学出版社，2004：193.
[③] SMITH A. Jesse Lingard in scintillating form at West Ham after loan from Man Utd［EB/OL］.（2021-05-26）［2024-03-14］. https://www.skysports.com/football/news/11661/12273193/jesse-lingard-in-scintillating-form-at-west-ham-after-loan-from-man-utd.

首先，记者用"点石成金"这个比喻来描述林加德本赛季的状态："在21次未受封堵的射门中射中17次，其中9次入网。这相当于惊人的81%的射门准确率和38%的射门转换率。"凭借出色的成绩，林加德同时吸引了西汉姆联和老东家曼联的目光。记者用图表的形式分析了林加德对西汉姆联这支球队带来的影响。

数据来源：天空体育。

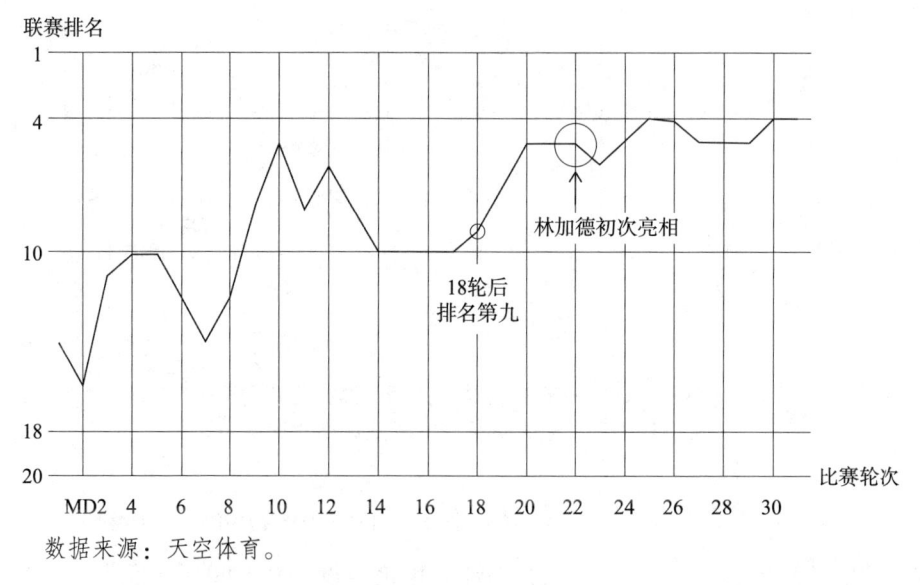

图2　2020—2021赛季，西汉姆联队在每个比赛日后的联赛排名

接着，记者通过列举其他明星租借球员的表现，来衬托林加德在场上的出色表现："事实上，西汉姆联本赛季的进攻速度比英超其他俱乐部都快，而且自林加德加盟以来，西汉姆联通过快攻踢进的球也更多。此外，自他到来，快速攻击的绝对数量猛增——这表明他推动了一种已经成型的方法。"通过图表，记者展示了西汉姆联和曼联两支队伍风格的不同之处。

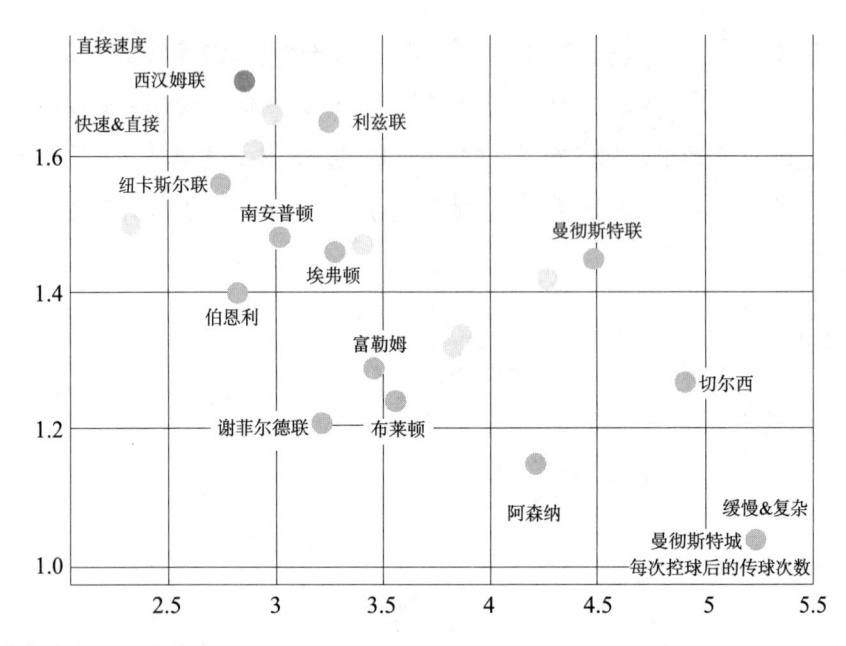

```
直接速度
    西汉姆联
快速&直接
                利兹联
1.6
纽卡斯尔联
         南安普顿
                        曼彻斯特联
              埃弗顿
1.4
    伯恩利
            富勒姆
                             切尔西
1.2  谢菲尔德联  布莱顿
                                 缓慢&复杂
                    阿森纳
                         曼彻斯特城
1.0                      每次控球后的传球次数
    2.5   3   3.5   4   4.5   5   5.5
```

数据来源：天空体育。

图3　2020—2021赛季，杰西·林加德转会至
西汉姆联队后，英超联赛球队风格对比图

随后，记者先后以"林加德现在有多强？（How good is Lingard right now?）"和"他担任什么位置？（What positions is he taking up?）"为小节标题，列举了一系列林加德的个人技术数据，并表示"将这些数据与全欧洲范围内的攻击型中场进行比较，除了射正和快攻的频率，他在所有指标上都名列前茅"，指出这是林加德和西汉姆联合作顺利的原因。林加德在场上通常占据中左区域的前沿位置，几乎作为安东尼奥身后的二前锋，以超载左翼——为攻防转换中的突破做好准备。记者给出了一系列图表来说明林加德的活跃区域。

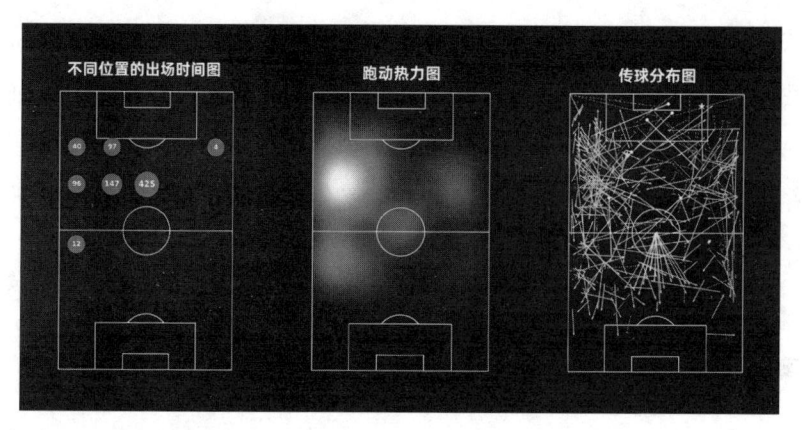

数据来源：天空体育。

图4　2020—2021赛季，西汉姆联队杰西·林加德的活跃区域

报道的最后，记者引用了天空体育评论员加里·内维尔的言论，表示林加德的租借之路是两家俱乐部的双赢局面："我们知道他是一名优秀的球员。曼联需要做出一个重大决定。他们是选择将他出售，获取可观的转会费，然后在他们希望加强的位置上充实阵容，引入更出色的球员，又或者他们认为他是一个优秀的23人阵容中的一员。索尔斯克亚无论做哪种决定，他都不会有损失。林加德的身价已经上涨了，他自己也踢得很开心，所以他要么回归曼联，在夺冠征程中发挥重要作用，要么转会去其他球队，曼联也因此得到一笔转会费，并用这笔钱在其他位置进行引援。我认为曼联和林加德都不会有损失，这对双方来说是双赢的局面。"

（二）调查性报道

甘惜分在《新闻学大辞典》中将调查性报道定义为"一种以较为系统、深入地揭露问题为主旨的报道方式"[1]。它注重挖掘新闻事件内在隐蔽的关系，并向公众分析、揭示这些内在联系的重大意义。在西方，调查性报道长时间被等同于揭丑报道，如杰克·海敦认为，"调查性报道就是暴露报道，它暴露政府

---

[1]　甘惜分.新闻学大辞典[M].郑州：河南人民出版社，1993：153.

和公共机构中的腐败行为和丑事"[1]。后来的新闻学研究纠正了这种定义，认为调查性报道是"利用长期积累起来的足够的事实和文件，就事件的意义向公众提供一种强有力的阐释"[2]。

在国际体育新闻报道的范畴内，调查性报道主要关注体育丑闻、体育文化、体育人物和体育产业等新闻议题。

案例5

2016年6月27日，欧洲杯最后一场1/8决赛在法国的历史名城尼斯上演，交战双方是英格兰和冰岛。赛前，人们普遍看好英格兰获胜并拿下最后一张晋级8强的门票，但实际比赛中笑到最后的反而是大家意料之外的冰岛。冰岛在一球落后的情况下连进两球，将三狮军团淘汰出局。除了爆冷淘汰英格兰，冰岛足球留给世界最深刻的记忆就是赛后冰岛全队与球迷的互动——维京战吼响彻尼斯的上空。冰岛在欧洲杯赛场上的亮眼表现引起了全世界球迷的兴趣，《卫报》足球记者Barney Ronay（巴尼·罗奈）为了能够获得第一手情报，特意前往冰岛首都雷克雅未克，揭秘冰岛足球崛起的真相。[3]

报道主要从冰岛的足球发展现状、民族意识、青训选材、足球氛围和产业化经营等方面揭示了冰岛足球得以崛起的真相。2009年，冰岛足球教练在英国访问时，发现了冰岛新星西于尔兹松。他受训于冰岛青训营，成为冰岛足球"试验项目"的杰出代表。2016年欧洲杯预选赛中，西于尔兹松的关键进球助力冰岛国家队取得佳绩。在罗杰斯的指导下，他转型为顶级中场。冰岛足球的崛起得益于其民族特性与强大的足球精神，其中，计划经济式管理、教练专业化、场馆充足开放和校园足球普及功不可没。他们善用转播收入培养教

---

[1] 高钢.新闻写作精要[M].北京：首都经济贸易大学出版社，2005：322.
[2] 埃默里A，埃默里M.美国新闻史：报业与政治、经济和社会潮流的关系[M].苏金琥，张黎，阮宁，等译.北京：新华出版社，1982：493.
[3] RONAY B.揭秘冰岛足球崛起的真相 原来这才是足球的天堂[EB/OL].（2016-06-15）[2024-05-04].http://www.hxnews.com/news/ty/zqxw/201606/15/884245.shtml.

练、修建场馆,足球文化深入人心。西于尔兹松等国家队成员在海外联赛取得成就,冰岛足球已成为欧洲转会市场的重要"供货商"。这一切都证明,冰岛足球的成功源于英明的管理、专业的青训系统和国家的全力支持。

在报道的最后,记者总结道:"冰岛的足球,并不只与幸运有关,它的背后是英明的管理、一座座室内球馆、一批批足球天才和一个国家认真的态度。"

这篇报道是较为典型的国际体育新闻调查性报道,记者通过实地走访球队、俱乐部、学校等场所,从球员、教练、青训队员、学校工作人员和普通冰岛人的视角分别进行叙述,通过大量宝贵的事实资料逐渐编织出冰岛的足球传奇。从结构上看,这篇报道很好地体现了调查性报道的原创性和独立性,记者把握住欧洲杯冰岛精彩表现的时机发表,也带来了较好的反响。

(三)预测性报道

现今业界普遍认为:"由于电视、网络等媒体的竞争,现在纸媒中的体育新闻出现了中心前移的趋势,也就是越来越重视赛前报道。在我国政府批准发行博彩型的足球彩票后,包括预测性报道在内的赛前报道愈发受到读者的关注。"[1]

预测性报道是指通过对现有材料的分析、对未来可能发生的新闻事件进行推测的新闻报道样式。它脱胎于解释性报道而又独立于解释性报道,解释性报道的基础报道方式是陈述与分析,而预测性报道的基础报道方式是分析与推论。预测性报道的任务是讨论"应该",而不是描述"肯定"。体育赛事的预测报道只有建立在丰富翔实的新闻背景之上,对比赛项目的分析才能更加专业、科学、严谨,对比赛结果的预测才能更加准确。与一般的赛前报道相比,预测性体育新闻深度报道在赛事的相关背景、数据的掌握、分析的专业性和权威性以及预测结果的准确性等方面要求更高,一般篇幅也更长,具体而言,需要注

---

[1] 郝勤.体育新闻学:第二版[M].北京:高等教育出版社,2004:184.

意解释性、精确性和权威性这三个方面。

根据报道角度，赛事预测型体育新闻深度报道又可进一步分为个赛胜负前景预测深度报道与赛事总体格局预测深度报道两种。[①]

1. 个赛胜负前景预测深度报道

体育新闻的赛前报道由赛前预报、赛前动态和赛前预测构成，与赛后报道相比，具有突出的释疑功能和解惑功能。[②] 个赛胜负前景预测深度报道对宏观的体育史料、法规等背景资料的要求相对较低，更重视对参赛各方的最新情况（包括比赛赛制和规则、重点运动员、教练员采访、体育专家对比赛的看法）的梳理整合。这类报道往往要求记者对所报道的体育项目有长期深入的观察和见解。

案例6

2019年7月24日，《体坛周报》刊登了深度报道《林丹难圆东京奥运梦？国羽四大奥运冠军"同病相怜"》。这是一篇关于2020年东京奥运会羽毛球比赛席位争夺的个赛预测报道。在报道中，记者梳理和分析了大量的赛事资料，包括林丹近期赛况、奥运积分排名、男双女双羽毛球搭档尴尬现状，以及国内外目前"内忧外患"的激烈竞争状况，并得出了林丹作为国羽的当家老将想要圆梦东京将面临重重困难的预测结果。

同时，这篇报道还涉及了对其他国羽队员的预测。在对另一位明星球员谌龙的分析中，记者也对其能力和状态进行了客观的分析，并指出谌龙可能是林丹进军奥运的最大对手："林丹和谌龙大概率只有一人能够前往东京，谌龙面临着和林丹同样的挑战——在漫长的积分赛中战胜尽可能多的选手拿到足够的积分排进前十六，并且还至少要超过林丹或者石宇奇一人。"在对李雪芮、张楠等其他队员状况的分析中，记者还介绍了他们近期的比赛经历、身体状况

[①] 王惠生，李金宝. 体育新闻深度报道：第二版[M]. 长沙：中南大学出版社，2020.
[②] 郝勤. 体育新闻学：第二版[M]. 北京：高等教育出版社，2004：184.

等信息，尽管篇幅不长，但仍不失为羽毛球爱好者了解东京奥运会竞争状况的绝佳窗口。

2. 赛事总体格局预测深度报道

赛事总体格局预测深度报道，既包括针对整个综合运动会的，也包括针对某个单项运动会的，或某大项中的小项（如田径赛中的男子马拉松或女子撑竿跳高）的，目的是针对它们在发展中所呈现出的特点、趋势、格局等进行分析预测，在进行这类报道时，除了要充分掌握微观层面比赛本身的背景资料，记者还需要在宏观层面具备丰富的体育历史文化知识。此外，记者在进行相关报道工作时，还需要考虑采访相关竞技体育专家。

案例 7

2024 年 7 月 13 日，新华社以《稳中求进，奋战巴黎——巴黎奥运会中国体育代表团前瞻》为题，对出征巴黎奥运会的中国体育代表团做了全景式的预测分析。

> 战鼓鸣，旌旗展。巴黎奥运会中国体育代表团 13 日正式成立，405 名运动员将参加 30 个大项 42 个分项 236 个小项的角逐。三年前的东京奥运会上，中国体育代表团拿下 38 金 32 银 19 铜，打了一场漂亮的"翻身仗"。新的奥运征程就在眼前，强敌环绕，前路挑战重重。展望巴黎之夏，期待一枚枚来之不易的金牌，也珍视每一个打动人心的瞬间，它们都将是中国健儿在塞纳河畔留下的难以磨灭的印迹。

文章开篇简要介绍了中国体育代表团的组成并回顾了上届奥运会的战绩，

借此引出展望巴黎之夏的中心议题。接着,文章以中国队的基本盘、备受关注的三大球以及新兴比赛项目为抓手,对中国运动健儿的巴黎之行做了前瞻性分析。

基本盘稳字当头

从历届奥运会成绩来看,乒乓球、跳水、射击、举重、羽毛球、体操六大王牌项目的发挥,决定着中国代表团的整体表现。

巴黎奥运周期,中国军团的"六大王牌军"在多项大赛中保持了较高水准。正因如此,美国尼尔森研究所近期发布的巴黎奥运会奖牌榜最新预测认为,中国代表团有可能斩获36枚金牌,和预测获得37金的美国代表团不相伯仲。

中国乒乓球队有望向包揽五金发起冲击,中国乒协主席刘国梁希望队伍"去拼这五个项目,而不要去守"。东京奥运会上,国乒憾失混双金牌,此番来到巴黎,世界排名第一的孙颖莎/王楚钦志在收复失地。女队方面,巴黎奥运周期,孙颖莎成绩亮眼,长期占据世界排名榜首,巴黎将是她第二次奥运之旅,身兼三项的她将力争创造佳绩。女单卫冕冠军陈梦同样剑指金牌。男队有马龙作为"定海神针",手握伦敦奥运会男团冠军,里约和东京奥运会男单、男团冠军,"龙队"将向自己的第六枚奥运金牌发起冲击。樊振东目前距大满贯头衔只差一个奥运会男单冠军,他将为圆梦奋力一搏。新生代王楚钦目前男单世界排名第一,他将在巴黎证明自己能否成为新一代领军者。

…………

三大球、田径积蓄力量

三大球项目的水平是奥运赛场上衡量体育强国的重要标志之一。本次巴黎奥运会,中国队的女排、女篮和三人篮球男、女队拿到资格,任务各不相同,挑战同样艰巨。

经历了波折和低谷的中国女排将以冲击者的姿态出征巴黎奥运会。在蔡斌接手球队之后，中国女排既创造过在2023年世界女排联赛总决赛中勇夺亚军的惊喜，也经历过在家门口举行的奥运预选赛中沉沙折戟的挫折。朱婷、张常宁等老将回归之后，中国队在今年世界女排联赛中通过世界排名拿到了奥运资格，但状态起伏较大。作为一支金牌之师，中国女排始终承受着争创佳绩的期待。对于眼下这支中国女排而言，首要目标应当是凝心聚力，让每名球员和整个队伍的水平发挥到极致，展现出团结一致、顽强拼搏的精神状态。如果能做到这一点，结果自然不会太差。

…………

新兴项目或有惊喜

今年5月进行的巴黎奥运会资格系列赛上海站，让滑板、攀岩、霹雳舞、自由式小轮车这些潮流项目在中国收获了更多关注，中国队也通过上海站和此后的布达佩斯站比赛，将12个奥运资格收入囊中。

滑板项目可谓年轻人的天下，十来岁的孩子登上世界最高领奖台也不鲜见。中国代表团此番年龄最小的选手郑好好就是滑板运动员。将在巴黎奥运会闭幕式当天度过12岁生日的她将参加女子碗池项目的比拼。女子街式项目则收获满额资格，有崔宸曦、曾文蕙、朱沅铃三人入围。曾在这个周期多次晋级世界大赛决赛的崔宸曦有望冲击奖牌。

…………

纵观全文，这篇报道不仅有宏观的预测前瞻，其中也穿插了大量的细节深描和数据支撑，这就使得文章兼具了可读性与可信度，从而让人在阅读的过程中不由自主地跟随记者的行文，畅想中国体育健儿的巴黎行。

（四）实录性报道

实录性报道的概念最早由穆青提出。1989年，穆青在《多写实录性新闻》一文中提出，要"用实录性文体将它们朴素地再现出来，使我们的报道能够反映各个阶层的声音，使读者透过我们的报道能够了解社会上各种人的心态，了解人们在想些什么，希望些什么"[①]。这一诞生于20世纪90年代初的概念关注的重点是真实、客观地反映新闻事件的原貌，杜绝抽象、晦涩、难懂的语言风格和脱离群众、脱离生活的新闻素材。

在国际体育新闻报道中，实录性报道主要指对重大、突发性新闻全景式或全过程的大篇幅报道。一般而言，实录性国际体育新闻报道包含以下几个特征：

第一，表现主题的客观性。实录性报道往往用事实来表现主题，通过对客观事实的记录来表现某一种思想，而较少融入记者本人的立场或言论。

第二，报道形式的灵活性。实录性报道写作形式自由灵活，行文活泼轻快，既可以是现场采访的对话记录，又可以是主人公的自我表达，还可以是现场的环境、气氛描写，短则数百字，长则两三千字，依据新闻事实的容量而自由变化。

第三，视觉的现场性。在实录性报道中，记者可以巧妙地通过报道对象的自述，转换视角，再现报道现场的变化和事物的发展过程，使读者感受到新闻的逼真和感人之处。

第四，效果的生动性。实录性报道常常通过大量的描写还原事件现场的状况，语言风格通俗生动、朗朗上口。

此外，由于体育新闻题材的特殊性，这一类型的实录性报道在写作手法上通常还具有以下特点：

第一，以点面结合的叙述映现宏大现场。在国际体育新闻报道中，点面结合的叙述手法能够生动展现大型赛事的宏大现场。例如，报道奥运会开幕式

---

① 穆青.新闻散论［M］.北京：新华出版社，1996：456.

时，既描绘整个体育场的壮观景象，又聚焦某个国家的入场仪式或某个运动员的特写镜头，让读者在感受整个场面的热烈气氛的同时，对某个具体环节留下深刻印象。

第二，有助于叙事和烘托气氛，讲究文采。体育新闻报道在叙事时，注重文采，以烘托比赛气氛。比如，在描述一场紧张刺激的足球比赛时，记者可能会用"球场上的每一秒都仿佛凝固了空气，球员们的每一次奔跑都牵动着亿万观众的心"等生动的语言，让读者仿佛置身现场，感受到比赛的紧张与激情。

第三，交代必要的背景以帮助读者理解特殊事件。对于国际体育新闻中的特殊事件，如某个运动员的突然退赛或某个国家的意外夺冠，记者会详细交代相关的背景信息，如运动员的伤病情况、国家的备战策略等，以帮助读者理解事件的来龙去脉，避免产生误解或困惑。

第四，融入作者的感情色彩。在国际体育新闻报道中，记者往往会融入自己的感情色彩，对比赛和运动员进行客观而又富有感情的评价。例如，在报道中国运动员在国际赛事中取得优异成绩时，记者可能会用"我们为他们的精彩表现感到骄傲和自豪"等语句，表达自己对运动员的敬佩和喜爱之情，同时也激发读者的爱国情感和民族自豪感。

案例8

2021年4月13日下午，在东京奥运会女足亚洲区预选赛附加赛次回合决战中，凭借武汉姑娘王霜的梅开二度，中国女足以2∶2战平韩国女足，加之首回合的2∶1，中国女足以总比分4∶3胜出，挺进世界杯。次日，楚天都市报一篇名为《月落乌啼霜满天，姑苏城外韩3∶4》的报道刷屏网络，成为女足冲奥报道中的亮点。①

---

① 徐平. 月落乌啼霜满天 姑苏城外韩3∶4［EB/OL］.（2021-04-15）［2024-04-25］. https://www.163.com/dy/article/G7KCCFGA0529AQIE.html.

报道主体共分为三个部分，分别用小标题"揪心：女足一度站到悬崖边"、"神奇：关键时刻王霜站了出来"和"骄傲：武汉女足姑娘们真牛"总起段落，按照比赛的发展顺序组织新闻素材。

上半场，中国女足以0∶2落后，使出线形势变得异常严峻。尽管首回合中国女足客场以2∶1获胜，只需守住0∶1的比分即可出线，但主场比赛中韩国女足攻势凶猛，再加上中国女足队长吴海燕因停赛缺阵，让防守端更显脆弱。韩国女足教练科林·贝尔赛前强烈表态要全力争胜，比赛第31分钟和上半场结束前，韩国队连入两球，使总比分变为2∶3。苏州奥体中心陷入沉寂，现场球迷焦虑不安。虽然下半场中国队进行了多次调整，但形势依然严峻，中国女足站到了悬崖边。

第68分钟，王霜任意球斜传，杨曼未碰到球，皮球直接入网，比分变为3∶3。加时赛中，王霜一脚贴地射门，帮助中国女足以4∶3淘汰韩国队，晋级东京奥运会。5年前，王霜也曾在里约奥运会预选赛中进球助中国女足战胜韩国。这场比赛，她再次成为关键人物。

新冠疫情期间，王霜在武汉封城时坚持训练，直到4月8日才赶到苏州报到。经过多期集训，她的状态和心态都有显著提升。比赛结束后，王霜与吴海燕拥抱流泪，庆祝这来之不易的胜利。赛后采访中，王霜表示，无论落后还是加时赛，中国女足从未放弃，用跑动冲垮对手。湖北省足管中心副主任夏清对她的表现表示高度赞赏。

武汉女足表现出色，让球迷们备感自豪。新华路球迷协会会长张武在赛后收到了许多祝贺，大家纷纷称赞武汉女足和王霜的出色表现。作为上赛季女超联赛的冠军，武汉女足此次有五名球员入选奥运会预赛名单，分别是王霜、吴海燕、姚伟、马君和朱钰。除了吴海燕停赛和朱钰未上场，其余三人均首发出场并发挥重要作用。马君本场比赛还戴上了队长袖标。

尽管比赛过程艰难，中国女足最终进军东京奥运会。赛后，主教练贾秀全感谢队员们在0∶2落后时没有放弃，并希望更多球员能够留洋。展望东京奥运会，贾秀全表示会努力争取好成绩，以前辈为榜样，力争有所作为。

此外，这篇报道最值得称道的是其标题"月落乌啼霜满天，姑苏城外韩3∶4"。这则标题巧用唐诗《枫桥夜泊》中的名句，不仅亮眼，读来也朗朗上口，而且将新闻元素融入诗句，巧夺天工。

其实这并非《楚天都市报》第一次将古诗元素化用至报道中，但《楚天都市报》编委周保国却认为这是"千年一遇"的好标题，因其涵盖比赛地点、人物、对象和比分等四大新闻元素，"霜"指代王霜，比赛所在的苏州古称姑苏，比分3∶4巧合诗句"姑苏城外寒山寺"。

4月13日，中国女足在苏州逆转韩国队，总比分4∶3晋级奥运。当天下午，《楚天都市报》决定在封面大篇幅报道女足胜利。值班总编周保国发现网友评论改编《枫桥夜泊》，灵感突现，将原本的体育版标题"武汉姑娘王霜将中国女足杠进奥运会"改为"月落乌啼霜满天，姑苏城外韩3∶4"。虽然有争议，但他坚持创新。

巧用古诗词创作标题，既能精练表达新闻，又能引人入胜。《楚天都市报》的这一尝试取得了成功，展现了传统文化与现代新闻的完美结合，也为这篇实录性报道增色不少。

（五）传记性报道

传记性报道是一种深入的新闻报道，既要求新闻性强，又要体现人物的深度和内容的全面性，而这方面以往恰恰是平面媒体的优势所在。但随着全媒体时代的到来，传记性报道呈现出一种全新的状态。它综合利用报刊、广播、电视、网络等媒介，通过文字、图片、视频等形式对新闻事实做开掘和铺陈，最大限度地展示新闻人物的系列活动乃至整个人生，展现出一种立体式的深度报道模式。[1]

1. 关注运动员个人的相关情况

传记性报道在国际体育新闻中倾向于专注探讨个别运动员的故事和经历。

---

[1] 赵婷婷. 全媒体时代下传记性报道研究 [J]. 今传媒，2014，22（1）：132-133.

这种个人化的叙述方式让读者能够更深入地了解运动员的内心世界和成长背景。比如关于著名网球运动员罗杰·费德勒的传记性报道除了对他的比赛成绩进行分析，还深入探讨他的家庭背景、训练经历以及他面临巨大压力时仍能保持冷静和优雅的坚毅性格。这种个人化的报道不仅让读者看到了运动员在赛场上的风采，还能理解他们在幕后经历的艰辛和努力，从而更全面地感受他们的人格魅力和奋斗精神。

2. 突出的叙事性

传记性报道往往具有较强的叙事性，通过生动的故事情节和详细的描述，将运动员的职业生涯和个人生活呈现得有血有肉。叙事性强的报道能够吸引读者的注意力，使他们仿佛身临其境。例如，迈克尔·乔丹的传记性报道经常采用故事叙述的方式，从他在高中时被校队拒绝，到后来在 NBA 取得巨大成功，每一个转折点都充满了戏剧性。通过这种叙事方式，读者能够感受到乔丹在面对挫折时的决心和毅力，以及他在职业生涯中经历的各种挑战和获得的胜利。

3. 丰富翔实的人物相关背景资料

传记性报道通常包含丰富的背景资料，以帮助读者更好地理解运动员的成长环境和成就背后的故事。传记性报道旨在深入剖析一个运动员能够获得成功的理由，其中涉及的背景资料不仅包括运动员的家庭和教育背景，还包括他的训练过程、早期的职业生涯以及影响他的重要人物和事件。例如，报道游泳冠军凯蒂·莱德基的文章会详细介绍她从小在华盛顿特区长大的故事，她如何在父母的支持下开始进行游泳训练，以及她在青少年时期取得的成就。这些背景资料使读者能够更全面地了解莱德基的成长历程，以及她是如何一步步成为世界顶级运动员的。

4. 侧面视角的多维呈现

传记性报道常常采用多维视角，从多个方面展示运动员的人生轨迹，不仅包括他们在体育赛场上的表现，还涉及他们的社会影响、公益活动、家庭生活等。例如，对篮球明星勒布朗·詹姆斯的报道不仅关注他在 NBA 的辉煌成就，还讨论他在社区服务、慈善事业以及社会正义方面的贡献。通过多维视角，读者能够看到詹姆斯不仅仅是一个杰出的运动员，更是一个具有深远社会影响力的公众人物。这种全面的报道方式使读者能够更深刻地理解运动员的多面性和他们在不同领域的影响力。

案例 9

2006 年选秀大会前，拉马库斯·阿尔德里奇的故事就广泛流传——他出生时被诊断为临床死亡，并患有心脏病。他的父亲是个酒鬼，母亲独自养家，生活贫困。尽管如此，阿尔德里奇却展现出非凡的篮球天赋，成为当年最具潜力的球员之一，最终在第二顺位被芝加哥公牛选中，随后被交易到波特兰开拓者。

然而，心脏问题一直困扰着阿尔德里奇。新秀赛季初，他因肩部手术错过了训练营和前六场常规赛。医生为了确保手术不影响阿尔德里奇的心脏稳定，推迟了手术时间。虽然阿尔德里奇在全明星赛后找到了状态，但在常规赛最后阶段，他还是因心脏预激综合征错过了最后九场比赛。那次治疗很顺利，医生允许阿尔德里奇恢复后参加高水平比赛，并称他的心脏将长时间保持稳定。随后，阿尔德里奇的职业生涯进入数据爆发期，无论是和罗伊组成双人组，还是独自带队，表现都非常出色。

2013—2014 赛季是阿尔德里奇职业生涯的高光时刻。他在开拓者对阵火箭的季后赛首场比赛中，以全场 31 投 17 中，拿下 46 分 18 个篮板，刷新队史季后赛单场得分纪录。在季后赛第二场，他又拿下 43 分 8 个篮板，成为继乔丹和麦迪之后，在季后赛连续客场得分 40+ 的第三人。这一表现让人们以为他的心脏问题已不再会影响他的职业生涯。

2017 年，阿尔德里奇加盟马刺，稳扎稳打地执行球队的安排。然而，在一场常规赛中，阿尔德里奇被波波维奇列入观察名单，原因是"轻微心律失常"。尽管如此，阿尔德里奇仍在季后赛前复出，对自己的身体情况只字不提。他在季后赛中表现仍旧出色，证明了自己的实力。

即使新加盟布鲁克林篮网，阿尔德里奇也没缺席训练和会议，展现了他一贯的职业精神。然而，面对身体状况的威胁，阿尔德里奇最终选择安稳退役。他的退役声明充满了平静和接受，反映出他对生活的理解和对家庭的重视。

阿尔德里奇对波特兰无愧。他不争不抢，做二当家时一心辅佐罗伊和利拉德。奥登受伤后，他苦练背身，带队取得优异表现，成为开拓者队史前五的球星。阿尔德里奇对马刺也无愧，尽管他不想打中锋，但球队需要，他就上阵，用最好的赛季表现回报球队。

作为芝加哥公牛队的粉丝，当被最喜欢的公牛队选走时，他异常兴奋。然而，当得知自己被交易到波特兰，他也很从容地接受了现实。在母亲不敢控诉家庭暴力时，16岁的阿尔德里奇用拥抱和鼓励给了她勇气；在哥哥创业失败时，不到20岁的阿尔德里奇又鼓励他重新起步。2011年，阿尔德里奇在做心脏稳定手术时，母亲也在和乳腺癌抗争。做完手术的阿尔德里奇醒来后第一反应是找母亲对话。

阿尔德里奇一直是个冷静的人。2012年，他被批评球风太软，对球队不在乎，但阿尔德里奇的哥哥为他发声："他永远不会让你们看到那些情绪在他脸上出现。"换句话说，有些事情，阿尔德里奇比任何人都难过，只是他不说。当阿尔德里奇突然宣布退役时，他展现出的更多的是一种平静，接受了这一切，投身于家庭和生活。作为一名喜欢阿尔德里奇很久的球迷，看到他这样离开，也感到释然。这样离开，已经足够了。①

作为一篇传记性报道，这篇文章深入地描绘了阿尔德里奇的个人背景和内心世界，以帮助读者全面了解他的成长历程和职业生涯中遇到的挑战与获得

---

① 江户川柯北.「人物志」阿尔德里奇：这样离开 就已经足够了［EB/OL］.（2021-04-16）
［2024-10-03］. https://www.163.com/dy/article/G7NA7AGM0529AQIE.html.

的成就，比如通过讲述他童年时的贫困生活和早年的心脏问题，读者可以感受到他坚韧不屈的精神。此外，报道还采用了非常生动的叙述手法，通过具体事件和细节建构起阿尔德里奇的职业生涯和个人生活的图景。文中生动地还原了他在2013—2014赛季季后赛中的表现，全面地展示了他的高光时刻，以及他面对挑战时的决心。在这样的话语下，强烈的叙事性能够吸引读者，从而增加阅读的代入感。

此外，这篇报道还综合运用了大量丰富的背景资料，帮助读者更好地理解阿尔德里奇的成长环境和成就背后的故事。报道涉及他的家庭背景、早期的职业生涯以及他在面对心脏问题时的表现，让读者更全面地了解他的成长历程和他在职业生涯中的奋斗故事。

最后，报道采用多维视角，从多个方面展示了阿尔德里奇的人生轨迹。不仅包括他在篮球赛场上的表现，还有他的家庭生活、心理状态和面对挫折时的态度。例如，报道描述了他在2017年面对自己心律失常时的冷静和坚忍，以及他在退役时对生活的重新定位和对家庭的重视。这种多维视角的报道使读者能够更深刻地理解阿尔德里奇的多面性和他在不同领域的影响力。

（六）连续性报道

连续性报道是指对正在发生并持续发展的新闻事件在一段时间内进行多次、连续的报道。为了拓展新闻报道的深度，有必要就同一新闻事实或报道话题进行连续的、多日的报道，换言之，便是"连续报道！连续报道！直至问题真正被弄清楚"[1]。

对体育赛事而言，连续性报道之"连续性"主要受体育赛事事件进展的制约，其表现形式通常为伴随着赛事的进展而进行的连续多日的报道。可以说，体育赛事是时间最明确、流程最清晰的一类新闻事实，因此，体育赛事连续性

---

[1] 埃默里 A，埃默里 M. 美国新闻史：报业与政治、经济和社会潮流的关系[M]. 苏金琥，张黎，阮宁，等译. 北京：新华出版社，1982：297.

报道也是最典型的连续性报道。① 这类报道主要有以下两个特点：

一是以时间为顺序，随着事件的发生、发展而展开。报道对象事态本身的连续性决定了各篇报道存在有机联系，内容承上启下，时间、事态衔接，事态呈线性分布。各篇报道之间的顺序不能任意变动，一旦变动，就听不明白了。

二是在事态进展过程中进行报道，属于"现在进行时"。报道的时间跨度小，应是追踪或跟踪报道，各篇报道的发布时间应相隔近一些，不能今天发一篇，十天后再发一篇，这样就不像连续报道了。每篇报道连接起来，记录了事态发展的全过程。从事态发生到追踪、跟踪，一直到结束，应是有头有尾、完整无缺地展现事态主体的全部。②

对于大型体育赛事而言，赛前、赛中、赛后抑或连续的比赛日都可以策划连续性报道，比较常见的题材有奥运会、亚运会等综合性体育赛事以及田径、游泳、网球等广受大众喜爱的单项运动的国际赛事。

案例10

2019年7月28日，第18届国际泳联世界游泳锦标赛在韩国光州落下帷幕。在此次赛事中，中国军团共收获16金11银3铜，成绩喜人。在诸多项目中，本是弱项的中国女子水球却在比赛中收获了亮眼的成绩，中国媒体也进行了不遗余力的报道。

赛前：

①《中国女子水球队主教练龚大立：世锦赛争取前六》，新华社，2019年5月18日。

②《中国女子水球队"兵发"光州游泳世锦赛》，新华社，2019年7月

---

① 王惠生，李金宝.体育新闻深度报道：第二版[M].长沙：中南大学出版社，2020：61.
② 欣闻.系列报道、连续报道、组合报道异同[J].新闻前哨，2017（5）：77-78.

10 日。

赛中：

①《游泳世锦赛｜水球小组赛：中国女队胜日本女队》，新华社客户端，2019 年 7 月 14 日。

②《实力本在伯仲间 但奈何防守拖累了中国女水》，北京日报客户端，2019 年 7 月 17 日。

③《中国女子水球队结束小组赛全部较量 外国记者用翻译软件采访抢镜》，文汇客户端，2019 年 7 月 18 日。

尽管最后，中国女子水球队在 7 月 20 日的交叉赛中 8∶12 不敌希腊队，无缘八强，但通过连续性的深度报道，媒体为读者呈现出了一支不一般的中国女子水球队，既展现了鲜活生动、敢闯敢拼的运动员形象，也让更多读者了解了水球这一相对小众的水上运动项目。

连续性报道并非要事无巨细地对所有赛事信息都进行跟踪报道，记者需要选取与自己立场和观点相近的赛事信息，在综合考虑下组织材料。从开始的"兵发"先声夺人，到中期的"开门红""队员神勇表现"，再到最后"采访抢镜"虽败犹荣，利用相对完整的新闻事实，为受众展现出值得关注的中国女子水球队的精神风貌。这类针对大型国际体育赛事的连续性深度报道，目的在于将小众项目上中国运动员虽有劣势但前景和发展空间更大的特点展现给中国读者，从而提振其对中国体育的信心与希望。

（七）系列报道

系列报道是指围绕同一新闻题材、新闻主题从不同侧面、不同角度做多次、连续的报道，各报道之间没有外在的时态连续，却有内在的必然联系。多个独立报道集合在同一主题思想下，对新闻事实做比较系统、全面、有一定深度的报道。在同一个大主题的统领下，系列报道选择组织多个相互独立而在性质、意义上又相互关联的视角，在一个时段内对引人关注的问题进行分篇、持续的报道工作。这类报道方式适用于对非事件性新闻或隐含着社会深层矛盾的重大、重要题材进行深度报道。[①] 在西方报界，一般称为"计划性连载"。

系列报道的基本特点可以概括为以下三点：

一是主题集中。围绕同一主题展开，不能分散，不能跑题。

二是内容广博。多侧面、多角度围绕同一主题反映各方面的情况，内容博而不散，信息量较大。

三是主题深刻。系列报道的题材都是重大的非事件新闻，立意较为深远。

在具体的新闻实践中，系列报道采访、写作的基本要求主要有三条：

第一，周到策划。在确定报道主题后，需要组建一个报道小组，成员包括记者、编辑、摄影师等相关人员。策划内容包括但不限于以下几点：确定整个系列报道的篇数，以便合理安排每篇报道的重点和节奏；为每篇报道制定一个简要的内容框架，确保各篇之间既独立成章，又相互联系；初步拟定每篇报道的标题，标题应当既能吸引读者注意，又能准确反映文章内容；明确每篇报道需要采访的对象和重点问题，以确保采访内容的丰富和多样；确定每个小组成员的具体任务，谁负责采访、谁负责写作、谁负责编辑等，分工细致明确，以提高工作效率。

第二，精心设计。每位记者在开始采访前，需要对自己负责的篇目进行详细设计。这一过程至关重要，直接影响着报道的最终质量。设计的内容主要包括以下几个方面：根据策划的总体框架，进一步细化和确定每篇报道的标题，确保标题能准确概括报道内容；精心设计报道的开头和结尾，使其能够引人入胜、自然收尾，从而提升文章的整体质量；明确每个段落的内容和层次，使文章逻辑清晰、层次分明；确定需要采访的对象，准备好采访提纲，记录采访过程中可能出现的精彩谈话；设计好谈话录音和其他影像素材的使用位置，在文章中合理安排这些素材，使报道更加生动、有感染力。在实际采访过程

---

① 欣闻. 系列报道、连续报道、组合报道异同 [J]. 新闻前哨，2017（5）：77-78.

中，如果发现实际情况与设计有出入，应根据实际情况进行灵活调整，确保报道内容真实、准确。

第三，写作时要尽可能做到微观切入、宏观展开。报道应从一个具体的点切入，然后逐步扩展到整体情况。这种写作方式能够使报道既有具体的细节，又有宏观的视角，从而增加报道的厚重感和立体感。具体要求如下：选取一个具有代表性的小切口，如一个具体事件、一位典型人物、一组有代表性的数据等，从这个小切口开始展开报道；从具体点出发，逐步过渡到整体情况，展示更广泛的背景和深层次的问题；在报道中融入反映整体情况的数据和反映整体面貌的描写，使读者能够从宏观上把握报道的全貌；报道应当有点有面，既要有具体生动的细节描写，又要有深刻的分析和思考，使文章立体、厚重，富有思想性和亮点。①

案例 11

东京奥运会期间，中央广播电视总台作为中国主流媒体的中流砥柱，其抖音账号"央视新闻"策划了《直击东京》系列报道，依靠中央广播电视总台强大的采编团队，在东京奥运会期间发布《直击东京》体育新闻系列报道，共收获 10.3 亿次播放量。通过对《直击东京》系列报道的相关内容进行整理，可以看出体育新闻新媒体平台的播出选题、内容形式对其传播效果的影响。

首先，国家优势体育项目相关报道更受关注。有中国"国球"之称的乒乓球其赛事相关报道最受受众喜爱，拥有"梦之队"之称的跳水、游泳等中国强势项目其比赛相关内容也大受欢迎。

其次，精彩赛事镜头的剪切最受欢迎。短时长、强冲击力的视频一般能得到更多互动。此外，依靠总台强大的采访团队和节目制作团队，由传统媒体采访素材制作而成的"采访+文字"以及将部分总台节目片段作为整个短视

---

① 曹仁义.新闻实用业务系列谈之九 连续报道和系列报道[J].中国广播，2010（5）：70-71.

频报道的内容也受到受众的欢迎。

最后，受众的认可与支持能够进一步激发互动行为。威廉·斯蒂芬森认为，传播是被大众借用的一种游戏活动。而随着新媒体技术的发展，受众获取信息的渠道越来越多，传统的单向传播模式被颠覆，受众既是信息的接收者也是信息的传播者。在这样的时代特征下，信息的反馈也被认为是信息盈余时代有效传播的特征之一。[①]从《直击东京》系列报道的点评赞情况可以看出，受众喜爱的选题和视频制作形式更容易激发互动兴趣，并形成有效传播。

（八）组合报道

组合报道是针对同一事件或主题做出多样式报道，指集中一组稿件反映同一时间、不同地点的同类情况，或同一主题、不同门类的情况，形成较大的报道规模。可以同时有消息、专稿、评论、访谈和资料等。组合报道多用于报道面较宽、报道对象较多的报道，旨在全面、深刻地揭露问题，或通过众多报道对象的相互比较，说明问题和道理。组合报道主要有以下两种基本形式：

1. 事实中心型组合报道

在事实中心型组合报道中，单篇稿件之间存在着特定的逻辑关系，这种关系规定了稿件的顺序和相互关系，每篇报道都有它存在的特殊意义。

2. 主题中心型组合报道

在主题中心型组合报道中，单篇稿件之间也存在一定的联系，但是这种联系远没有事实中心型组合报道那么强。联系各篇稿件的不是稿件之间的关系，而是报道本身所围绕的新闻主题。

组合报道由多篇主题相近或相同、相对独立的单篇报道组成，在内容和体裁上具有相关性、互补性和多样性三个特点。它是一种以空间为维度的报道

[①] 喻国明，杨颖兮.参与、沉浸、反馈：盈余时代有效传播三要素——关于游戏范式作为未来传播主流范式的理论探讨[J].中国出版，2018（8）：16-22.

方式，以空间为序，报道方式的组合呈现出扁平化的"面"型结构。针对同一新闻事实，记者转换不同的角度或立场，便会产生不同的组合报道面貌。这样的报道方式大大强化了新闻对受众眼球的轰炸效应，也深化了作者想传达的观点和立场。在国际体育新闻报道领域内，组合报道往往还配有某体育项目的背景介绍、教练或者行业专家点评、读者和体育迷的讨论、体育赛事规则、相关法规政策等。具体而言，其组合方式一般有以下三种：

第一，正面配合型组合报道，是指各组成部分均从积极方面表现报道内容与报道主题。

第二，正反配合型组合报道，是指整篇报道由两方多元内容组合而成，具体表现好与坏、积极与消极或正面与反面等系列人物事件材料。

第三，多元综合型组合报道，是指尊重多方意见和看法，在写法上似乎只注重呈现各方观点，而不直接表达自我立场，实际上却是通过转述多方观点时的价值取向与情感态度，来间接地表明自我立场。

案例12

2008年8月18日北京奥运会期间，中国选手刘翔在北京奥运会男子110米栏第一轮比赛中，因伤退出比赛。刘翔号称"飞人"，在奥运会开始之前，全国人民便对其成绩寄予厚望，突然退赛，无疑是北京奥运会期间一条爆炸性新闻，对此，多家媒体进行了连篇累牍的报道。

从刘翔退赛的当刻起，《中国体育报》专项记者就深入跟踪调查多方人员。记者第一时间采访了与刘翔情同父子的主教练孙海平，他向记者袒露：刘翔一直在玩命，实在无法坚持才退赛。刘翔本人也在第一时间对《中国体育报》记者说："如果（不是）万不得已，我不会做出退赛的决定。"此外，国家体育总局田径运动管理中心副主任冯树勇也向记者证实，刘翔退赛并非意外，而是实属万不得已。这一组稿件再加上田径专家对刘翔退赛的权威看法组成了一整版的深度报道，在第一时间与读者见面，重点揭示刘翔退赛的真相，即刘翔退赛早有先兆，脚跟腱旧伤复发所以梦断北京奥运。

报道还配上了专家点评，表明不是刘翔不想跑，而是不能跑，因为一个人的健康从某种意义上说比奥运金牌更重要，牺牲个人健康拼取奥运奖牌本身也是有违奥林匹克精神的。这期深度报道告诉读者，刘翔退赛，无论是其本人还是他的教练，心情都十分沉痛，但这恰恰就是竞技体育的本来面貌，国人应该给予刘翔支持和理解，而非攻讦乃至谩骂。我们每一个关注、喜爱刘翔的人，都应给予他理解、支持和信任，这也体现着大国国民心态，以及人文奥运的深刻意蕴。这组报道便属于正面配合型组合报道，彼时舆论风向其实对刘翔是不利的，《中国体育报》的记者却力排众议，站稳角度，巧妙地组合了对刘翔利好的各种素材及言论，传达了记者支持刘翔的态度。

中国日报社旗下"环球在线"网站同样策划了类似的组合报道。报道导语部分由四个标题概括和总领全篇："刘翔教练孙海平在发布会上掩面而泣""孙海平说造成刘翔退赛的原因是脚跟的问题""中国田径队主教练冯树勇证实刘翔伤势上周六突然加重""冯树勇相信观众对刘翔因伤退赛会给予足够理解"。报道还配以多张刘翔退赛现场照片、主教练孙海平在发布会上落泪的照片，具有极强的感染力。[①]

央视网则策划了多元综合型的组合报道——《黯然谢幕：刘翔抱憾北京奥运》，报道由一整版网页组成，包含"头条""谁的眼泪在飞？""话题交锋""网友调查""外媒聚焦""观点视角"等多个版面，是一组带有鲜明的纸媒时代遗留特色的网页报道。

"头条"部分最醒目的位置是一个题为"刘翔黯然谢幕的悲剧，谁该反思？"的投票链接。"刘翔，这个承载着无数人期待的英雄，这是任何人都不愿意看到的结局，但是，现实我们无法逃避。因伤病离开赛场，本来是情有可原的状况，但是，因为主角是刘翔，一切就笼罩了浓重的悲剧氛围！那么，是谁导演了这出悲剧？"这段情感强烈的文字为整组报道奠定了伤感与尖锐并存

---

① 实录：冯树勇孙海平解答刘翔为何退出比赛［EB/OL］.（2008-08-18）［2024-05-15］. https://www.chinadaily.com.cn/hqgj/2008-08/18/content_6946865.htm.

的基调，吸引了大批网友参与投票和发言。

"谁的眼泪在飞？"部分为几组照片，最醒目的位置为"刘翔退赛瞬间观众落泪"、"美女记者痛洒美人泪"、"刘翔因伤退赛 志愿者哭泣"和"孙海平教练泪洒发布会"。几组照片皆为哭泣脸孔的特写，将气氛进一步推向了高潮。

随后，"话题交锋"版块连发四问："我们应该支持刘翔什么？""刘翔有没有资格退赛？""刘翔的伤，到底有多重？""退出比赛一幕的几点疑问"，直击刘翔退赛这一话题的重点，即刘翔退赛究竟是不是作秀？我们应该以何种态度去对待退赛的刘翔？随后，在"网友调查"版块，记者将问题抛向网友："刘翔退出110米栏比赛，你能理解吗？""临战退出比赛，刘翔该不该跑下去？""刘翔在你心中的形象受影响了吗？""刘翔怎么做才能让我们满意"。与上一版块的内容略有不同的是，这四个问题更加直截了当，紧紧围绕刘翔在国人心中的形象与地位发问。

最后，在"外媒聚焦"和"观点视角"两个版块，记者罗列了许多海外知名媒体的相关报道，以及医学、体育、广告公关等领域知名专家的立场，将全组报道的信息量进一步扩充，提升了这组报道的思辨性。

三、如何做深度报道

（一）多元化的选题选材思路

进行体育新闻深度报道写作时，选题选材应该视野广阔、思维辩证，结合多个方位和角度进行综合的观察考量，不能坐井观天。在国际体育新闻报道中，体育实践丰富多彩，体育现象意蕴深远，哪些题材值得深入挖掘？哪些题材值得"大做文章"？这些都是国际体育新闻深度报道工作中最关键的第一步，也是决定一篇或一组报道高下的重要因素。

第一，体育赛事是报道选题最重要的来源。国际体育赛事大多是周期固定的超级大赛，如奥运会、世界杯、NBA等，其赛事筹备和进行的周期较长，日程安排准确，准备时间充分，为国际体育新闻深度报道提供了良好的条件。围绕重大赛事，媒体也便于策划组合性的大型报道，如奥运会期间，一些大型媒体常常会组建临时工作组，分出大量时段或版面进行报道，甚至直接推出奥运特刊或时段性的特别节目，报道内容从动态消息、背景资料、言论碰撞到人物访谈、跟踪聚焦等无所不包。这些报道看似分散，其实内在关联性非常强，它们彼此之间互为背景，对同一主题的新闻事件进行多角度透视，从而为受众建构起一幅国际体育全息地图。

第二，体育人物常常有着大量可以挖掘的信息。国际体育新闻报道中涉及的运动员可分为知名运动员和一般运动员两类。一方面，新闻产品如果涉及自带话题度和关注度的运动员，将会更容易引起读者关注。对于明星运动员这种从体育运动实践中"跳跃"出来的"英雄"，读者希望了解的绝不仅仅是他们在赛场上的种种表现，还有他们生活的方方面面。在对知名体育人物进行深度报道时，应全方位地对其生活背景、运动经历、竞赛表现等进行挖掘，在把握正确导向的前提下补充其他信息。另一方面，对于那些知名度相对较低的体育人物，国际体育新闻深度报道仍有挖掘的空间。国际体育新闻深度报道往往被惯性地认为应该聚焦于大型赛事活动，因此容易缺乏大众体育领域的优质内容。在自媒体和社交平台高度发展的当下，越来越多的"草根"新闻展露出强大的生命力，如果媒体将报道重心分一部分给体育运动中的普罗大众，注重挖掘平凡题材中不平凡的意蕴，将更有利于体育精神和人道主义精神的传扬。在这一前提下，媒体既要宣传科学的体育运动与健康理念，分享国际化的体育生活方式，又要注意塑造有血有肉、能够引起普遍共鸣的典型人物。此外，"平民化"绝不意味着"庸俗化"，并不是要迎合流行文化中低级趣味的部分，而是要从受众的根本利益和兴趣点出发，生产有趣味、有内涵的国际体育新闻。

第三，抓住国际性突发体育事件。事件蕴含着冲突，深度报道的目的便是厘清冲突的根源，为读者剖析新闻实践的本质。体育实践本身便具有社会性，在我国社会飞速发展的背景下，体育与政治、文化、经济等领域也产生着愈加紧密的联系。在聚焦突发体育事件的报道中，选题为危机事件的报道占比非常高。因此，在策划国际体育新闻深度报道时，对突发的危机事件要尤为注意，应全方位地透视，找出问题的症结。常见的体育危机事件包括商业危机事件、管理危机事件和竞赛危机事件三类。

①商业危机事件。

体育明星和国际赛事并非只是单纯的体育实践行动者，其还附有极高的商业价值和社会价值。为此，与这些人物和事件相关的教练员、比赛举办地点等因素往往也会受到公众的广泛关注，一些解读空间较大的事件中的负面因素常会被有意无意地放大。此外，我国的体育制度随着社会实践发展处在嬗变的过程中，在国际传播的话语体系中，运动员的一言一行都可能被别有用心地解读，遑论一些体育明星和国际赛事的商业价值早已不再局限于国内。在这种背景下，国际体育新闻深度报道如何应对和解读商业危机事件，便成了更加复杂的问题。

②管理危机事件。

随着社会经济逐步发展，来自社会方面的各种力量一定程度上对我国当下实行的举国体制产生了影响。这种影响主要体现在以下几个方面：一是，举国体制对政府权力的过度强调，抑制了社会参与体育的积极性；二是，政府体育管理机构过多关注微观事务的管理，制约了其宏观管理的职能发挥作用；三是，社会主义市场经济与体育产业化的推进削弱了体育的社会价值和公益性质；四是，举国体制下仍然存在竞技体育俱乐部发育不健全等现象。[①]

③竞赛危机事件。

在国际体育新闻深度报道方面，竞赛危机既有由不可控因素引起的，也有由人为因素引起的，后者是挖掘的重点。在此之中，由观众、球员或裁判引发的诸如赛场骚乱、暴力等事件往往又特别受读者关注。在体育赛事商业化程

---

① 王惠生，李金宝.体育新闻深度报道：第二版［M］.长沙：中南大学出版社，2020.

度渐趋加深的当下，此类体育危机事件层出不穷。进一步说，它们之所以发生，绝不仅仅是纯粹的体育竞赛主体发生冲突的结果，而常常与国家、政治、民族、经济等问题纠缠在一起，成为敏感话题，也因此有了更多可供挖掘的深度内涵。

（二）创新新闻报道视角

随着自媒体的迅速发展，如今真正的独家新闻和首发新闻已渐渐失去原本的意义，在信息趋同的大环境下，记者选取独特报道视角的能力便显得尤为重要。一个新颖的视角，可以引领记者发现同一个新闻事实背后不同的信息，从而使新闻产品具有独创性。新闻的叙事视角反映着记者看待世界的特殊眼光和角度，在新闻文本中，被呈现的往往只是事件的一部分，而非事件全部的本来面貌。视角决定了什么"可见"，什么"不可见"，在新闻生产过程中具有极为重要的意义。在报道中常用的视角选择一般有多元视角、非常规视角和对立视角三种。

1. 多元视角

多元视角，是指若干角色和叙事者的视角在动态中结合，通过对不同阶层人物的观察、对叙事主体的不断转换，来对事件进行全方位、多侧面的描述，从而避免报道的同质化。以球赛报道为例，记者在对每场独立的比赛进行报道之外，还应该将今天的报道与昨天的报道进行对比、一支球队与另一支球队进行对比，既阐明新闻事实，又揭露新闻背景，便于读者全方位地了解事情的台前幕后、前因后果。

2. 非常规视角

要打造使人眼前一亮的体育新闻深度报道，就需要找到最能体现新闻事实本质意义的独特角度，以能够启迪人心的独特视角和非常规观点去认识和反映事物。在体育转播技术、体育旅游产业和赛事制作理念更新换代的当下，体育爱好者有更多的机会直接或间接地观看体育比赛，如果媒体仍然只把赛事结果作为报道的重点,将很难引起读者的兴趣。体育新闻包含的不仅仅是竞赛中的内容,读者对赛场之外的花絮、评论、背景等信息同样十分关注。因此,在做国际体育新闻深度报道相关策划和筹备工作时,需要立足竞赛,又不囿于竞赛,致力于发现和把握非常规的独特视角,进行创新解读。

3. 对立视角

当使用常规的、顺向的思维方式难以发现新闻时,不妨换一个方向,从反面来思考,打破"惯例"对新闻生产的桎梏。新媒体环境往往会放大相同的声音,对于同一个重大新闻事件,媒体常常一拥而上,"狂轰滥炸"。在这样的背景下,如果记者能够理智地发出对立的声音,运用逆向思维处理新闻素材,从反向观察问题并构思整篇作品的思路脉络,往往会收到意想不到的效果。

(三)理性冷静地剖析体育事件

与其他新闻体裁不同的是,深度报道不能仅停留在客观反映和描述新闻事件的层面上。准确、全面而富有逻辑的理性剖析,是国际体育新闻深度报道的重要生产要素之一。尽管娱乐化的内容在传播实践中往往受众更加广泛,但对国际体育新闻深度报道而言,鞭辟入里的新闻风格同样也能赢得读者的心。

1. 平衡好报道的客观性和倾向性

新闻客观性与倾向性之间的矛盾代表着新闻理性思辨的深度。新闻报道的客观性是绝对的,是不以人的意志为转移的,而倾向性是相对的。新闻报道者作为社会中的人,是无法做到完全客观报道的。只有高举新闻报道客观性的旗帜,把新闻报道的倾向性和客观性统一起来,坚持二者的对立统一,在尊重事实的基础上恰当、适度、正确地表达出作者对新闻事实的观点和意见,才能正确引导读者阅读新闻,从而体现出新闻报道者应有的立场和态度。[1]

---

[1] 马兰.论新闻报道的倾向性[J].青年记者,2007(16):63.

2. 把握好娱乐性与煽情性的尺度

由于体育游戏本质的回归，大众文化以及新闻业商业化运作和受众体育审美倾向的变化，体育娱乐新闻逐渐为我国传媒所尝试，体育新闻开始容纳并吸引更多的普通受众。[①] 国际体育新闻深度报道一方面要抓住情感传播的核心，用真挚、富有感情的事例和语言风格打动读者，传达体育运动中最本真的东西；另一方面，要处理好各种方向的观点和声音，把握好国际传播中的客观性立场。在面对矛盾冲突较为突出和激烈的事件时，尤其应该注意，不能将民族主义情绪和谩骂攻击带入报道中。

3. 对相关法律法规及政策进行分析

国际体育新闻报道还应该关注体育与新闻相关的法律法规。一些著名的深度报道案例，关注和反映的往往都是与法律法规、政策纲领相关的内容。具体而言，这类报道往往分为两种，一种是揭露虚假体育新闻的，另一种是保护体育新闻报道权益的。前者一般是对已造成一定影响的虚假新闻事件的迭代报道，后者则关注新闻事件本身对体育新闻报道程序和边界的影响。这两种类型的报道模式反映了国际体育新闻报道与法律法规相互改变的进程，往往能够产生较为丰富和深远的社会效应。

（四）倡导人文主义体育精神

在国际体育新闻报道中，人文主义精神不仅着眼于生命的关怀，更聚焦于人性、精神、情感和道德上的关怀，换言之，就是把人的生存、人的作为、人的发展作为采访报道的重要价值取向。中国的媒体要有意识地建立平等互鉴、包容尊重、命运共同的传播话语体系，将我国希望和平的诉求、新型国际关系理念、命运共同体理念等如实传达给其他国家。这就需要打造会通中外的新概念、新表述，用富有亲和力、感召力和公信力的话语来讲好中国故事。[②]

---

① 刘红霞.我国体育新闻娱乐化的成因探析［J］.沈阳体育学院学报，2005（1）：30-31.
② 邢丽菊.推进"一带一路"人文交流：困难与应对［J］.国际问题研究，2016（6）：5-17，122-123.

国际体育新闻报道的人文关怀，主要体现在报道意识和主题、采访手段以及措辞风格等方面。

1. 报道意识与主题的人文性

国际体育新闻深度报道需要扭转既往金牌至上、锦标主义的报道风格，发掘体育事件中源于体育、超越体育的意蕴。尽管体育竞赛胜利者的光辉很难抹去，但记者仍然应该着力发掘其生活化、个性化的一面，而不是用千篇一律的冠军面具抹杀运动员具体的、多样化的个性。当下，体育娱乐、体育文化、体育精神等人文气息浓厚的新闻选材方向越来越受到读者欢迎，也因此为体育传播者所重视。

在选题和采访的过程中，同样要更关注报道中"人"的地位，着眼于人性、精神、情感和道德，从不同角度对比和选择最佳的报道切入点，把握人物的本质。一些选题得当的国际体育新闻深度报道，不仅能给体育领域带来反思，还能突破体育的边界，引发人性的思考和震动。

2. 采访手段的人文性

国际体育新闻深度报道面对的是不同国籍、不同种族、不同身份背景的体育人物，他们之间既有共性，又有个性，这就需要记者把握采访的技巧，挖掘更多信息。需要强调的是，在策划国际体育新闻深度报道时，尤其应该关注采访对象的心理活动，了解其丰富多彩的内心世界。对于那些本身就带有巨大冲突因素的体育人物，如年少成名、因伤退役、爆冷出局的运动员，要事先充分了解其身份背景，给予其足够的尊重，这样才能保证采访手段的人文性，才能为报道的写作奠定基础。在国际体育新闻报道领域，炒作体育人物的"伤疤"不仅会拉低报道的格调，还有可能引发国际性的误解乃至产生公关危机，因此，采访手段的人文性是需要着重强调的一点。

3. 措辞风格的人文性

既往的体育新闻常因用语带有血腥、暴力、黄色等元素而饱受争议。这些带有强烈而不当的感情色彩的词语，虽然不能直接决定国际体育新闻报道的深度，但其确实对社会产生了一定的不良影响。另外，深度报道也要讲究语言表达的艺术性，既要生动传神，又要精练而富有哲理。集审美价值和体育价值于一体的国际体育新闻深度报道，应该是艺术性、观赏性与哲理性的统一。从另一角度观之，正是因为有越来越多具有人文情怀的国际体育新闻深度报道出现在媒体上，才使受众逐渐对这种高质量、有格调的报道形式产生认可。在受众与媒体的互动中，国际体育新闻深度报道的人文性日趋成熟，并彰显出跨越国界和种族的本真色彩。

（五）储备丰富的体育相关知识

在国际体育新闻报道中，体育专项知识的丰富程度往往能够一锤定音地决定一篇报道的价值高低。一篇深度报道能否将全面、丰富的体育知识与体育之外的社会实践联系起来，决定着这篇报道能否被更多读者接受。

1. 体育知识对于国际体育新闻深度报道的必要性

首先，体育新闻传播的发展离不开体育运动专项知识，这也是体育新闻与其他类型的新闻产品不同的根本原因，体育新闻报道的魅力很大程度上来源于体育运动本身。从理论上来说，国际体育新闻深度报道和其他领域的深度报道一样，不能离开其关注领域的本质。它必须不断地挖掘体育运动的技术性和专业性，关注体育竞技本身。对一名合格的国际体育新闻工作者而言，没有丰富的体育知识储备，报道便无从深挖。

其次，从新闻传播的实践层面而言，体育知识对于报道的可信度、可读性都能起到一定助力。在国际体育新闻报道中，体育知识可以帮助记者评估不同运动员的实力、分析其成功或失败的深层原因、铺垫国际体育赛事或活动的背景等。如果一个记者或一家媒体始终对某个项目、赛事或运动员保持高度关注，积累了大量资料，那么在选择报道视角和明确定位时，也就更容易开辟别人难以发觉的新角度，从而让自己的新闻产品更受欢迎。

2. 当前我国国际体育新闻深度报道的不足

尽管我国的国际体育新闻传播事业发展迅猛，但考虑到国际传播跨文化交际的属性，以及现代体育竞赛及相应的商业、管理模式中浓厚的西方色彩，我们不得不承认，当下我国国际体育新闻深度报道仍存在一些不足，亟待新闻工作者逐步改进。

一方面，一部分记者和媒体未能明确个人情绪和理性分析的边界。在一些极端情况下，记者甚至会借某一赛事、某一项目发泄自己的个人情绪，制造噱头、渲染情绪，忽略了对技战术、阵容、项目或赛事发展背景等更加专业的内容的分析。也有记者过于屈从娱乐化的传播态势，导致新闻产品庸俗化、低俗化、世俗化，这样的报道态度也是不可取的。

另一方面，由于媒体机构建制、培养体系等多重因素的影响，当前许多从事国际体育新闻报道工作的记者或是缺乏国际传播的专业素养，或是缺乏体育领域的专业知识。在实际工作中，记者应该拓宽视野，对新知识、新技能保持探索的好奇心，见人所未见，写人所未写，这样才有可能生产出令人印象深刻、对社会有所影响的优质国际体育新闻深度报道作品。

第六章　国际体育新闻报道中的新闻评论

一、国际体育新闻评论的任务与特点

国际体育新闻评论是国际体育新闻报道中不可或缺的一部分，它与各类消息报道相互融合，形成了强大而广泛的社会影响力。在国际传播中，媒体并不仅仅需要报道事实或事件，而是应该在报道的同时塑造和引导受众对某一现象或趋势的认知与理解，形成舆论合力。因此，新闻评论作为一种能够展示观点、引领潮流的重要新闻文体形式，在国际体育新闻传播中发挥着不容小觑的作用。

（一）国际体育新闻评论的目的和任务

1. 国际体育新闻评论的目的

国际体育新闻评论的目的是对国际体育事件或事实进行分析和解释，即通过评论对国际体育事件进行评价，肯定其正确之处，批评其不足和缺陷，并给予其贴合事实的定性。

此外，国际体育新闻评论还对体育的发展起到了促进作用。尽管在体育运动的发展进程中，运动训练、体育选材、竞技体制和体育商业等因素起到了主要作用，但各种社会因素同样影响和制约着体育运动的发展和竞赛水平的提高，包括运动训练的物质条件、运动信息交流和社会公众舆论等方面。而体育新闻评论作为一种能够建构认同、构造氛围的社会文化生产形式，也在不知不觉中形塑着体育运动的发展方向。大到国际社会中的体育运动发展，小到每场体育比赛水平的提高，国际体育新闻评论的参与、监督和评价，是促进和规范体育运动不断发展、进步的重要力量。

从评论的范围而言，国际体育新闻评论关注面较之普通的体育评论更加广泛，不仅评论一国之内的体育实践活动，更涉及世界各国、各地区的大型体育活动。这样一来，评论所关注的方向便从竞技体育本身扩大至体育价值观或体育与人文、历史、政治、经济等耦合的其他社会领域。先进的体育经验和运动技术因此得以传播和交流，为体育运动的发展和比赛水平的提高提供了可以借鉴的信息。

从评论的受众而言，国际体育活动有其自身的内部差异性，不同的体育项目、体育活动之间也存在一定的差异，同样的项目或活动在不同背景、文化的国家或地区开展时同样会呈现丰富多彩的面貌。这样一来，记者站在专业角度对比赛认知、技战术运用等方面的评价和解释便显得尤为重要。借助国际体育新闻评论，记者可以帮助更多的读者看懂比赛、读懂体育，从而进一步推广健康积极的体育生活观。

此外，教育和监督也是国际体育新闻评论的重要任务。通过对体育精神、体育道德的宣传，国际体育新闻评论可以引导观众树立正确的体育观。例如在对运动员顽强拼搏、不屈不挠精神的报道中，记者可以通过对运动员成长经历和比赛中的表现的分析，激励年轻人树立奋斗目标，培养他们的拼搏精神和团队合作意识。对于一些参与主体为青少年的大型体育活动（如青奥会、大运会等），其新闻评论的教育意义更是显得尤为突出。与此同时，记者还需要关注体育赛事中的负面事件，通过评论来发挥新闻的监督作用。通过对争议事件的客观评论，记者可以引导公众对这些问题进行理性思考。记者可以分析事件的背景、涉事运动员的行为动机以及体育组织的应对措施，从而促使体育界加强管理和监督，维护体育的公平公正。

2. 国际体育新闻评论的任务

体育运动的国际交流与合作是中国对外开放的重要组成部分。在外交领域，体育往往扮演着外交破冰者、先遣队的角色，为促进不同人群和文明之间的对话与理解、增进民心相通提供了有效途径。20世纪重新打开中美交往大门的"乒乓外交"，就是体育外交的佳话之一。①国际体育新闻报道中的评论同样担负着传递价值观、表达思想的重任。具体而言，其具有以下几项任务：

（1）作为促进全球理解的文化桥梁

国际体育新闻评论在文化桥梁与全球理解方面发挥着重要作用。记者通过解释和分析不同国家和地区的体育现象和事件，帮助读者了解其文化背景。与其他新闻体裁相比，评论可以更好地解释某个国家对特定体育项目的热爱及其历史渊源，揭示体育与当地文化、社会的紧密联系。这种文化解读不仅增进了读者对他国文化的理解和尊重，也使得体育新闻成为促进国际交流的有效载体。同时，评论员的多元文化视角可以消除读者对其他国家和文化的误解和偏见，使读者形成更全面和客观的认知。作为文化桥梁，国际体育新闻评论不仅在全球范围内传播体育文化，还促进了各国人民之间的理解和友谊，推动了国际社会的和谐发展。整体而言，评论在文化传播和跨文化理解方面的作用不容忽视，它们为国际传播搭建了重要的平台，丰富了全球读者的视野。

（2）引导国际舆论，传播体育竞赛

记者对国际体育事件的深度分析和观点阐述，能够在全球范围内引发讨论和关注，影响公众舆论。国际体育新闻评论可以针对重大国际赛事发表见解，探讨其背后的社会、政治和经济影响，甚至可以对某些争议性事件进行批评和分析，从而引导公众的关注点。此外，体育评论中常常强调的公平竞争、团队精神、努力拼搏等价值观，能够跨越国界，在全球范围内传播和推广。这些价值观不仅是体育精神的核心，也是各国人民共同追求的理想。通过评论的

---

① 以体育交流促民心相通（体坛走笔）[EB/OL]．（2021-01-13）[2024-05-13]．https://baijiahao.baidu.com/s?id=1688722404828691770&wfr=spider&for=pc.

传播，这些价值观能够在全球范围内得到认同和弘扬，促进国际社会的进步与和谐发展。评论员的权威性和影响力使得他们的观点在国际舆论场中具有重要的导向作用，可以影响相关决策和政策的制定，推动社会的正向发展。

（3）增强报道深度与打造国际评论品牌

国际体育新闻评论通过增强报道深度和打造国际评论品牌，提升了媒体的国际影响力和权威性。记者通过将专业知识和独到见解结合，为评论类的新闻报道增添了更多层次和维度，使读者不仅能了解事件的表面信息，还能深入理解其背景、影响和意义。通过评论的补充和扩展，体育新闻变得更加多样和立体，满足了读者对深度信息的需求。此外，有影响力的国际体育记者和评论品牌能够得到全球读者的关注和信任，提升媒体的国际声誉。例如，知名评论员的分析和观点常常具有较高的权威性和吸引力，能够在国际舆论场中产生重要影响。通过国际媒体平台，这些评论在全球范围内传播，不仅扩大了读者群体，也增强了其在国际上的话语权和影响力。整体而言，国际体育新闻评论在提升报道质量和打造国际品牌方面作用显著，为媒体提高其在全球市场中的竞争力和影响力提供了强有力的支持。

（二）国际体育新闻评论的特点

国际体育新闻报道中的评论既有其作为一般新闻体裁的普遍性，又有国际传播和体育视角两方面的特殊性。具体而言，国际体育新闻评论具有以下几个特点：

1. 新闻性

评论是新闻报道的一种体裁。因此，和通讯、消息、特稿、深度报道等其他新闻体裁一样，国际体育新闻评论首先具有新闻性。这种新闻性主要体现在新闻价值五要素方面，即时效性、重要性、接近性、显著性和趣味性。

时效性是指国际体育新闻评论应及时反映新近发生的重大国际体育事件。无论是奥运会、世界杯、网球大满贯等全球瞩目的赛事，还是某位国际知名运动员转会、退役等，记者都需要迅速捕捉并分析这些事件，以确保评论的时效性，满足读者对最新信息的需求。

重要性是指评论所选取的事件或话题必须具有广泛的社会影响力或公众关注度。国际体育赛事不仅仅是比赛，更是一种全球文化交流的载体，其背后往往蕴含着国家荣誉、政治博弈和经济利益等多重因素。因此，记者需要从事件的重要性出发，揭示其背后的深层意义和可能带来的广泛影响，从而增强报道的权威性和深度。

接近性强调评论内容与受众之间的关联性。在国际体育新闻评论中，这种接近性不仅仅是地理上的接近，更是心理上的接近。记者应当注重在立意和观点上打通与本土受众的连接阀，寻找与国际受众的共鸣点。例如，国际体育新闻评论在讨论某个国际赛事时，可以结合本国运动员的表现或本国观众的关注点，增强受众的代入感和认同感。

显著性是指评论所涉及的事件或人物的知名度和影响力。国际体育新闻评论通常涉及的是全球知名的赛事和运动员，因此在选题时，记者应该优先考虑那些具有显著性的人物和事件，因为这些内容更容易引起读者的关注和讨论。例如，讨论一位著名足球运动员转会，或者分析一场备受瞩目的国际比赛的结果和影响。

趣味性是评论吸引读者的重要因素。国际体育新闻评论不仅要有深度，还要有趣味性，能够吸引读者的兴趣。在撰写评论时，记者可以通过生动的语言、独特的视角和有趣的比喻来增强文章的可读性。此外，评论员还可以在评论中适当加入一些幽默元素，调动读者的情感，从而扩大报道的影响力。

总的来说，国际体育新闻评论作为新闻报道的一种体裁，既要体现新闻价值的五要素，又要注重与受众的互动和情感连接。通过及时、重要、有趣且显著的评论内容，记者可以引导舆论风向，影响公众认知，提升报道的影响力。在这个过程中，记者不仅是事件的记录者，更是公众情感和舆论的引导者，需要时刻保持敏锐的新闻触觉和深刻的社会洞察力。

2. 倾向性

新闻评论天然具有预设的立场和倾向性，国际体育新闻评论往往同时涉及国际议题和体育议题,其倾向性一方面表现在政治性和政论性上,另一方面则表现在体育活动的内在属性上,如需要在两支球队、多个运动员之间选择立场。

首先,国际体育新闻评论的政治性和政论性是不容忽视的。在国际体育赛事中,体育不仅仅是竞技和娱乐,更是国家之间的软实力较量。体育记者在撰写评论时,不可避免地会涉及国家形象、国际关系等政治话题。如2022年北京冬奥会期间,俄乌冲突进一步加剧,甚至直接影响了比赛进程。在这种情况下,媒体必然不能视若无睹,其新闻产品将不可避免地带有倾向性和预设立场,记者可能会讨论某个国家的体育政策、运动员的国家荣誉感,以及国际体育组织的政治运作。这样的评论不可避免地带有一定的政治色彩,反映了记者和其所代表媒体的立场和倾向性。

其次,体育活动的内在属性也决定了国际体育新闻评论不可避免地具有倾向性。在评论一场比赛或一个运动员的表现时,记者往往会选择支持一方,批评另一方,这种选择不仅仅基于比赛的结果,还可能受到个人喜好、文化背景、国籍因素等多方面的影响。特别是在拥有大量狂热粉丝的世界级足球和篮球赛事(如欧冠、NBA等)中,记者可能会倾向于支持自己国家的球队或者自己喜欢的球队,这种倾向性在评论中表现为对某一方的赞扬和对另一方的批评。尽管这样的评论可能会引起读者更强烈的共鸣,但也可能引发争议,所以记者在发表相关评论时应划分清楚个人兴趣与公共事务之间的界限,避免引发大规模的恶性冲突。

在国际体育新闻评论中,记者需要在保持客观公正与表达个人或媒体立场之间找到平衡。一方面,记者应当尽量以事实为基础,提供客观、公正的分析,避免过度主观和偏激的言论。另一方面,记者也需要勇于表达自己的观点和立场,通过独到的见解和深刻的分析,吸引读者的关注和思考。例如,在讨论一场争议性的比赛判罚时,记者可以从规则、裁判的角度出发,进行客观分析,同时也可以结合自己的观点,提出对裁判制度的建议和看法,从而引发读者的思考和讨论。

此外，国际体育新闻评论还需要注重文化和情感因素。在全球化背景下，国际体育赛事不仅是竞技的舞台，更是不同文化交流和碰撞的平台。记者在撰写评论时，应当尊重不同文化的体育观念和习惯，避免带有文化偏见的言论。同时，记者还可以通过讲述运动员背后的故事，挖掘比赛中的情感因素，增强评论的感染力和人情味。例如，通过描述运动员的奋斗历程和背后的支持团队，记者可以让读者感受到体育精神和人性的光辉，从而拉近与读者之间的距离。

3. "球土化"

于全球化与本土化之间寻找话语实践的张力空间，既是当前我国国际体育新闻传播的难点，也是突破点。体育在国际传播中的价值逻辑是原则性、前置性逻辑。无论是中心路径全球化与边缘路径本土化，还是中心路径本土化与边缘路径全球化的话语策略，其价值逻辑始终如一，即维护、实现国家利益。[①] 中国体育跨文化传播必须把遵循价值逻辑，即维护和实现国家利益、塑造国家良好形象置于首位。[②] 作为一种适于输出观点和立场，又兼有新闻文本的客观性与时效性的新闻体裁，新闻评论在国际体育传播的"球土化"属性中发挥了独特的作用。

在国际体育新闻评论中，记者不仅要考虑到全球观众的需求，还要注重本土受众的情感和认知。这种双重考量，使得国际体育新闻评论在内容选择和表述方式上，既要符合国际标准，又要具有本土特色。当本土运动员在国际赛事中取得优异成绩时，记者不仅要报道这一事实，还要从国家荣誉、民族自豪感等角度进行深入阐述，以激发国内观众的共鸣。同时，在面对国际受众时，记者需要强调本土运动员的努力和拼搏精神，挖掘跨越文化和背景的普遍价值观，打通传播渠道，赢得国际社会的尊重和认可。

在全球化的背景下，国际体育新闻评论面临着多重挑战和机遇。记者需

---

① 陈瑾如，万晓红.我国主流媒体体育国际传播的"球土化"话语实践考察［J］.体育科学，2023，43（10）：82-89.
② 王翔，鲍海波.构建传播空间命运共同体：中国体育跨文化传播的空间伦理诉求及应然逻辑［J］.社会科学研究，2023（1）：198-206.

要具备跨文化的敏感性和理解力,从而在不同文化背景下准确传达信息。这不仅要求记者具备深厚的专业知识,还需要熟悉国际体育界的规则和惯例,了解不同国家和地区的文化差异。在实际操作中,记者可以通过多种渠道获取信息,如国际体育组织官方发布的信息、各国主流媒体的报道、社交媒体上的实时动态等,以确保评论内容的全面性和权威性。在具体实践层面,记者还要善于运用多种修辞手法和表达方式,以增强评论的吸引力和感染力。记者可以根据所面向的传播受众的特点,引用对方历史文化中的名人名言,增加评论的深度和趣味性,吸引更多读者关注和阅读。

通过遵循价值逻辑,维护国家利益,记者可以在全球化背景下,传达中国声音,塑造国家良好形象,为中国体育的国际传播贡献力量。作为一种既具有新闻客观性又能表达观点的新闻体裁,国际体育新闻评论在这一过程中发挥了不可替代的独特作用。未来,随着全球化进程的不断推进和中国体育实力的不断提升,国际体育新闻评论必将在全球传播中扮演更加重要的角色。

二、国际体育新闻评论的体裁与特点

(一)微评

微评是一种主要用于社交媒体的评论形式,它是互联网时代网络公共空间互动的产物,与互联网时代的大众文化关系密切。[1] 在实践中,微评具有强时效性、强追踪性和强互动性的特点,也因此往往能够孕育出新的舆论方向,还能不断灵活及时地做出回应。

在鼓励理念创新、理论创新和实践创新的时代,新兴媒体为新闻传播理念创新、理论创新和实践创新创造了条件,提供了支撑。微评顺应了受众在移动过程中快速刷屏式阅读的需要,也弥补了各种资讯泛滥但总体精辟观点偏少的缺憾。[2] 具体而言,国际体育新闻中的微评在题材特征、精神特征和文体特

---

[1] 顾春芳.论微评对大众文化的影响[J].中国文艺评论,2020(3):34-43.
[2] 丁柏铨."人民微评":小篇幅仍可有大作为[J].新闻与写作,2016(8):50-54.

征方面具有如下特点：

1. 题材特征：针对性强，选材广泛

微评一般不取宏观或宏大的题材，而是关注某一事件中的微观视角。有些小事毫不起眼，但一经被提起、被论析，其讨论和延伸的空间便会显现。

2. 精神特征：贴近群众，立意清新

微评在新闻报道精神方面，往往比一般的评论作品更加贴近群众，立意清新，真实可感。借助社交平台的情感传播优势，微评往往会选取群众最关心的视角，用朴实的语言诠释立场和观点。

3. 文体特征：言简意明，辞约义丰

微评往往发表在社交平台上，受平台限制，篇幅不宜过长，因此，必须言简意明，辞约义丰。一些媒体在发表微评时，往往会直接转发新闻事件并附上评论，最短时可能仅有一句话。

案例 1

2011 年 8 月 8 日，在人民网新浪官方微博正式上线一周年之际，人民网、人民日报评论部联合推出了"人民微评"栏目。"人民微评"栏目旨在通过 140 字的精彩微评，激扬文字，与各位粉丝第一时间探讨时事热点，碰撞思想火花，畅享信息时代的多元与睿智。"人民微评"开栏之作便是一篇和体育相关的微评《刘翔没跨过的那道栏，我们跨过去了》。"2004，2008，2012。雅典，北京，伦敦。一个人的命运跌宕，13 亿人的喜泪悲欢，我们曾把太多东西寄托在他身上。从狂喜、质疑到释然，110 米，一个民族 8 年的心路，体育竞技折射国人心态成长。金牌不是唯一，跨过这短短的距离，我们收获了什么？"

彼时刘翔刚刚在伦敦奥运会上再次折戟，"飞人"之称已成历史。然而三届奥运会上刘翔的表现和观众的反应之变化，却折射出了中国竞技体育观念的嬗变。透过体育竞技，观察国人心态成长，给人以诸多启迪。与此同时，《人民日报》也通过其微博账号发布评论："一个人，四年，110米。世界上最漫长的跑道，不在赛场，而是横亘在现实和梦想之间。以这样一种悲情的方式离开，出乎人们的意料。但我们相信，这一刻的背后，刘翔已经用他的生命努力过、坚持过。感谢刘翔和他曾给我们带来的惊喜、激励和感动，无论成败。祝福刘翔！"

这两则评论都仅有一百余字，与此前动辄千字的评论文章大相径庭，这也是受到微博篇幅的限制。然而，这两则评论却引起了不小的反响，这一方面是因为其抓住了"刘翔再次退赛"这一话题点，新闻性强，容易受到关注，另一方面也是因为此前《人民日报》这类主流媒体一直被认为与新媒体和社交平台活泼、轻松、娱乐的氛围格格不入，这次"下场"发声，不仅向国内外受众展露了其代表官方立场的温暖和支持，也使主流媒体的形象更加亲民、更加亲切。

无独有偶，主流媒体善用微评渠道引领舆论、塑造氛围，已经是不再新鲜的事实。北京时间2021年4月25日，在美国拉斯维加斯举行的UFC261期比赛中，卫冕冠军张伟丽对阵罗斯·娜玛尤纳斯失败，张伟丽冲击世界第一卫冕失败，失去冠军金腰带。中国新闻网旗下"中新微评"便在新浪微博客户端发表了题为《竞技体育，别玩"墙倒众人推"》的微评。

"两次拿下UFC金腰带，让张伟丽成为中国体坛的顶流之一，但在25日输掉卫冕战之后，'熟悉的一幕'又来了，卖个人签名这种莫须有的谣言竟然联系到了她身上。这不禁让人想起曾经同为中国体坛顶流的刘翔，北京奥运因伤退赛，让这位英雄受到'千夫所指'，倍感人情冷暖。竞技赛场有赢有输，不求'不在巅峰时慕名而来，亦不在低谷时转身离去'，但也千万别'墙倒众人推'，不要让一场失利成为毁掉一名优秀运动员的导火索。"

这篇评论被澎湃、网易、腾讯、新浪等国内多家知名媒体转发，引起了强烈反响。这反映了新媒体时代主流媒体在舆论引导方面的转变和进步。微评的形式不仅适应了新媒体平台的特性，也展现了主流媒体在面对热点话题时的敏捷反应能力和灵活运用新媒体工具的技巧。以往，主流媒体的评论多以长篇大论的形式出现，虽然深度和广度兼具，但在信息爆炸的时代，这种形式显得有些不合时宜。微博等社交媒体平台的兴起，要求评论者以更简洁明了、更贴近受众的方式进行表达。

通过这些微评，主流媒体能够更迅速地回应社会热点话题，抓住舆论的"第一落点"，从而引导公众讨论方向。例如，针对刘翔和张伟丽的微评，不仅传递了主流媒体对运动员的支持和理解，也在一定程度上引导了公众的情感共鸣和理性思考。这种迅速而有力的评论方式，使得主流媒体在新媒体环境中不仅没有被边缘化，反而焕发出新的活力。

此外，微评还展现了主流媒体在语言风格上的变化。过去，主流媒体的评论多以严肃、正式的语调为主，而如今，微评更趋向于亲切、平易近人的表达方式。这种变化不仅拉近了主流媒体与受众的距离，也使评论更加易于被接受和传播。通过简洁的语言和生动的表达，评论能够在短时间内抓住读者的注意力，引发广泛的讨论和传播。

值得注意的是，尽管微评篇幅有限，但它们在内容上并不浅薄。相反，微评往往能够通过精练的语言，一针见血地指出问题的核心，传递深刻的思想。例如，刘翔退赛的评论通过110米跨栏的比喻，深刻地反映了中国体育观念的变化和国人心态的成长。而张伟丽失利的评论通过对"墙倒众人推"现象的批评，呼吁公众在面对运动员失败时保持理性和宽容。这些评论虽然简短，但富有思想深度和情感力量，能够引起读者的共鸣和反思。

"人民微评""中新微评"等栏目通过仅仅一百多字的精彩微评，展现了主流媒体在新媒体环境中的适应力和转型速度。通过这种形式，主流媒体不仅能够迅速回应社会热点、引导舆论，还能够以亲切、平易近人的语言风格拉近自身与受众的距离，增强传播效果。尽管篇幅有限，但微评依然能够通过精练的语言和深刻的思想传递，起到引发公众讨论和思考的作用。未来，随着新媒体的发展，微评这种形式将继续发挥重要作用，成为主流媒体引领舆论、传播思想的重要工具。

思考题

1. 在社交媒体时代，主观化甚至调侃化的评论，还算是新闻评论吗？
2. 极端情况下，一个表情包算是评论吗？

（二）短评

新闻短评是一种简短而灵便的评论形式，短小精悍，寓意深远。它是各种媒体常用的评论文体，内容涉及广泛，可以对某一项具体的体育方针或政策进行阐述和解释，也可以对体育工作和体育实践活动中的某一事件进行评论，一般配合新闻报道一同进行。

短评在发表时有署名与不署名两种。不署名短评代表编辑部或媒体对某一新闻事实表达态度，表明立场和观点。常见的"编者按"和"编后语"等形式的评论文体便是不署名短评的一种，这种评论形式的作用是加强该篇新闻报道的力度，提示和解释新闻的内容，或是对新闻内容给出导读意见，还可以补充和阐释报道内容的意义。署名短评表面上是以个人身份发言，但实质上也是编辑部意见的集中体现，只不过个人色彩相对更加浓重，表达意见和观点的方式也更活泼一些。

近年来，媒体上出现的短评以署名的更多，说明其相对而言更受大家的青睐。一方面，署名短评及时地表达了媒体的意见和观点；另一方面，它也彰显着新闻工作者的理论和工作水平。短评形式自由，手法多样，其写作具有选题集中、具体，角度较小，更强调个性等特点，对写作有着新的更高要求，因其题材的独特性而深受广大读者欢迎。但随着社会发展进程加快，融媒体时代的新闻评论已经不只是纸上的文字，还要抢抓机遇打造高质量的融媒体评论产品。

需要特别注意的是，短评和微评虽然同样具有体裁短小、言简意深的特点，两者在表现形式上却存在较大差异。微评主要是借助各种"微"媒体（如微博、微信等）进行的评论形式，作为新闻，其生命周期往往更短，却能在短时间内完成数次围绕社交平台互动展开的反转或迭代。短评相比之下更像是传统纸媒评论形式为适应新媒体节奏而做出的调整，其文体、结构、语言风格等都带有浓厚的传统媒体色彩，也因而更适于发表相对严肃的意见。

一般而言，短评具有以下五个特点：

①立意新。新闻短评通常关注新颖独特的话题，提供鲜明的观点，吸引读者的注意。

②角度小。短评选取切入点小而精，聚焦具体事件或细节，易于深入探讨和引发共鸣。

案例2

中国田径协会日前发布了《关于近期路跑赛事竞赛组织问题处理情况的通报》，对近期出现竞赛组织问题的大连马拉松、青岛海上马拉松的相关单位和人员进行处理。

今年以来，国内马拉松赛事的数量呈现井喷之势。仅10月29日一天，全国就有北京马拉松、成都马拉松、西安马拉松等超过20场马拉松赛事同时举行。

地方积极办赛，跑友热情参赛，中国的路跑产业正加快复苏。然而，近期部分赛事密集出现问题，也敲响了警钟。

大连马拉松赛终点附近，一辆赛事工作车阻挡了选手的冲刺；青岛海上马拉松完赛物资发放现场出现混乱情况；苏州太湖马拉松一名男跑者佩戴女选手号码簿"替跑"。

事实上，越来越多人参与马拉松运动，反映了人们对健康的追求，体育正在成为更多人的生活方式。而各地乐于举办马拉松，一方面满足越来越多跑步爱好者的需求，另一方面，也看中路跑赛事具有的城市营销、带动消费等功能。

正是这样的良性互动，推动着路跑产业不断向前，近年来，中国的路跑从赛事数量、参赛规模、办赛能力和竞技水平上都取得了长足的进步。

中国田径协会公布的数据显示，全国马拉松及相关路跑赛事从2014年的51场增长到2019年的1828场，5年时间数量增长超过30倍。而经过多年发展，国内城市公路马拉松的竞赛组织、医疗和后勤保障、交通管制等方面已经有一套较为成熟的标准并不断完善。随着国内公路马拉松赛事的办赛水平和参与程度的提升，我国马拉松选手的水平也逐步提高，在杭州亚运会上，中国选手何杰勇夺中国队在亚运史上首枚男子马拉松金牌。

不过，对于赛事组织者来说，不管马拉松承载了多少功能，需知其核心始终是一场竞赛，完善安全措施，保证竞赛的公平和公正乃是赛事组织的必答题。如果在这方面出了问题，哪怕包装和呈现再"精彩"，也拿不到及格分。

有业内人士分析，前两年受到疫情影响，大部分路跑赛事处于停办状态，不少路跑的赛事公司业务惨淡，专业人才出现流失，导致今年恢复办赛后，很多赛事在组织上准备不足，出现问题后应对能力不够。

然而，最近网上的一些炒作和对马拉松赛事的攻击，对疫情后刚刚复苏的中国路跑产业无疑是一种伤害。对于路跑出现的问题，应该更加理性看待，出现问题并不可怕，组织者吸取教训不断改进，办赛水平才能长足进步。当然，赛事组织者要勇于承认自己的问题，做到更加公开透明，对社会的关切及时回应。

中国路跑运动的发展成果来之不易，各方更应珍惜和呵护，需要"警钟",亦少不了来自社会各界的"春风"。[①]

这篇报道从多个角度探讨了中国马拉松赛事的现状与挑战。首先,报道指出国内马拉松赛事的数量激增,显示出路跑产业的快速复苏和大众对健康的追求。然而,随着赛事数量的增加,组织上的问题也随之显现。通过大连、青岛、苏州等地马拉松赛事的具体问题,报道反映了赛事组织中存在的隐患,强调了安全和公平的重要性。

其次,报道分析了这些问题的根源,指出新冠疫情对路跑赛事的冲击导致专业人才流失,恢复办赛后准备不足。这一分析有助于读者理解当前问题的背景和复杂性,不仅看到问题的表面现象,也关注到深层次原因。

此外,报道还呼吁理性看待路跑赛事存在的问题,强调问题的暴露和解决是进步的必要过程。这一观点对于维护刚刚复苏的路跑产业至关重要,避免因个别事件的负面影响而导致整体发展的停滞。报道中提到的"警钟"与"春风"的比喻,形象地表达了媒体的观点,即大众对路跑产业既要严格要求,又要持支持鼓励的态度。

这篇报道既有对现状的揭示,又有对未来的期望,展现了媒体对中国路跑产业发展的全面思考。通过对问题的深入分析和理性呼吁,报道为路跑赛事的改进提供了方向,同时也为产业的发展注入了信心。

③文字精。语言简洁凝练,精准表达核心观点,每句话都经过精心打磨,没有冗余。

案例3

北京冬奥会期间出现了一大批年轻运动员的身影,他们充满活力,富有

[①] 王浩明、吴俊宽、王沁鸥.体育时评:马拉松,要"警钟"也要"春风"[EB/OL].(2023-11-04)[2024-03-11]. http://gd.xinhuanet.com/20231105/8eaff646302248c0bb4472147d5a4e9f/c.html.

个性，向世界展示了自己不需要被定义而想创造自己的故事的特点。为此，《中国青年报》发表了短评《平视的一代不需要"拉踩"式的狂欢》。

> 结束资格赛第二跳等分的间隙，谷爱凌掏出塑料袋，拿出韭菜合子，津津有味地吃了起来。小姑娘边吃还不忘对着镜头竖起大拇指，仿佛她参加的不是高手云集的冬奥会，等待的也不是关系到能否晋级的分数。
>
> 18岁的谷爱凌在北京冬奥会的赛场上胜似闲庭信步，17岁的苏翊鸣竟然也是这般淡定。不管动作是否完美，小伙子对着镜头总是笑眯眯的，慢悠悠地说着他的开心、遗憾或者对未来的期许，仿佛这就是每学年都会来两次的期末考试，而他不过是一不留神露了手最高难度动作。
>
> 还有甫一亮相，就摔肿了左眼的另一位玩自由式滑雪的18岁女孩杨硕瑞，尽管两个项目的4个动作无一成功，但这位小将还是在紧张兴奋加刺激的感觉中结束了自己的首次冬奥之旅。毕竟练了3年就能踏上冬奥赛场的杨硕瑞，已有足够的自信去期许未来了。
>
> 这是让"大人"们大开眼界的一代年轻人，是能让他们的同龄人产生共鸣的新一代运动员，也是让那些喜欢盖戳、归类的"杠精"刷不到存在感的年轻人。
>
> 他们健康、阳光，有想法，有个性，每个人身上都有着渴望冲破束缚、完美绽放的劲头。他们会为登上领奖台欣喜若狂，但他们又不会一味地纠结于输赢成败，他们甚至会由衷地为对手的"大招儿"和高分喝彩——或许正是在别人的高光时刻里，他们看到了自己未来的可能。这恰恰是这一代年轻人的本色，也是冰雪运动越来越受到年轻人青睐的原因——名次只是外界给予的加持，他们要战胜和挑战的首先是自己。这也就能解释为什么当一些网友拼命"追杀"当值裁判时，戴着可爱线帽的苏翊鸣却在颁奖广场上无比兴奋地抚

摸着人生中的第一块冬奥会银牌，而他和他的教练随后发出的请求网友停止攻击裁判的公开信，不仅让"大人"们汗颜，更让人看到苏翊鸣这代年轻运动员身上的自信、坦然和宽容，以及对极限运动所展示出来的价值观的认同。谁能否认缺憾不是比赛的一部分？谁又能说完美只能靠奖牌和名次来加持？

如果说苏翊鸣在坡面障碍比赛中的金牌变银牌，确有裁判打分失误之处，那么，精彩激烈且水平极高的冬奥短道速滑比赛却整天陷入判罚争吵，难免让人生出暴殄天物之感。短道速滑和没有身体接触的速度滑冰完全不同，选手间既要斗速度斗体能，还要斗智斗勇斗战术斗团队，超越与反超越一直是短道速滑最具魅力之处，而在激烈的争斗过程中，自然会有犯规，有判罚，也会有争议。当看客把情绪过分沉浸于争议当中而忽略比赛本身时，不仅会让自己眼中的短道比赛变了味儿，也是对那些努力付出的运动员的不尊重。不论是手握两金的任子威，还是憾别冬奥赛场的武大靖，他们或激动或遗憾或哽咽的情绪表达背后都透着一股坦然。而这既有付出全部努力后的无怨无悔，有对冰雪运动超越胜负的热爱，还有生于盛世赋予他们的时代自信。

拿到一金一铜的范可新跪地亲吻冰面，她说她亲吻的是北京，感谢的是祖国，因为祖国的强大才让她有圆梦的今天。创下中国冰雪新历史的苏翊鸣，笑着说，为祖国夺得冬奥奖牌是他的梦想。同样将自己滑进中国速滑历史的高亭宇，毫不犹豫地"把金牌献给祖国"。而背后有永久性保留下来的延庆"雪游龙"赛道"撑腰"的闫文港，则底气十足地开始了冲向冬奥金牌的起跑。这些脱口而出的感慨和目标，源于自信，源于坦然，也源于他们拥有可以把热爱和梦想揉在一处全力奔跑的时代支点。

不矫揉造作，不哗众取宠，因为热爱而投身竞技，是这一代中国运动员身上最明显的标签。不习惯被仰视，不愿意被俯视，但不影响他们脚踏实地追逐梦想,也是这一代中国运动员最让人欣喜之处。平视自己,平视对手,也平视世界,用坦然去面对竞争,用热爱去兑现承诺。面对如此坦然的"冬奥一代","大人"们还需要沉迷于"拉踩"式的狂欢吗?[1]

这篇短评通过对谷爱凌、苏翊鸣、杨硕瑞等年轻运动员在冬奥会上的表现进行描述,展现了新一代中国运动员的自信与从容。他们不再单纯追求奖牌和名次,而是更加注重个人的成长和对体育的热爱。这样的态度不仅让他们在赛场上更加放松,也让观众看到了体育精神的真正内涵。

年轻运动员们在面对成绩和裁判争议时表现出的宽容与坦然,这种心态不仅让他们在比赛中更加专注,也为体育运动注入了新的活力和希望,反映着他们成熟的心态和对体育精神的理解。他们能够从对手的成功中看到自己的未来,体现了这一代运动员的开放与包容。作为一篇评论,文章也毫不留情地批判了一些观众过度关注争议和判罚,忽略了比赛本身的精彩的行为,并指出这种态度不仅是对运动员努力的不尊重,也扭曲了体育比赛的意义。这篇评论通过具体事例生动展现了新一代中国运动员的风采,呼吁公众以平和的心态看待比赛,关注体育精神的传承与发扬。这种呼吁不仅对体育界有积极影响,也能为社会注入更多正能量。

④结构简。结构清晰明了,开门见山,直入主题,结尾点题,整体布局简洁流畅。
⑤文风活。文风活泼生动,语言风趣幽默,避免刻板严肃,增强阅读趣味性。

---

[1] 曹竞.平视的一代不需要"拉踩"式的狂欢[EB/OL].(2022-02-15)[2024-03-11]. http://news.cyol.com/gb/xwzt/articles/2022-02/15/content_Ozep5t96A.html.

案例 4

在等待了近一年的时间之后，我们终于还是等到了那个最坏的结果：罹患鼻癌离开赛场的马来西亚羽毛球名将李宗伟宣布退役，告别了这项他挚爱的、已经从事了 19 年的运动。

林李大战，终成绝响。

37 岁的李宗伟和 36 岁的林丹都是羽坛的传奇人物。他们取得的成就，令后辈们难以望其项背，林丹的双圈全满贯、两届奥运冠军、五次世锦赛冠军自然前无古人，李宗伟连续 349 周占据男单世界排名第一位置、69 个国际赛事冠军、连续三届奥运会打进金牌决赛的成就，同样恐怕后无来者。

这样的两个男人，是球场上的一生之敌，但同时又是最为惺惺相惜、最懂对方的那个人。可以说，在竞争的同时，他们也在相互成就。这里没有"既生瑜何生亮"的喟叹，只有英雄惜英雄的敬重和比拼。

一去十五载，悠悠四十场。40，这是林李大战场次最终定格的数字，从 2004 年到 2018 年，这段穿越 15 载春秋的体坛传奇，如今随着李宗伟的退役，终于画上了休止符。

林丹在社交网络上说："独自上场没人陪我了。"寥寥数字，不知打动多少体育迷的心，也令人更深刻理解了李宗伟自传的题目：《败者为王》。

从 2004 年 2 月 22 日汤姆斯杯预选赛上两人首次相遇，40 次对决林丹赢了 28 次，其中包括两次奥运会决赛和两次世锦赛决赛。这也直接导致李宗伟一直到退役，还是个和奥运和世锦赛冠军无缘的无冕之王。

但，败者依然成王！

这一切只因为，最好的李宗伟，遇到了最好的林丹。

于李宗伟，这已经成了无法弥补的遗憾。而于体育迷来说，这却是最好的时代。不知道从何时起，我们开始在每次大赛前期待林李大战，在一个林李大战结束后，又期待下一次相逢。这种期待，很多时候甚至已经超越胜负，更像期待一场老友相聚，如此美妙的回忆，不知贯穿着多少体育迷的青春。

其实，这样的情结，又何止林李大战。

比如同样始自2004年的费纳决。那一年，年仅17岁的纳达尔直落两盘击败了大他近5岁的费德勒，从此开启了网坛的一段传奇。

同样不知何时开始，费纳决也成了无数球迷的期待。我们何其有幸，就在上个月的法网半决赛，第39次费纳决如约而至。而其实，我们已经没那么关心胜负，我们期待的，永远是下一次"费纳决"，并期待永远有"下一次"。[1]

在这篇评论中，李宗伟与林丹的对决被赋予了深刻的体育意义。他们不仅是竞争对手，更是相互成就的英雄。李宗伟的退役标志着一个时代的结束，令人不禁感叹。然而，正是他们之间的40场对决，造就了无数美妙的记忆与传奇。尽管李宗伟未能在奥运会和世锦赛上夺冠，但他的精神与毅力使他成为"无冕之王"，令人尊敬。与之相似，费德勒和纳达尔的对决也成为网坛的经典，这种期待超越了胜负，更多的是对美好时光的珍惜和怀念。这篇报道唤起了人们对体育精神的敬仰，对那些在竞技场上拼搏的运动员致以崇高的敬意。

案例5

3月13日，北京冬残奥会闭幕。来自40多个国家和地区的500

---

[1] 王恒志.体育短评：林李已绝响 费纳犹未央［EB/OL］.（2019-06-13）［2024-02-13］. https://h.xinhuaxmt.com/vh512/share/6202706?d=1341595.

多名运动员，经过激烈角逐，用自己的坚强不屈和拼搏进取，在"双奥之城"书写竞技历史，奏响生命华章。

竞技之美，从不在于一时的胜败输赢，而在于坚持不懈地自我突破。

生命之美，从不只是聚光灯下的片刻荣耀，而是始终勇于挑战极限的自我超越。

本届冬残奥会上，中国代表团的残奥运动员秉持"勇气、决心、激励、平等"的残奥价值观，不仅在竞技赛场捷报频传、屡创佳绩，向世界展示了新时代中国残疾人的精神风貌和中国残奥运动的发展成果，还以自己的宽厚、友爱、乐观与坚韧，与其他各国运动员一道，携手推动着人类的和平、包容与融合，为关心支持残疾人事业播撒新的种子。

国际奥委会终身名誉主席萨马兰奇先生曾言："残疾人运动是唤醒人类良知的运动。"关心残疾人、帮助残疾人，正是丈量一个社会文明高度的重要标尺。从盲人火炬手摸索着将火炬插入开幕式雪花台，到北京、张家口、延庆三个赛区的无障碍设施建设，北京冬残奥会用实际行动向全世界表明，中国不仅在硬件层面为残疾人士创造了"无碍"的生活条件，更在"软件"层面，为他们营造出了自尊、自立、自强的"有爱"氛围。

"他虽然看不到光，却为我们点亮了夜空。"这是一位网友收看北京冬残奥会开幕式点火仪式后发出的肺腑之言。如今，燃烧了10天的冬残奥圣火即将熄灭，但北京冬残奥会带给人们的生命之光却生生不息：残健融合、平等共享。

关爱残疾人，支持残疾人事业，不是要给予他们同情和怜悯，而是要从思想情感上给予关心和慰藉，在实际生活中给予帮扶和支持。我们期待，以北京冬残奥会的顺利举办为契机，社会各界进一步凝聚共识，从政策支持、制度保障、硬件打造、舆论引导等方方

第六章　国际体育新闻报道中的新闻评论

面面，提升城市公共服务体系，优化残疾人服务供给，全方位提升残疾人的获得感、幸福感、安全感，不断满足广大残疾人对美好生活的向往。①

这篇短评不到一千字，以北京冬残奥会的闭幕为契机，深刻剖析了残奥运动的精神和社会意义。通过对残奥运动员在竞技赛场上的表现和背后付出的描绘，这篇评论不仅强调了残奥运动员坚韧不拔与自我超越的精神，还展现了中国在推动残疾人事业方面所做的努力。文章通过盲人火炬手摸索着点燃火炬这一深刻感人的场景，传递出残奥运动唤醒人类良知的力量，不仅高度肯定了残奥运动员的努力与成就，还表扬了北京冬残奥会在无障碍设施建设方面的成就，展示了中国在硬件和软件层面对残疾人士的关爱和支持。

这篇评论的立意相比其他评论更高一筹，因为它强调了社会对残疾人的关爱应该体现在思想情感和实际生活的方方面面，而不仅仅是同情和怜悯。评论呼吁社会各界在政策支持、制度保障、硬件打造和舆论引导等方面进一步提升，为残疾人创造更好的生活条件，提升其获得感、幸福感和安全感。

案例6

当巴黎罗兰·加洛斯响起中国国歌，李娜在神奇的红土场4日再次书写了传奇。

在法国网球公开赛女子单打决赛中，李娜直落两盘战胜意大利卫冕冠军斯基亚沃内，特别是在抢七局中以7:0横扫对手，成为第一个捧起大满贯赛事单打奖杯的中国人，为中国女子网球书写了历史。

---

① 梁骏.【央广时评】残奥精神永不落幕 有爱无"碍"奏响生命华章［EB/OL］.（2022-03-13）［2024-03-15］. https://baijiahao.baidu.com/s?id=1727140744421935087&wfr=spider&for=pc.

在罗兰·加洛斯的130年历史上，单打决赛对垒一直是欧美人的专利。随着李娜的夺冠，世界主流运动网球运动终于有了中国人的一席之地，全世界目光也再次聚焦中国体育。

法国电视二台评论员在直播李娜决赛时评论说，李娜代表了新一代的中国人：乐观、自信、充满活力，而且能讲一口流利的英语，中国新一代体育明星越来越出现在世界体育舞台，更多地受到全世界球迷的追捧。

应该说，李娜的成功来自个人的努力，也是中国女子网球运动多年来成绩的累积爆发：2004年李娜就在广州为中国夺得第一个WTA国际网球职业巡回赛的单打冠军，2004年李婷和孙甜甜夺得奥运会女子网球双打金牌。2008年北京奥运会，又是李娜首次打入了奥运女单的半决赛。

今天，网球也被越来越多的中国人青睐。随着中国女子网球运动员越来越多地参加世界高水平赛事，早有体育评论人士预测中国女子夺得大满贯是迟早的事。

李娜创造了历史，也开创了法网的新时代，她在本届比赛中一直表现出色，获得冠军当之无愧。可以肯定，李娜的成功将推动中国网球运动的发展，中国在这项世界主流运动中不会缺席，期待中国网球为世界带来更多惊喜。①

这篇短评首先言简意赅地介绍了李娜在法网决赛的强势发挥，然后话锋一转，鲜明地指出了李娜法网夺冠的历史意义和重要影响，是一篇文风简练的佳作。

---

① 应强，舒适. 红土场书写中国奇迹［EB/OL］.（2011-06-06）［2024-02-16］. http://www.hsdaily.cn/html/2011-06/06/content_4_3.htm.

（三）长评

长评是新闻机构所发表的言论的总称，是针对现实生活中的重要问题直接发表意见、阐述观点、表明态度的新闻体裁。一般而言，社论（本台评论）、评论员文章、专栏评论等都以长评的形式出现。长评一般更关注严肃、宏大的主题，篇幅略长一些，能够起到"发议论、作解释、提批评、谈意见、发号召"的作用，也便于显示评论员的专业性。在特约评论员文章这类形式中，媒体可以根据评论内容的特别需要邀请相关领域的专家和运动员发表见解，"特约"之名即表示对受邀专家的尊重。而专栏评论由于其在版面和周期上往往有限制，常能更好地形成受众黏性，有时还会出现某个专家或记者长期在一家媒体的固定版面发表评论的现象。

一般而言，国际体育新闻报道中的长评具有如下四个特点：

1. 时效性

时效性是新闻评论区别于其他政论文的主要标志。新闻评论所评论的对象一般不是历史、政治、经济、军事、文化，而是与新闻相联系的新形势、新变化、新动向、新事件、新人物、新风向等，总之，与"新"有关。

体育新闻，特别是竞技体育报道因其悬念丛生、感官刺激性强，更是令无数体育迷想在第一时间就得知比赛结果，以及看到相关优质的评论。因此，在体育新闻长评中，时效性始终是不可忽略的重要元素。值得一提的是，近年来体育的社会属性越来越被大众关注，故而有些体育社会评论的时效性也日益凸显。

案例7

人民网就曾敏锐地看到了中国老百姓过年礼尚往来形式的变化，并以《运动年货，为啥卖的火》为题，撰写了一篇很有时效性的评论文章。

张罗一桌饭菜、购买一身新衣，置办年货的忙碌，渲染着浓浓的年味。你的年货清单里，有和运动相关的产品吗？数据显示，自1月20日"2021全国网上年货节"启动，前10天跳绳、哑铃、拉力器等健身器材销售额同比增长351.1%、91.9%和78.9%。

过去，大家常调侃"每逢佳节胖三斤"，假期里有美食诱惑、有作息改变，难免会胖上几斤。如今，随着全民健身理念日益深入人心，越来越多人爱上锻炼，把运动当作一种生活方式、把自律变成一种生活习惯，假期也不间断。再加上丰富的线上健身资源，居家锻炼变得更加便捷。一根跳绳、一个哑铃、一张瑜伽垫，不用专门去健身房也能练得畅快。健身器材走俏，说明越来越多人打算在春节期间动起来，过一个健康年。

消费者置办运动年货的劲头足，不少城市也推出惠民举措，为健身市场增添更丰富的选项……就算准备居家锻炼，也可以参加"宅家运动会"等线上健身活动，在与家人的协作中让年味亲情更加浓郁。

无论以什么方式参与运动，过一个健康年渐渐成为共识。这正是人们健康意识增强的集中体现。健身器材在年货市场持续走俏，意味着假期消费增加了新项目，新春年味增添了健康味，也为来年的工作生活讨一个精神抖擞的好兆头。祝愿这个春节，人人有活力、更美丽，家家得健康、更安康。①

可以看到，这篇春节期间的评论选题巧妙，将运动装备成为热卖年货的现象和当下全民健身、健康中国的国家战略结合起来，在突出时效性的同时，也彰显了体育新闻评论的舆论引导功能。

---

① 唐天奕.运动年货，为啥卖得火（体坛观澜）[EB/OL].（2021-02-06）[2024-02-11］.http://qh.people.com.cn/n2/2021/0206/c182762-34568057.html.

2. 说理性

评论的真正力量在于事实和逻辑。只有事实和逻辑构成的有机整体才能真正说服可以被说服的人。说话情绪化，好用偏激之词，好弄惊人之语，这样的评论，其可信度与影响力会大打折扣。特别是对体育领域而言，近年来，全球范围内"饭圈化""民粹化"现象层出不穷，广大从业者从谋篇布局到遣词造句，一定要慎之又慎，千万不可有火气，但也千万不能无感情，更不宜"唱高调"和"乱批评"。

案例8

2024年年初，美国职业足球大联盟球队迈阿密国际的中国香港行活动，因为足球巨星梅西未能登场比赛引发热议。不少国内外媒体对此事进行了广泛报道和评论，但很多内容充斥着极端民族主义和戾气。一些记者没有看到这场商业比赛的合同就贸然揣测顶流体育明星、泛泛谈论国家和地区事务，不仅违背了新闻行业的伦理准则，更可能引起国际舆论争端。但是作为当时的热点事件，媒体人自然也不能错过这样的题材。在这种情况下，《环球时报》的一篇报道赢得了舆论的广泛好评。该篇评论以《没有球迷，足球业也将不复存在》为题，摒弃了极端民族主义的讨论和无端阴谋论的猜测，实事求是地探讨了这场闹剧背后所折射出的体育商业化运营问题。

> 球王梅西领衔的迈阿密国际到访中国香港，与香港联赛明星队进行友谊赛，这本质上是体育行业的商业化运营事件，在事实尚未全部调查清楚之前，我们无法对此事"盖棺定论"，但它所折射出的问题，却不得不令我们深思，那便是体育商业化在具体的运行中有哪些弊端？又会给体育这一行业带来怎样的影响？相关从业者又该如何正确运作体育商业化事件？
>
> ……

在笔者看来，破局的关键首先在于如何正确认识体育和商业化行为的关系。二者虽无高低之见，但存在主次之分。商业化运作的行为应当服务于体育本身，而非让体育被商业化运作所裹挟。其次，在具体的运营过程中，操盘者也应该尽全力与多方协调，尽量多做风险预案，并适当控制宣传力度，以避免"货不对板""虚假宣传""过度营销"等乱象。最后，如果还是出现了不可预知的困局与问题，相关主体也应该主动承担责任、及时发表声明，给广大消费者一个交代。①

3. 针对性

评论不是写给自己看的，而是写给受众看的。因此，评论从选题到写作都要考虑受众的需求，回答受众最为关切的问题。对国际体育新闻而言，其主要的评论对象和受众相对较为单一，即主要都是某一运动的爱好者或者从业者。这就使得在日益精细化传播的当下，某一运动领域的评论文章需要具有较高的水准和一定的针对性。如果只是泛泛而谈，那么显然无法赢得铁杆体育迷的支持与认可。

4. 政治性

国际体育新闻评论要为我国外交战略服务，加强对外和对港澳台体育交往，服务中国特色大国外交和"一国两制"事业。因此，相关新闻评论也具有很强的政治性和政策性。

📖 案例9

西子湖畔，国旗飞舞；亚运场上，国歌嘹亮。

今天，射落女子多向飞碟团体世界纪录的中国队员们深情相拥，

---

① 梁骏，李永熙.没有球迷，足球业也将不复存在［N］.环球时报，2024-02-07（15）.

勇夺亚运举重金牌的中国力士李发彬振臂高呼……亚运适逢国庆，盛会又遇盛典。中国体育健儿在赛场上劈金斩银、奋勇争先，为新中国74周年华诞献上最恰逢其时的贺礼，也让中华体育精神再次随共和国的旗帜高高飘扬。

五星红旗，迎风飘扬。体育激情点燃爱国热情。

田径名将谢震业、葛曼棋双双加冕"飞人"、身披国旗是荣耀；体操小丫章瑾三次摔下、四次上杠，不折不挠亦是英雄。英雄出少年，13岁的滑板新星崔宸曦令人惊喜；老骥志千里，60岁的桥牌老将戴建明也让人叹服。当《义勇军进行曲》一遍遍奏响，五星红旗一次次升起，赛场内，屏幕前，"祖国"两个字，令每个人心潮澎湃。

和平年代，体育是最好的爱国主义教育。亚运门票一票难求，群众观赛热情高涨。五星红旗在一处处场地上空飘扬着，在一个个运动员胸前印刻着，也在一群群观众手中挥动着。赛场内外，亚运热、中国红、爱国情点燃国庆假期。"中国队加油！""中国加油！""祖国万岁！"声震全场的万千呐喊，是亿万中华儿女最深情的告白。

五星红旗，迎风飘扬。体育精神辉映中国精神。

74年来，依靠坚定的理想信念和强大的精神信仰，中国共产党带领中国人民站起来、富起来、强起来，把"东亚病夫"的耻辱埋入历史的垃圾堆。在不变的初心和精神引领下，全国人民正昂首阔步行进在实现中华民族伟大复兴的新征程上。

伟大精神，永不退场。中华体育精神与中国精神的内核一脉相承、一以贯之。1960年实现人类从北坡首登珠峰的登山精神，与改革开放同时唱响的女排精神，进入新时代后一起向未来的冬奥精神，既成为不同时期国民的集体记忆，更与国家民族发展历程同频共振，激励了一代代中华儿女。杭州亚运会上，中国健儿的奋力拼搏仍然令人振奋。不只是金牌，比金牌更金贵的是精神，是祖国至上、团结协作、顽强拼搏、永不言败的精神，奏响时代最强音，砥砺当代中国人。

五星红旗，迎风飘扬。体育力量汇聚强国力量。

办好一个会，何止提升一座城。亚运火炬，点燃了运动员们追逐更快更高更强的梦想，更点燃了千行百业勇攀高峰的激情。在杭州，"智慧亚运"理念充分渗透到城市发展的细微之处。而从北京亚运会到杭州亚运会，33年间，中国举办的三届亚运、两届奥运，无不见证、参与和推动着中国经济社会的健康快速发展。

竞技体育和群众体育比翼齐飞。大江南北，在全民健身国家战略的指引下，群众日常锻炼和参与运动的热情如火如荼；城市乡村，CBA"村BA"和中超"村超"的文体盛宴，成为推动经济社会发展的新动能。以体育之名，让文化唱戏、促经济发展、助乡村振兴，体育的多元功能正被日益发掘，助力中国式现代化建设新征程。

百米道跑出"中国速度"，举重场彰显"中国力量"……亚运赛场上，中国健儿们顽强拼搏的英姿，正是中华民族踔厉奋发的缩影。竞技体育具有凝心聚力的强大感召力——为国争光的爱国情怀、敢于争先的精神风貌、振兴中华的使命担当，正是同心共筑中国梦的强国力量。

钱塘潮涌，赛场峥嵘。始终有一种荣耀，叫为国争光。始终有一种自豪，叫五星红旗。始终有一种告白，叫祖国万岁！

使命在肩，奋斗有我。铸中华体育魂，逐民族复兴梦。让体育精神聚起建设现代化强国的磅礴力量，让体育强国梦汇入实现民族复兴中国梦的时代洪流！①

---

① 余孝忠，李丽，顾小立. 杭州亚运会｜评论：铸中华体育魂 逐民族复兴梦［EB/OL］.（2023-10-01）［2024-02-15］. https://h.xinhuaxmt.com/vh512/share/11706976?d=134b359.

新华社的这篇报道为我们理解国际体育新闻长评的政治性提供了很好的样本。该文以杭州亚运会中国代表团在国庆日的精彩表现为引,将体育献礼国庆、体育精神筑梦民族复兴的重要作用娓娓道来。无论从行文还是立意上来说,都是一篇不可多得的佳作。

(四)述评

述评是介于新闻与评论之间的一种熔叙与议于一炉、合事与理为一体的新闻体裁。它不只报道新闻事实,还需要对事实进行必要的解释、分析;或者对某种形势、某个带普遍性的问题发表意见和看法,兼有新闻与评论的特点,对写作者的能力提出了极高的要求。

新闻述评在写作中应注意这样几个问题。

①叙述事实为评论提供由头,评论事实才是目的。所以,在新闻述评中突出观点才是主要的任务。述评中的评论意见不要局限于所叙述的事实本身,不要就事论事,而要通过对叙述事实的引申,说明一种态度和观点。

②述评兼顾,紧扣主题。新闻述评既要叙述事实,又要通过对事实的评说阐发意见。因此在写作中要边述边评,摆事实,讲道理。切记不可只述不评,也不可只评不述。[①]

案例 10

中国体育的"轻与重"

刚刚过去的中秋节,除了吃月饼、赏月亮,正在如火如荼进行的全运会,也令人十分关注。

中秋当天,乒乓女子团体决赛场上传来爆冷消息:决胜局中,奥运冠军陈梦拼尽全力,还是被陈幸同3:1击败,她带队的山东队由

---

① 鲁威人.体育新闻报道:基础教程[M].北京:中国国际广播出版社,2017.

此败给辽宁队，屈居亚军。而此前，同样是奥运冠军的孙颖莎，在女团半决赛中也是0:3惨败王艺迪，让网友们连呼意外。

其实，严格来说这两场比赛也不能算是爆冷。毕竟就连中国乒协主席刘国梁也曾说过，中国乒乓球的全国冠军比世界冠军、奥运冠军还难拿。刘国梁自己，作为中国乒坛首位男子大满贯得主，集齐乒乓球三大赛事单打金牌，却在职业生涯中留下了一个遗憾，那就是从没有在全国大赛上夺得过一枚单打金牌，最好成绩也不过是季军。

全运赛场的风云变幻，远不止乒乓赛场。此前在东京奥运会上射落首金的杨倩，也在与浙江小将王芝琳、湖北选手章天琪的"青春对决"中遗憾落败，收获一枚铜牌。而与她搭档获得混合团体赛奥运金牌的庞伟，连男子10米气手枪的决赛都没有闯入。

自行车赛场的巅峰对决，两位奥运冠军钟天使、鲍珊菊无缘冠军；跳水赛场上，三大奥运冠军争夺一枚金牌的场面，更是只能用"神仙打架"来形容……

就连以9秒95的优异成绩夺得男子百米飞人大战冠军的苏炳添也忍不住感慨：全运会真的很难很难，我都和自己暨南大学的学生比赛了！"苏神"感慨的，是这次全运会男子百米赛道上百花齐放的热闹场景，小将们不断刷新个人最佳，并对名将、老将们发起了猛烈的冲击。其中，决赛的8人全部跑进10秒30，"00后"占据了半壁江山。下一个"苏炳添"，也许就在其中。

奥运冠军无缘全运会金牌，其中有偶然，但也让人看到了一种必然，那就是中国体育靠的不是一两位明星选手的拔尖，而是依托全民体育厚重的底蕴，正在实现整体崛起。

以这次全运会为例，除了有专业运动员参加的400多个竞技类项目，业余爱好者也受邀参加19个大项185个小项的比赛，其中既有乒乓球、羽毛球等传统项目，甚至还有深受中老年女性喜爱的广场舞等休闲项目。

除了"厚重"的底蕴,还有"轻灵"的心态。今年东京奥运会上,可以明显感到,中国人对于金牌不再看得那么重。从刘翔因伤退赛被骂"演员",到"昕雯组合"混双比赛痛失金牌全网安慰,大家变得更加理性平和。

还是要提到杨倩,这个射落首金的姑娘,获得万千宠爱不仅因为成绩,更因为可爱的小黄鸭发卡,因为她获胜后的"比心",因为她拿着枪的那双做了美甲的手。网友们忍不住调侃:真是做最美的甲,打最狠的枪啊!

喜欢美甲,喜欢美食,喜欢画精致的妆容,喜欢自拍、追星……这就是一个最典型的中国小姑娘、邻家小女孩,就像自己的女儿、妹妹那样让人忍不住宠爱。

过去的岁月里,中国运动员更多是以另一种面目示人——吃苦耐劳、顽强拼搏、不善言辞,像"可爱少女"杨倩、"洪荒少女"傅园慧这样极具个性标签的运动员并不常见。但这次东京奥运会上,一众中国运动员丰满的个性形象扑面而来,不再只具有高超的运动水平和奋勇拼搏的品质,更展露出敢于表达、个性彰显的生动形象,向全国、全球观众展现了新时代中国运动员轻松自信、率真亲和的一面。

体育从来就承载着国家强盛、民族振兴的梦想。这一"轻"一"重"的变化背后,人们看到的是一个国家、一个民族的自强与自信。[①]

述评写作的 20 字口诀:"形述实评,其形在述,其意在评,由述而评,由评统述。"

新闻述评中的"述",不仅仅是对事实或事件的简单描述,也不仅仅是对

[①] 潘高峰. 独家述评 | 中国体育的"轻与重"[EB/OL].(2021-09-22)[2024-02-15]. https://wap.xinmin.cn/content/32031255.html.

已有报道内容的简单复述。它要求评论者在大量综合研究和深入分析的基础上，对事实或事件进行高度概括，并得出相应的结论。所谓的"述"更多的是一种在更高层次上的总结和提炼，需要评论者从大量信息中提炼出核心内容，并对其进行梳理和组织，呈现出一个清晰、逻辑严密的叙述。这种叙述不仅要准确无误地传达事件的基本信息，还要能够揭示出事件背后更深层次的意义和影响。新闻述评中的"评"，同样有其严格的要求。它并非凭空发挥，也不是"合理推断"，而是必须立足于新闻事实，通过对大量事实的高度概括，以逻辑严密的叙述来表达某种观点或意向。"评"的过程是一个基于事实的分析过程，需要评论者从事实出发，通过严谨的逻辑推理，得出合乎情理的结论。这种结论不仅要有充分的事实依据，还需要在逻辑上自洽，能够经得起推敲和检验。

新闻述评的写作过程实际上是一个严谨的研究过程，要求评论者具有较高的专业素养和深厚的知识储备。他们不仅要具备快速获取和处理大量信息的能力，还要能够进行深入的分析和研究，从而在纷繁复杂的信息中找出关键点，并以此为基础进行科学合理的推理，最终得出结论。在这一过程中，评论者需要时刻保持客观公正，确保所述所评的每一个环节都有事实依据和逻辑支撑。

此外，新闻述评的写作还需要评论者具备较强的语言表达能力。他们需要通过清晰、简洁、有力的语言，将复杂的事实和分析结果准确地传达给读者。在这一过程中，既要避免使用过于专业或晦涩的术语，让普通读者感到难以理解，又要确保所用语言的精准和严谨，避免因表述不当而引发误解。

总之，新闻述评的"述"与"评"是一个相辅相成的过程。只有在准确全面的叙述基础上，才能进行科学合理的评论；只有通过客观公正的评论，才能使叙述的内容更具深度和广度。新闻述评不仅是一种新闻写作的高级形式，更是一种基于事实、立足逻辑的科学研究过程，要求新闻从业者在信息采集、分析研究和语言表达等多个方面具备较高的专业素养和能力。

三、哪些国际体育新闻需要或适合做新闻评论

每天，国际体坛都会涌现出众多新闻事件，但并非所有的新闻事件都值得或者适合做新闻评论，比如一般的比赛结果、人物消息、活动进展等，往往写成一则消息或者简报即可。通常来说，只有涉及重大国际体育事件和热点问题，或者涉华体育事件和涉华问题时，才需要考虑做评论报道，比如奥运会、大型综合类洲际运动会、重大国际单项体育赛事、对国际体坛有重要影响的政策或事件等。此外，一些国内外受众关心的事件和问题，比如与体育明星相关的新闻、重大突发国际体育新闻等，也适合做评论报道。

具体来说，下列四类事件，需要在做体育新闻评论时重点考虑。

（一）可预见性事件

众所周知，体育比赛具有非常强的周期属性。比如奥运会、世界杯等大型体育赛事四年一届，欧洲足球五大联赛、NBA、网球四大满贯、F1赛车等单项体育赛事每年都会举行。这就使得在国际体育报道领域，有许多可预见性的事件值得记者们做新闻评论。比如奥运会开闭幕式、重要单项比赛的决赛等。

案例11

在2022年北京冬奥会开幕前，《人民日报海外版》曾以《办好冬奥会，中国一定行！》为题，就北京的承办准备工作做了一篇新闻评论。

　　冬奥会是世界性的体育盛会，也是人类文明大交融的重要平台。2020年，突如其来的新冠肺炎疫情引发全球性危机，各国人员往来按下了"暂停键"，国际体坛受到巨大冲击，东京奥运会被迫延期一年。面对严峻复杂的环境，中国一手抓疫情防控，一手抓冬奥筹办，

推动北京冬奥会、冬残奥会筹办朝着既定目标稳步向前推进。这既是中国如期办好北京冬奥会、冬残奥会的坚定信念，也是中国承担大国责任、传递团结希望的积极作为。在这样的背景下，习近平总书记专门考察北京冬奥会、冬残奥会筹办工作更具有特殊意义。

…………

当前，距离北京冬奥会开幕仅剩不到400天时间，尽管疫情变化和国际环境仍存在诸多不确定性，但中国有信心有能力为世界奉献一届精彩、非凡、卓越的冬奥会。（孟庆川）

显然，作为既定要举办的大型综合性国际体育赛事，北京冬奥会早在2015年申办成功就已经确定。因此，面对这种可预见性的事件，在做评论选题时选择对承办工作进行评价、进行前瞻预测分析等，是相关从业者最常见的操作。

（二）涉华事件

对有志于从事国际体育新闻报道工作的中国记者来说，涉华事件无疑是在做评论选题时必须关注的重要议题。特别是在国际舆论场愈加激烈的当代社会，体育领域的涉华事件也越发引起世人的关注。从某种程度而言，相关从业者能否在涉华事件上回应全球舆论的挑战，也影响着中国体育的国际影响力，乃至中国大国地位在全球舆论场的体现。

（三）重大热点事件

在国际体育新闻报道领域，重大热点事件基本聚焦在"人"与"赛"两个维度上。所谓"人"的维度，主要是指知名运动员的个体表现以及私人生活，比如精彩绝伦的比赛表现、退役报道、家庭生活、花边逸闻等。所谓"赛"的维度，主要是指受关注程度较高的体育比赛所衍生的报道题材，比如世界杯足球赛决赛、奥运会开闭幕式、NBA总决赛等。需要注意的是，这类热点赛事只是评论的由头，真正的评论内容往往聚焦其带来的社会文化影响。比如，2024年巴黎奥运会开幕式因其突破传统的呈现形式，引发了全球热议，海内外媒体的相关评论文章早已突破了单一的体育受众范畴，成为全社会共同关注的热门话题。

（四）突发性事件

对新闻评论而言，突发性事件始终是一个重要的选题来源。在相对垂直的国际体育新闻领域，突发性事件大多以体育灾难性事件、冲突性事件，以及意想不到的重磅交易或者体育人物的负面报道为主。由于事发突然且具有高话题度，这类事件往往能迅速引发社会公众的广泛关注和讨论。比如，2006年世界杯决赛中法国球星齐达内对意大利球星马特拉齐的"暴怒顶牛"；2010年NBA巨星勒布朗·詹姆斯决定加盟迈阿密热火；2016年巴西球队沙佩科恩斯的飞机坠毁事件等。

案例 12

杜兰特弃雷霆加盟勇士 "抱大腿"引发巨大争议

自从NBA进入交易日之后，大新闻就层出不穷——"不差钱"的联盟让球员工资大幅上涨，康利5年1.53亿美元的续约合同刷新了纪录；"魔兽"霍华德离开火箭加盟家乡球队老鹰，3年7050万美元；林书豪"告别"底薪，重新回到纽约，在篮网获得一份3年3600万美元的中产合同。终于，交易迎来了最重磅的时刻，雷霆队的当家球星凯文·杜兰特，以两年5430万美元的合同加盟曾在上赛季西部决赛中战胜过雷霆的联盟顶级球队勇士！

A 杜兰特自述

"这是一个艰难的决定"

在加盟金州勇士的声明中，杜兰特说道："这是我职业生涯里最具挑战性的几周时间。我知道我正面临职业生涯和人生里的一个十字路口，这是一个特别艰难的选择。我在做出这个决定过程中的主要目标是基于职业生涯的成长，但是我的职业生涯同样处于一个重要的节点：离开我的舒适区并搬去一个新的城市和社区，那里能够为我的个人成长提供最大的潜能。考虑到这点，我已经决定我将加盟金州勇士队。"

"我知道这个决定会让许多人感到很失望，这真的让我很难受。但是我相信在我的人生和职业生涯处在这个阶段，我正在做一件我觉得是正确的事情。"杜兰特强调了他的选择是"正确"的。

加盟勇士，对于杜兰特的"钱景"来说，其实是不好的。如果杜兰特留在了雷霆，他可以在5年时间拿到1.53亿美元，平均年薪为3060万美元。但根据联盟规定，如果球员选择加入新球队，最多只能签订长达4年的合同。然而杜兰特选择了与勇士签订2年5430万美元的合同，平均年薪为2715万美元。工资变少，但为了拿总冠军，杜兰特也忍了。

在宣布自己加盟勇士队之后，杜兰特极大刺激到了俄城球迷。一位雷蜜在自己的家中拍摄了一段视频，视频中可以看到他把自己当时最爱的杜兰特深蓝色球衣拿到了院子里。在点燃引燃物后，杜兰特的球衣瞬间被烧毁。而在燃烧过程中，这位球迷还向杜兰特的球衣伸出了中指，表示对杜兰特的失望和愤怒。

B 舆论已炸裂

"这是巨星最弱的决定"

杜兰特这样的决定，将整个舆论都炸裂了。在此之前，虽然有加内特、雷阿伦、皮尔斯组"三巨头"争冠的先例，也有詹姆斯为了总冠军南下和兄弟寻求"抱团"的决定，也有马龙、佩顿等老将在职业生涯末期加盟湖人为求一冠的辛酸……但没有人像杜兰特一样，自己作为一名联盟超级巨星，自己的球队也拥有不小的争冠实力，但他却直接加盟了一支成熟的联盟顶级球队。

对此，著名 NBA 记者斯蒂芬·A.史密斯评价道："我把（杜兰特的决定）视为我所见过的一名超级巨星所做出的最弱举动。就是这么简单。我是这么看的。他是世界上排名前三位的球员，然后他加盟那支击败自己的球队，并且离开了自从进入 NBA 以来一直效力的球队。我认为这个举动是难以置信地弱。"

球迷们的看法，也大多如此。昨天，在网络上，关于此事件最火的一段评论是这样写的："三个年轻人出来混江湖，第一个人被人揍了，他不服，回去各种练功，第二年回来，报仇雪恨，这个人叫乔丹。第二个人也被打了，他找了几个厉害的兄弟，一起去把仇报了，这个人叫作詹姆斯。第三个人也被打得不轻，然后他想了一下，扑通就跪在地上说，大哥别打了，带带我，收我当小弟好吗，我也想欺负别人！"虽戏谑，但直指问题本质。

C 勇士变更强？

"死亡五小"难掩弱点

杜兰特加盟勇士，使得勇士组建了"凯文·杜兰特＋斯蒂芬·库里＋克莱·汤普森＋德雷蒙德·格林＋安德烈·伊戈达拉"这个 NBA 历史上迄今为止最强的"死亡五小"阵容。光看纸面实力，这样的阵容，简直是无法直视的"梦幻"。

然而，这样的阵容，难掩勇士队的一大弱点——内线。然而，为了给杜兰特的到来腾出薪金空间，勇士还将继续送出他们的内线球员艾泽利和博格特。据悉，勇士和小牛已经达成一致，将博格特送到小牛。需要提及的是，博格特对勇士队得到杜兰特非常不满，就在杜兰特公布决定之前，博格特删除了所有与勇士队有关的推特，疑似提前知道自己"走人"的结局了。

上赛季总决赛，勇士最终遭遇骑士逆转，一大主要原因在于博格特的伤退。失去了内线的保护，勇士的"死亡五小"再强，还是

露出了大破绽。杜兰特是来了，但如果这个问题难以根治，勇士还是无法"一劳永逸"。（扬子晚报记者 张晨瑆）[1]

思考题

对体育新闻评论而言，赛事前瞻算不算一种特殊的新闻评论？

四、如何做国际体育新闻评论

撰写国际体育新闻评论是立论和论证的过程，即文字形成的过程。与消息写作不同，消息写作只需根据"5W"原则记叙同一事件，无论由谁执笔，结果基本相同。然而，评论写作则不然，尽管选题可能相似，立论和论证的结构也一致，但在文字表达和评论质量上差异显著。

因此，评论写作需要具有创造性，要求作者具备扎实的写作基础和丰富的生活经验，正如"冰冻三尺，非一日之寒"。讨论评论写作时，只能简单地提出一些要求，提供几个例子供参考和模仿，过多的讨论则显得空泛。新闻评论写作的目的和任务决定了它在写作要求上注重思想性和社会性。新闻评论的内容可以涉及生活中的任何事实或事件，但所有事实或事件仅是新闻评论的引子和切入点。换言之，新闻评论不能停留在表面，必须上升到更高的社会层面去理解所评论的事实，才能体现出新闻评论的意义。

新闻评论写作必须符合几个条件：吸引力、易读性和令人信服。

吸引力是指新闻评论应具备吸引人的要素。评论的目的在于吸引他人的阅读和倾听，只有在被接受后，评论才能发挥其作用，否则一切努力都是徒劳。

易读性意味着新闻评论的语言表达要清晰明了、通俗易懂，适应不同人群的接受能力。新闻评论旨在解释和说明新闻事件及重大问题，表明立场、观

---

[1] 张晨瑆.杜兰特弃雷霆加盟勇士"抱大腿"引发巨大争议［EB/OL］.（2016-07-06）［2024-05-14］.https://www.chinanews.com/ty/2016/07-06/7929117.shtml.

点和态度。如果语言表达含糊不清、逻辑混乱，或表述颠三倒四，就会导致读者思维混乱，从而影响评论效果。

令人信服则意味着新闻评论要能够获得读者的认同，引发共鸣。这也是新闻评论的根本目的。令人信服不仅涉及写作技巧，还关乎写作态度。新闻评论的内容必须与现实生活紧密相连，若脱离现实，这样的评论便难以具备说服力，也难以获得读者认同。

第七章　各类国际体育新闻事件的报道原则与技巧

一、大型国际体育盛会的报道

（一）综合类大型国际体育盛会

综合类大型国际体育盛会以其周期性、广泛的参与人数和高社会关注度，成为政府国际公关和国家形象传播的重要契机，具有重大而深远的报道意义，这类赛事包括奥运会、亚运会、大运会等。

在报道内容方面，综合类体育盛会的报道一般不局限于赛事本身，而是延伸到经济、文化、社会等领域，即综合类体育赛事的报道包括赛事报道与非赛事报道。赛事报道包括比赛的进展、结果、运动员表现和赛场内外的即时动态，非赛事报道则涵盖了经济效益、文化交流、社会影响等多方面的内容。这种双重报道方式，不仅使得综合类体育赛事的报道内容更加丰富多彩，还能引发更广泛的社会共鸣。非赛事报道的报道焦点包括倒计时节点、火炬传递、开闭幕式赛事筹备工作、城市形象、体育精神与奥林匹克精神、主办国（主办地）的特色传统文化、志愿服务、赛事特色纪念品、赛事的可持续发展和赛事科技等，面向丰富，可挖掘的新闻点也非常多，这些报道焦点构成了综合类体育赛事报道的多层次、多维度结构，使得观众能够从多个角度了解和感受赛事的丰富内涵。

综合类体育盛会的报道内容丰富多样，通过多角度、多层次的报道，能够全方位展示赛事的盛况和主办国的风采，增强观众的参与感和认同感。

大型国际体育赛事往往有完备的媒体运行服务系统以支持新闻报道工作，因此具体到各类赛事，相关的体育记者要做的准备工作也不尽相同。但总体而言，仍有一套相对常规的工作流程可供参考。

一是赛前：为了写出可读性强、信息丰富的稿件，记者需在日常积累体育知识，了解各类项目。赛前的功课与案头工作尤为重要，需要详细了解赛事信息、各国代表队的情况、主要运动员的过往表现及特点，以及他们的主要对手。这些信息不仅有助于预判比赛的大致走向，还能帮助确定哪些国家和地区有望在金牌榜、奖牌榜上名列前茅，哪些项目可能会打破世界纪录，哪些项目可能会出现意外，哪些名将可能会失利，哪些新秀可能会崭露头角。根据这些分析，记者可以提前确定重点稿件的主题，并发出赛前预热稿，以吸引读者的关注。报道的成功关键在于制作过程的计划性和策划性，报道内容的选择、形式的采用，以及达到预期报道效果的具体手段都需要精心设计。

二是赛中：在比赛过程中，记者需时刻关注比赛进程和突发情况，构思选题。提前做好赛事的梳理，关注首金、代表团的优势项目和体坛明星的表现。这不仅有助于报道的及时性和准确性，也能够为后续的深度报道打下基础。记者需要敏锐地在第一时间捕捉到可以变为新闻的信息，并迅速进行报道，以确保读者能够及时了解比赛的最新动态。

三是赛后：比赛结束后，记者应立即赶往混合采访区和新闻发布会，采访运动员和教练员，获取第一手资料。迅速发稿是关键，记者需要注意追踪热点，解答观众和读者的疑问，以保持报道的时效性和权威性。采访过程中，捕捉运动员和教练员的真实情感和观点，可以为报道增色不少。

四是赛场外：记者还需关注赛场外的选题并实施操作。思考和挖掘赛场外的新闻点，能够丰富报道内容，使其更加多样化和立体化。在当前的全媒体环境下，体育记者需要具备多种技能，包括视频拍摄、剪辑和制作，以及与知名运动员进行连麦直播。此外，记者还需联系和协调知名运动员参加媒体活动，这些对记者的综合能力提出了新的要求。全媒体环境不仅改变了新闻传播的方式，也提高了受众对新闻内容的期待，记者需要不断提升自己的能力，以满足这一新的要求。

在这样的环境下，体育记者的角色变得更加多样化和复杂化。传统的文字报道已经不能满足现代读者的需求，视频和音频内容的制作、社交媒体的互动等都成为记者工作的一部分。因此，记者需要具备多媒体制作的能力，能够独立完成视频的拍摄、剪辑和发布。同时，与运动员进行直播连麦，也需要记者具备良好的沟通和协调能力，以确保直播内容的流畅和互动的有效性。通过这些多样化的报道方式，记者能够为读者提供更加丰富和立体的赛事报道体验。

知识延伸

北京冬奥会报道是我国主流媒体进行综合类体育盛会报道的重要转折点，主要体现在：

1. 强化国际传播，把握共情规律，传递人类共同的价值观。
2. 主动构建、设置报道议程，积极引导国际舆论。
3. 多元化、个性化的报道理念，满足受众个性化需求。[1]

案例 1

第 31 届世界大学生夏季运动会（成都大运会）期间，《中国日报》（*China Daily*）刊发了一篇题为《为卓越搭建舞台》（*Setting the stage for excellence*）的报道。这篇报道分别从城市的接力赛（City to city）、高校体育水平提升（Universities up their game）和发展的催化剂（Catalyst for development）三个

---

[1] 夏天，陈志生.我国冬奥会报道理念嬗变及展望[J].体育文化导刊，2022（4）：7-13，28.

部分展示了大运会带给成都的丰富精神文化财富，具体内容如下：

第31届世界大学生夏季运动会（成都大运会）的举办向世界展示了中国在组织大型国际体育赛事方面的专业能力和热情。从北京到深圳，再到成都，大运会不仅展示了中国的组织能力，还传递了热情好客的精神。

2001年，当赵晶申请成为北京大运会的志愿者时，她并没有意识到，从此她的生活将与这一国际体育盛会紧密相连。大学毕业后的赵晶成为中国教育部的一名公务员，并在2005年作为中国代表团的官员参加了在土耳其伊兹密尔举办的夏季大运会。三年后，她加入了国际大学生体育联合会（FISU），深度参与了2011年深圳大运会和之后的成都大运会的相关事务。

回顾自己的职业轨迹，赵晶表示，大运会可以说是中国过去二十余年中各种变化的集中展现。原定于2021年夏季举行的成都大运会受新冠疫情的影响推迟至2023年，在这样的压力下，成都仍然在赛事正式开始前圆满地完成了所有准备工作，不可不谓之中国综合国力和凝聚力的体现。

赵晶对中国组织委员会的信心源于2001年北京大运会。那次赛事被广泛认为是2008年奥运会的全面预演。随后，北京成功地举办了2008年奥运会，展示了中国在组织国际体育赛事方面的能力。2011年，深圳也成功举办了大运会，进一步证明了这一点。

成都拥有2300多年的历史，是中国大陆第三个举办大运会的城市。FISU代理主席莱昂兹·埃德尔自1985年首次访问中国以来，已经重返中国二十余次。他表示，中国总是以极大的热情和成功举办我们的赛事，因此我们很乐意回到任何一个中国城市举办大运会。

阿根廷大学生体育联合会创始主席埃米利亚诺·奥赫亚也表达了类似的观点，认为中国是世界上举办赛事水平最高的国家之一，拥有高质量的体育场馆和基础设施，以及热情且专业的志愿者。成都是中国西部的重要城市，也是首次举办重大国际体育赛事的城市，成都大运会的顺利举办体现着国家整体的发展。

在2001年大运会上，中国凭借刘翔和姚明等明星运动员的出色表现，位居奖牌榜榜首。然而，这两位运动员都是传统体育系统的产物，而非大学培养。2005年，清华大学学生胡凯在土耳其大运会上赢得男子100米赛跑金牌，开启了中国大学体育的新纪元。此次成都大运会，中国由411名学生运动员组成的代表团中，超过80%的运动员首次参加国际赛事。①

这篇报道详细地描述了第31届世界大学生夏季运动会（成都大运会）的成功举办，充分展示了中国在组织大型国际体育赛事方面的专业能力和卓越成就。报道不仅关注了赛事本身，还通过赵晶的个人经历展现了大运会对中国体育和社会发展的深远影响。这篇报道看似简单，实则具有相当丰富的信息量。记者并没有仅仅将目光局限于成都大运会这一场独立的赛事，而是进一步进行拓展，从历史的视角联系起2001年北京大运会和2008年北京奥运会的成功举办，展示了中国在国际体育赛事组织中的能力和经验积累。报道还引入了赵晶这一人物，作为这一历程的见证者和参与者，其个人经历和感受增加了报道的真实性和感性，使读者更容易产生共鸣。

成都举办大运会并不是一件容易的事。中国的经济发展一直以来都是东部沿海地区更为发达，成都这次拿下举办大运会的资格，实际上是西部地区经济崛起的体现。作为西部城市首次举办重大国际体育赛事，成都也不负众望，不仅在硬件设施上进行了大量投入，还激发了当地居民对体育和健康的关注。这种全城参与和热情支持，不仅体现了中国城市的现代化进程，也展示了中国体育文化的广泛普及和深入人心。

---

① Setting the stage for excellence［EB/OL］.（2023-08-08）［2024-02-14］. https://www.chinadaily.com.cn/a/202308/08/WS64d19426a31035260b81ad68.html.

报道还引用了 FISU 代理主席莱昂兹·埃德尔和阿根廷大学生体育联合会主席埃米利亚诺·奥赫亚的评价，进一步佐证了中国在举办国际体育赛事上的高水平。他们对中国组织能力的认可和赞赏，凸显了中国在国际体育舞台上的重要地位和影响力。另外，这篇报道还指出，中国大学生在大运会中的表现越来越突出，体现了中国大学体育的发展和进步。这不仅有助于提高中国在国际体育中的地位，也为培养更多优秀的体育人才奠定了基础。

总的来说，这篇报道通过对成都大运会的多角度报道，不仅展示了赛事的盛况，还体现了中国在组织大型国际体育赛事方面的卓越能力和广泛影响。通过详细的描述和多方位的评价，报道成功地传达了中国在国际体育舞台上的重要地位和未来发展的潜力。

案例 2

成都大运会羽毛球比赛期间，《中国日报》（*China Daily*）发表了一篇题为《被对手的善意打动的羽毛球运动员》（*Shuttler moved by opponent's kindness*）的报道。报道讲述了一位巴西羽毛球运动员和中国羽毛球运动员之间的友谊故事，具体内容如下：

在成都世界大学生运动会期间，巴西羽毛球运动员威尔顿·梅内塞斯学会了一个中文字"谭"——他的一位中国对手谭强的姓氏。

"他的名字是什么来着？我真的很想记住！" 22岁的梅内塞斯在上周比赛的间隙向志愿者和记者询问道。

令梅内塞斯印象深刻的不仅是谭在赛场上的羽毛球技术，还有谭送给他一双全新球鞋的善意举动。

7月30日，谭在混合团体赛的男子双打比赛中轻松击败了梅内塞斯，但梅内塞斯那双破旧的球鞋深深印在了谭的脑海中。"我的第一反应是，尽管他的鞋子这么旧，他还是从巴西远道而来参加羽毛球比赛。我被他对这项运动的热爱感动了。"谭说。

比赛结束后，谭立刻询问了梅内塞斯的鞋码，并与自己的中国队友交换了一双新鞋，以确保鞋子合适。"我想送他一份礼物，希望他能感受到中国人的善意和热情。同时，我认为我们都可以从他的精神中学到东西。"他说。

梅内塞斯是圣保罗保利斯塔大学的体育训练专业学生，他表示，这份善意对他意义重大。"我刚到成都时我的鞋子还好好的，但不知为何比赛中鞋底掉了，"他说，"我非常感谢谭的帮助。这是一双很棒的鞋子，我很喜欢。回到巴西后，我也会穿这双鞋进行训练。我相信它会帮助我在职业生涯中取得更好的成绩。"

梅内塞斯出生在尼泰罗伊，这是里约热内卢州一个约有55万人口的城市。2010年，在该市发生了一场致命的泥石流后，当地几位羽毛球教练发起了一个社会福利项目，这个项目让9岁的梅内塞斯第一次接触到了羽毛球。他参加了他的第一场羽毛球比赛，并赢得了一枚奖牌。

"从那时起，我的旅程开始了，"他说，"现在我作为一名学生运动员参加成都大运会，整个经历简直难以置信。"梅内塞斯还对他的第一位羽毛球教练表达了深深的感激之情。"是他让我爱上了这项运动。"他说。

当被问及羽毛球偶像时，梅内塞斯提到了中国的林丹和马来西亚的李宗伟，以及第一位参加奥运会的巴西羽毛球运动员伊戈尔·科埃略。梅内塞斯说，科埃略从贫民窟走向顶级羽毛球赛场的旅程激励他坚持不懈，追求更高的目标。"我知道我还不在国家队，我只是大学俱乐部的一员。但我有奥运梦想吗？当然有。"他说。[1]

---

① WANG X Y. Shuttler moved by opponent's kindness［EB/OL］.（2023-08-08）[2024-02-15］. https://www.chinadaily.com.cn/a/202308/08/WS64d18ddca31035260b81ad2d.html.

这篇报道展示了体育竞赛中的友谊与善意。通过巴西羽毛球运动员梅内塞斯和中国运动员谭强之间的互动，我们看到了超越国界的体育精神。谭强在比赛后送给梅内塞斯一双新鞋，这一举动不仅是对对手的尊重，更是体育精神的真实写照。梅内塞斯的感激之情也体现了体育运动如何在世界范围内连接人们，传播善意。这种友谊和善意不仅增强了个人之间的联系，也在更大范围内展示了中国运动员的热情好客和谦逊品格。谭强的行为让我们看到了体育比赛不仅仅是胜负的较量，更是人性光辉的展现。

这篇国际体育新闻报道还展示了体育运动对于个人成长的重要作用。梅内塞斯是在一个社会福利项目上偶然接触到羽毛球的，但无心插柳柳成荫，他通过不懈努力，最终竟在国际赛事上崭露头角。由此可见，体育对改变个人命运具有强大的力量，这种力量不仅能够实现个人的梦想，更能在全球范围内传递积极的社会影响。此外，这篇报道还运用了大量的细节描写，刻画出梅内塞斯这个人物的形象，比如他对羽毛球偶像的崇敬，以及他对未来奥运梦想的憧憬，进一步深化了体育对个人理想的激励作用。这些元素共同构成了一幅生动的画面，展示了体育运动的多层次影响力，从个人成长到国际友谊，从职业发展到文化交流，无不体现体育的巨大价值。

案例3

2023年杭州亚运会上，网球新星郑钦文赢得了女子单打金牌，《中国日报》（*China Daily*）应景地发布了一篇题为《郑钦文在经历坎坷之路后品味成功》（*Zheng savors success after 'bumpy road' to podium*）的稿件。这则新闻以对郑钦文的采访内容为主，围绕其采访中透露的心绪和意志，编织出郑钦文奋斗路程上的种种艰难，并以此衬托出其不懈拼搏、勇往直前的可贵品质，具体内容如下：

中国网球新星郑钦文认为，更加成熟的心态帮助她从赛季初的慢热状态中迅速反弹，在杭州亚运会上赢得了女子单打金牌。

"今年对我来说是一段坎坷的旅程，尤其是年初。我不确定自己是否在进步，但我觉得自己更成熟了，不再过分在意结果，"郑钦文在以 6∶2、6∶4 的比分，耗时 1 小时 44 分钟击败同胞朱琳赢得冠军后说道。

20 岁的郑钦文迎来了突破性的一年。本月早些时候，她在美国网球公开赛八强赛中击败了世界排名第七的昂斯·贾贝尔，随后被最终获得亚军的阿丽娜·萨巴伦卡淘汰。

"年初时，我过于关注结果，但现在我只关注每场比赛和每一天，"郑钦文说，"今天赢得金牌为我明天做得更好铺平了道路，也增强了我的信心。"5 月，她的世界排名升至职业生涯最高的第 19 位。两个月后，她赢得了首个 WTA（国际女子职业网联）冠军。

在这场两位种子选手之间的决赛中，郑钦文的力量和精准度成为对战朱琳时的决定因素。"这种感觉太棒了，我真的很开心。今天的比赛不容易，昨天的半决赛也不容易，她们都是优秀的对手。"郑钦文在与粉丝击掌后说道。

郑钦文和其他中国女子网球选手今年形成了一支强大的队伍，赢得了冠军并击败了排名更高的对手。她希望未来能看到更多这样的进步，并期待在明年的巴黎奥运会上取得更多突破。

"我认为中国女子网球在朝着更好的方向发展。我们两人今天都进入了决赛，这就是一个很明确的例子，"她说道，"我认为 2024 年的巴黎将会完全不同，因为我们将面对来自欧美国家的对手。所以，这对我们来说将是更大的挑战。我们需要为此做更好的准备。"①

---

① CHEN X F. Zheng savors success after 'bumpy road' to Podium［EB/OL］.（2023-09-30）［2024-03-11］. http://www.chinadaily.com.cn/a/202309/30/WS65177c8ba310d2dce4bb88df.html.

这篇报道描绘了中国网球新星郑钦文在杭州亚运会上取得的辉煌成就，并展示了她如何通过调整心态从赛季初的低迷状态中迅速反弹。报道充分展现了郑钦文在2023年所取得的显著进步，以及她在未来赛事中所抱有的雄心壮志。

首先，报道详细描述了郑钦文在年初遇到的挑战和她是如何通过心态的转变来应对这些挑战的。这不仅让读者了解到运动员在竞技体育中的心理变化和调整策略，也凸显了心态在运动表现中的重要性。郑钦文从过于关注结果到专注于每场比赛和每天的进步，这种心态变化是她取得成功的关键。

其次，报道强调了郑钦文在比赛中的技术优势，特别是在决赛中展现出的力量和精准度。通过对比赛细节的描述，读者可以感受到她在赛场上的卓越表现以及面对强大对手时的从容自信。这种细节描写使报道更具真实感和感染力。

此外，报道不仅关注了郑钦文个人的成就，还提到了中国女子网球整体的进步和未来的潜力。通过展示她和其他中国选手在国际赛事中的出色表现，报道传递出一种积极向上的信息，激励更多年轻选手追求梦想。这也为中国网球的未来发展注入了希望和信心。

最后，报道提到2024年的巴黎奥运会，为郑钦文设定了新的目标和挑战。通过展望未来，报道不仅总结了她目前的成就，还对她未来的发展提出了期望并设定了方向。这种前瞻性的视角使得报道更具深度和连续性。

总体而言，这篇报道通过细致入微的描写和积极正面的叙述，不仅展示了郑钦文的成长与成就，还凸显了中国女子网球的发展与希望。报道内容丰富，层次分明，为读者提供了全面而生动的阅读体验。

（二）专项体育盛会

世界范围内知名度较高的专项体育赛事主要有：国际足联世界杯（FIFA）、欧洲足球锦标赛、欧洲冠军联赛、美国职业篮球联赛（NBA）、世界杯排球赛、澳大利亚网球公开赛、法国网球公开赛、温布尔登网球锦标赛、美国网球公开赛、世界乒乓球职业大联盟冠军赛（WTT）等。专项体育赛事往往拥有比一般性综合类体育赛事黏性更高的狂热粉丝，因而对报道的专业性、可读性和时效性要求更高。此外，专项体育赛事商业化程度更高，这就意味着相关的报道也不可避免地带有商业化色彩。一般而言，这类赛事报道在语言风格上娱乐化色彩更强，通常更注重表现赛事本身的冲突性和戏剧性。

专项体育盛会不可或缺的报道要点主要包括比分与赛果、比赛过程中运动员的高光表现和教练员的战术安排等。不难看出，这些报道要点都是紧紧围绕体育竞赛本身而设置的，这也从侧面说明，记者若想做好专项体育赛事的报道工作，必须具有丰富充足的相关项目知识，并积极且及时地跟进赛事进程，对赛场上的任何风吹草动都保持高度的敏感性。

案例4

2026年世界杯本将由美国、加拿大和墨西哥联合主办，然而，FIFA在筹备过程中沟通不畅，延误了多项事务的进程，这引发了美国多座城市的担忧。一时间，筹备工作陷入僵局，这些被波及的城市既担心自己的投入是否会打水漂，也对FIFA的"掉链子"颇为不满。对于这一事件，《纽约时报》（*New York Times*）发表了题为《FIFA的延误使得相关城市对2026世界杯产生了担忧》（*FIFA Delays Have Cities Worried About 2026 World Cup*）的报道，以下是报道大意：

几年前，FIFA宣布将把2026年世界杯的筹备工作收归自营，FIFA表示此举将简化这项庞大而复杂的赛事的筹备工作，这将比以往任何时候都更需要专业知识。而这一变化也将使FIFA对其预计的110亿美元收入拥有更大的控制权，这一点或许更加重要。

然而，随着各队开始为这场比赛进行资格赛选拔，美国各地的城市却对 FIFA 的筹备和沟通的拖延感到越来越沮丧，它们对自己在这场有史以来在美国举行的最大、最富有的体育赛事中扮演的角色缺乏清晰的认知。

例如，各城市和体育场仍然不知道他们将举办多少场比赛，也不知道具体的比赛日期。有关赞助商的规则晦涩难懂，致使地方政府无法敲定相关协议，以弥补它们已承诺投入的数百万美元公共资金。而招聘的延迟可能会使 FIFA 缺乏组织其标志性赛事所需的经验丰富的运营、营销和接待专业人员。

即使是最基本的事实也仍然存在疑问：在美国、加拿大和墨西哥获得世界杯主办权五年后，以及 FIFA 选择了 16 个主办城市的一年多之后，开幕比赛的日期仍未确定。

在过去两个月的采访中，多个城市负责世界杯筹备工作的官员们也表达了自己对 FIFA 在公关方面失误、领导力混乱和计划突然改变的担忧，这些都使得他们在制订和调整自己的计划时手忙脚乱。一些人担心，远远落后于过去两届世界杯（俄罗斯和卡塔尔）筹备进度的国际足球管理机构，可能会浪费其在美国市场巩固足球地位的绝佳机会。

在接下来的几周内，当 FIFA 最终公布赛事的完整赛程，包括哪个城市将主办决赛时，可能会有一些关键信息得以明晰。FIFA 已经将决赛主办城市的选择范围缩小到两个候选城市：纽约，一个有着重大文化意义的全球大都市；得克萨斯州阿灵顿，那里拥有现代化体育场馆和一个有着可伸缩屋顶以防下雨和炎热的 8 万座竞技场。FIFA 预计将于下个月或最迟在 11 月宣布结果，目的是在秋季之前公布赛程。

与此同时，美国多个城市对 FIFA 缺乏紧迫感的担忧日益加剧。

曾担任美国足球协会主席并领导 1994 年世界杯筹备工作的艾伦·罗森伯格表示，FIFA 已经"忙得不可开交"，这导致"主办城市的不确定性和混乱程度比他们预期的要高"。他说："不确定性使得计划变得困难。当一切尘埃落定时，这将是一场壮观的盛会。只不过现在有点令人沮丧。"他的担忧得到了几个美国城市官员的共鸣，他们都要求匿名发言，以便描述机密的规划讨论情况。

当被问及其合作伙伴的担忧时，FIFA 在一份声明中表示："现有的基础设施和在重大体育赛事方面的本地专业知识令人印象深刻且令人放心。我们正与我们的主办方密切合作，以制订强有力的运营计划，我们的工作仍在按计划进行，以便在 2026 年为球迷们呈现一场难忘的盛会。"

2026 年世界杯在五年前俄罗斯世界杯前夕被授予三个北美邻国主办，这本来就是一个巨大的规划挑战。以往举办的任何体育赛事都无法与其规模、知名度和复杂性相比：超过 100 场比赛，在三国的 16 个城市进行，持续约一个月。该赛事需要多个联邦机构协调，既为了安全，也为了方便球迷在美国、墨西哥和加拿大边境之间的行动。一位美国国务院发言人证实，世界杯将被归类为国家安全事件。

政府方面的工作由国家安全委员会领导，该委员会在今年早些时候开始协调包括 FIFA 和美国足球协会代表在内的跨机构会议，而在此之前，美国足球协会在很大程度上被 FIFA 边缘化了。白宫一直在为洛杉矶奥运会协调相关的会议，而那场赛事直到 2028 年才会举行。世界杯筹备工作的拖延，部分与新冠疫情有关，但更多是其自己造成的——FIFA 努力寻找将 32 支球队扩大到 48 支球队的比赛新方式。FIFA 在 3 月第二次更改了赛事赛制，这意味着总共需要举办 104 场比赛，相较于目前的 64 场有了大幅增加。

在之前的世界杯上，FIFA 将大量的地面规划工作委托给了当地的管理机构，通常由主办国的足球联合会领导。但从最近在澳大利亚和新西兰举办的女足世界杯开始，FIFA 自己承担了这些责任。今年，这几个国家的足球官员对此颇有怨言——有时还公开表达不满——针对这种新的规划模式，因为它让 FIFA 几乎得到了赛事的全部控制权。

由于 FIFA 负责 2026 年世界杯的筹备工作，美国足球协会发现自己在重大决策方面基本被排除在外。与此同时，在佛罗里达州科勒尔盖布尔斯设立的 FIFA 办公室也难以招募员工，并且未能获得合作伙伴、赛事大使和有影响力人士的支持，而这些人原本可以将赛事信息传递给新的更广泛的观众。

今年夏天，负责组织世界杯的 FIFA 高级官员科林·史密斯突然离职，进一步使情况复杂化。他的前副手海莫·施尔吉临时接任，预计将在今年秋天访问 2026 年的主办城市，提供急需的答案和保证。

5 月，FIFA 在洛杉矶举行赛事品牌发布活动，这一活动本应是向消费者和赞助商宣传赛事的绝佳机会，却在公关方面表现不佳，主要表现为与现有的美国足球机构如美国职业足球大联盟和美国足球协会缺乏协调，未能调动他们参与到扩大组织者宣传信息影响力的工作中。

一位直接参与 2026 年赛事筹备的 FIFA 高级官员承认"落后于进度"，但表示情况并不像一些批评者所描绘的那样严重。由于筹备工作的敏感性和对 FIFA 可能造成的尴尬，该官员要求不具名……[1]

这篇报道详尽揭示了 FIFA 在 2026 年世界杯筹备过程中面临的诸多挑战与困境。尽管 FIFA 旨在通过集中管理来提高效率，但现实却是延误、沟通不畅和不明确的职责分工使得各主办城市的筹备工作陷入混乱。这不仅影响了赛事的整体推进，也让地方政府和组织者在财务和运营方面面临巨大压力。

首先，FIFA 对赛事筹备的集中控制虽有利于整体协调，但过度集中也导

---

[1] FIFA delays have cities worried about 2026 World Cup [EB/OL]. (2023-09-15) [2024-02-15]. https://dnworldnews.com/sports/football/fifa-delays-have-cities-worried-about-2026-world-cup-plans/.

致地方参与不足，特别是美国足球协会在重大决策中被边缘化，降低了本地专业知识和资源的利用率。这反映了 FIFA 在全球化管理与地方自主之间进行平衡的难题。

其次，赛事日期和地点未定以及赞助规则的晦涩难懂，使得各城市无法有效地进行财务规划和市场推广。这不仅影响了城市的筹备进度，也可能减少公众对赛事的期待和支持，进一步影响赛事的成功举办。

最后，FIFA 内部人事变动和组织混乱也暴露了其在大型赛事管理上的不足。高层人员的突然离职加剧了筹备工作的不确定性，需要尽快稳定领导团队，以确保筹备工作顺利推进。

总之，这篇报道揭示了大型体育赛事筹备中的复杂性和挑战，呼吁 FIFA 和各主办城市加强沟通与协作，共同迎接 2026 年世界杯的成功举办。

知识延伸

1. 全媒体环境下的 2022 年世界杯报道。

①背景：传统定义的媒体类型被完全打破；Web3.0 时代已经到来。

②全新的新闻产品：球员直播；与运动员、教练员的视频连线采访或直播；记者本人的社交媒体报道；可视化报道（数据新闻）；H5 新闻；互动游戏；互动新闻；虚拟人主播；等等。

③后方编辑部对体育记者的新要求：掌握文字新闻（消息、评论、深度报道等）、视频新闻（赛事高光集锦、视频评论等）、Vlog、直播报道等多种形态；进行轻量化传播；等等。

④用户对体育新闻的要求：对体育新闻产品趣味性、个性化、交互性、沉浸性的需求；对赛事衍生产品的关注度提升；等等。

⑤其他要求：不仅要会制作新闻，还要会管理评论区。

2. 中国媒体应如何切入世界杯报道？

三个层面报道赛事：兼顾世界足坛格局、亚洲足球发展、中国足球梦想。

案例　融媒体新闻产品的共情性

视频引言："2022年卡塔尔世界杯将于11月20日开幕。1978年阿根廷世界杯，央视开启了我国转播世界杯赛事的历史。44年时间里，足球世界在变，中国人的社会生活，更是发生了翻天覆地的变化。四年一个轮回，世界杯像一把尺，度量岁月轨迹，见证一代又一代人慢慢成长。"

微短剧丨"人生，就是一届又一届世界杯"

央视新闻客户端 | 2022-11-19 15:00:00 浏览量389462

截至2023年11月10日，央视新闻微短剧《人生，就是一届又一届世界杯》在"哔哩哔哩"视频网站上播放量达77.8万，获点赞量6.6万；在微信视频号上点赞量、转发量都超过10万。

二、国际体育界的焦点赛事

（一）欧洲足球五大联赛与欧洲冠军联赛

足球是目前全球公认的第一运动，因而具有极高的关注度和商业价值，也是日常国际体育新闻报道领域的"兵家必争之地"。在足球领域中，尤以欧洲足球五大联赛和欧洲冠军联赛的关注度为最。

欧洲足球五大联赛包括：英格兰足球超级联赛（The Premier League）、西班牙足球甲级联赛（La Liga）、意大利足球甲级联赛（Serie A）、德国足球甲级联赛（Bundesliga）和法国足球甲级联赛（Ligue 1）。

欧洲冠军联赛（UEFA Champions League）简称"欧冠"，是由欧洲足球协会联盟主办、欧洲顶级俱乐部参加的一年一度的俱乐部协会足球比赛，代表欧洲俱乐部足球最高水平和荣誉，被公认为是全世界最具影响力以及最高水平的俱乐部赛事，亦是世界上奖金最高的足球赛事和体育赛事之一。

以上赛事因其代表世界足球运动的顶尖水平，赛事历史悠久、参赛队伍实力强劲、商业价值高、运作体系成熟，备受瞩目，具有极高的报道价值，是各国体育媒体报道的主要专项赛事之一。

1. 五大联赛与欧冠的报道原则

第一，优先报道豪门球队、强强对话、德比大战。在足球报道领域，豪门球队因其拥趸众多，通常会被重点关注和率先报道。纵观全球各大媒体，豪门球队的比赛结果和球星表现，总是处在头版头条或者被优先推送，特别是豪门之间的强强对话，更是能从赛前到赛后连续几天"霸榜"。此外，德比大战也是足球报道的重头戏。德比大战，主要指的是同一座城市里的两支球队的对决，如果交战双方都是顶级球队，那么他们的比赛更是会被无数球迷关注。在欧洲范围内，著名的德比大战包括意大利米兰德比（AC米兰对国际米兰）、英格兰曼市德比（曼城对曼联）等。此外，西班牙国家德比（皇家马德里对巴塞罗那）、英格兰"双红会"（曼联对利物浦）等传统"死敌"之间的竞争，往往也被冠以德比之名。

第二，重点关注球星表现、老将传奇和"妖人小牛"。毫无疑问，运动员是体育报道的主要对象，在足球领域自然也不例外。然而，受限于版面，并不是每位运动员都能成为媒体聚焦的重点。一般来说，著名球星是媒体追逐的热点。此外，关注"一老一少"的表现也是足球领域报道中常态化的思路。毕竟，每年都会有一批老将因为其出色的发挥和傲人的职业生涯被广为称道；相对应的，年轻运动员的横空出世和异军突起，也为球迷们所津津乐道。

第三，赛季初做好前瞻，赛季末关注争冠、欧战、保级。在赛季初做好前瞻，可以为球迷们观看本赛季比赛提供"预热"。对五大联赛而言，积分榜上半区或前几名的争冠、欧战区形势和积分榜下半区或后几名的保级形势往往是一个赛季中最吸引球迷关注的内容。2022—2023赛季的德甲联赛争冠形势就极为引人入胜，一直到最后一轮都难知鹿死谁手。多特蒙德和拜仁慕尼黑两支球队分别进行的两场比赛每每产生一个进球，都会对最后的冠军形势产生巨大的影响。媒体的持续关注和报道让球迷们直到深夜都乐此不疲。

第四，留意黑马奇迹、做好各项盘点，休赛期关注转会市场。黑马奇迹往往指表面实力并不强的中下游球队出乎意料地获得很高的排名，甚至一鸣惊人夺魁的冷门现象。远有德甲"凯泽斯劳滕奇迹"，中有英超"蓝狐神话"，近有勒沃库森一骑绝尘问鼎沙拉盘，黑马奇迹往往比豪门夺冠更具吸引力。同时，高水平足球赛事的报道不应局限于比赛内容本身，由比赛衍生出的各种数据或记录也应成为媒体关注的焦点。此外，球迷群体中久已流传着"上树"的戏言，主队的转会动作、明星球员的流动都是球迷们关注的焦点，也自然成为媒体追逐的热点。葡萄牙球星C罗在皇家马德里实现"欧冠三连"的奇迹后转投尤文图斯，这堪称一场足坛"大地震"。

第五，明星教头与传奇恩怨。足球场上的明星不仅只有球员，性格迥异且富有人格魅力的教练们也是媒体进行报道的重点对象。穆里尼奥、温格、弗格森等世界名帅甚至拥有不亚于顶级球星的粉丝群体。争议和对抗也是足球的特点，英超赛场上球员哈弗茨和阿诺德的"顶牛"瞬间、"教授"温格被罚上看台后的"君临天下"、知名教头孔蒂和图赫尔的相互角力甚至成为现象级的传播符号，为球迷们所津津乐道。

2. 五大联赛与欧冠文字报道的主要内容

本场比赛的阵容、与上一场相比有哪些调整与改变、重要球员发挥的作用、球员的伤病状况、赛前训练情况、双方的历史战绩、目前的局势、有威胁的射门、破门的过程（时间、位置、距离球门的远近、助攻、触球的高度、射门前球员触球几次）、比赛的关键节点（扳平、反超、绝杀、黄牌和红牌的判罚、定位球、点球）、比赛中的球员冲突、比赛中换人、观赛的重要嘉宾等。

3. 五大联赛与欧冠的转播规律

欧洲足球五大联赛与欧冠一般按照赛季的轮次来举行的，一个赛季中的每一轮中的每支球队都需要比赛，且一般每一轮比赛的每一场都会进行转播。

转播范围方面，一般五大联赛的每场比赛都会转播，其中有的是全国、全球直播，有的是范围较小的地区性直播。

案例 5

新华社伦敦 2023 年 10 月 30 日电 本周日，曼彻斯特的蓝色一方曼城将为其在本赛季首次同城德比中再次展示出的对邻居曼联的统治力庆祝。

佩普·瓜迪奥拉的球队在比赛的大部分时间里都占据主导地位，在第 26 分钟时，埃尔林·哈兰德通过点球为曼城首开纪录。这个点球是在拉斯穆斯·霍伊伦德在曼城角球时犯规拉倒罗德里·赫尔南德斯后被判罚的。

安德烈·奥纳纳的精彩扑救使得上半场结束时比分保持在 1:0。然而，他无法阻止哈兰德的第二个进球，那是一次头球攻门，他接到了贝尔纳多·席尔瓦精准的传中。

菲尔·福登在第 80 分钟打入第三个球，使得曼联雪上加霜。在奥纳纳挡出了罗德里的射门后，哈兰德送出一脚简单传球，福登就此得分。

............①

曼城再次在德比战中展现了他们的统治力，瓜迪奥拉的球队以出色的表现击败曼联，证明了他们在英超中的强大地位。哈兰德的表现尤为突出，他的两次进球和一次助攻展示了他在关键比赛中的影响力。这篇报道聚焦了2023年英超联赛的焦点战役——曼彻斯特德比战。文章标题简单直接、行文流畅，将比赛的精彩瞬间和曼城队的强大统治力清晰地呈现出来，让球迷们大呼过瘾。

（二）美国职业篮球联赛（NBA）

1. NBA的比赛类型

①常规赛：NBA的常规赛数量较多，在没有劳资纠纷等特殊情况下，一般一个赛季的常规赛是82场，因此并不是每支球队的每场比赛都会被转播或关注，一般只有焦点战才会转播（焦点战：双方球队的水平都非常高或话题度高）。比如"圣诞大战"、决定能否进入季后赛的关键"卡位战"，或者是洛杉矶湖人、金州勇士、波士顿凯尔特人等明星球队的比赛。

②季后赛：与常规赛类似，由于季后赛第一轮球队的比赛数量也比较多，有的赛程甚至安排在了美国当地时间下午，即北京时间凌晨举行，这对于媒体人来说，也是一个不小的考验。但实际上，作为一名国际体育新闻工作者，克服时差问题恰恰是入门的必修课。

③总决赛与全明星赛：一般都会集中转播，话题度较高，比赛观赏价值高。

---

① Review：Manchester still 'Blue' as city dominate united in Premier League［EB/OL］.（2023-10-30）［2024-02-15］. https://english.news.cn/20231030/3be47ef695704e20a360e06865c36df8/c.html.

2. NBA 报道的特色

相较于足球五大联赛的报道，NBA 的报道倾向于增加更多涉及比分和数据的内容。例如，每周的得分王、最佳防守球员以及其他统计数据，如三双次数、篮板数和助攻数等，都会被详细报道。此外，NBA 的报道也倾向于设置更多的话题性内容，结合赛事进展引发特定的话题以供公众讨论。这些话题可能包括球员的表现、教练的战术变化、球队的交易动态以及联盟的规则变动等。通过这种方式，NBA 不仅吸引了篮球迷的关注，还扩大了其在更广泛的观众群体中的影响力，使得比赛之外的讨论成为体育报道的重要组成部分。这种策略不仅增加了报道的深度和广度，还增强了球迷的参与感和互动性，使 NBA 在全球范围内保持着较高的关注度和热度。

NBA 的报道原则：

①赛季前关注选秀大会。以 NBA 为代表的高水平篮球联赛具有特殊的选材机制，即每个赛季前开始的选秀大会。赛季前除了季前赛没有什么值得报道的内容，而各路天赋异禀的新秀球员就自然成为球迷们重点关注的对象。法国"天赋怪"文班亚马甚至在进入联盟之前就成为球迷们口中的"版本答案"，其自身流量并不亚于詹姆斯、库里、约基奇等一线名将。

②常规赛关注球星表现，特别是得分王、助攻王、MVP 及最佳阵容等的评选。NBA 的常规赛是一个漫长的过程，每支球队要进行 82 场比赛，往往要从前一年的 10 月打到新一年的 4 月。对比赛的报道固然重要，但是要想在漫长的报道周期内持续抓住球迷的"痛点"，就必须把各路球星放在核心位置。甚至有不少球迷在 NBA 比赛中并没有自己真正支持的球队，他们大多只关注自己喜欢的球星。最佳阵容包括全明星阵容，是每年常规赛报道周期中的高潮，需要媒体投入更多的精力。

③季后赛关注是否有黑八奇迹，随着系列赛的深入不断调整报道重点。NBA 季后赛对阵分东西两个区，每个区八支球队进入季后赛，常规赛战绩排名决定对阵关系，其中第一对阵第八。常规赛第八的球队击败第一的球队毋庸

置疑是巨大的冷门，所以黑八奇迹和更宽泛的"以下克上"都会引起巨大的关注和讨论。而随着季后赛的深入，经常会出现某热门球队、热门球员甚至霸榜巨星被淘汰出局的情况，在这种情况下，媒体应该不断调整报道重点，重新分配报道资源。

④总决赛关注总冠军归属、FMVP（NBA总决赛最有价值球员）归属。NBA总决赛是赛季末的大戏，也是吸引全世界体坛目光的终极战役。总冠军和FMVP的归属早已成为现象级的传播事件。

⑤全年关注转会市场、留意劳资纠纷和潜在的负面新闻。NBA是一个高度商业化的联盟，球员的转会交易是家常便饭，每一次人员流动都可能产生巨大的影响。詹姆斯加盟湖人、杜兰特离开勇士、汤普森远赴达拉斯等都会引起联盟的巨变。频繁的交易自然会带来薪资问题，它和联盟中隐藏较深或偶然曝出的负面新闻都可能成为媒体的焦点选题。

三、突发体育事件的报道

（一）潜在的突发体育事件

1. 灾难性事故

在国际体育新闻报道中，有一类突发体育事件往往最令人痛心，那便是灾难性事故，主要包括体育人物遇难、球迷骚乱、体育暴力等。灾难性事故一般不可预测，但一旦发生便会对体坛乃至整个社会产生剧烈的影响。比如足球领域著名的"海瑟尔惨案"、马拉松比赛中的"波士顿马拉松爆炸案"、篮球领域的"科比坠机案"等。在报道类似事件时，由于事发突然，体育新闻工作者往往很难在第一时间做出有深度的报道，故而大多采取先报道事情进展，然后再围绕涉事人群的职业生涯或者历史上同类事件的案例分析做跟踪报道或系列报道。

案例6

退役球星科比·布莱恩特26日在美国加利福尼亚州南部卡拉巴萨斯市发生的直升机坠毁事故中丧生，享年41岁。洛杉矶县治安官办公室官员26日在新闻发布会上说，这起坠机事故发生在当地时间上午9时47分，地点位于洛杉矶市区以东约50公里处。事发时直升机上有9人，包括科比和其13岁的女儿吉安娜，无人在事故中生还。目前，事故原因正在调查中。此前，美国媒体报道直升机上有5人。事发后，美国各界以各种方式对科比逝世表示哀悼。大批球迷和洛杉矶市民聚集到洛杉矶湖人队主场斯台普斯中心悼念。[①]

科比·布莱恩特的突然离世是篮球界乃至全球体育界的一大悲痛。这位前洛杉矶湖人队的传奇球星，不仅以其卓越的篮球技艺和不屈的斗志而闻名，还以其对篮球运动的巨大贡献和在退役后对年青一代的积极影响而深受人们的尊敬和爱戴。这起坠机事故带走了包括科比和其女儿吉安娜在内的9条宝贵生命，令无数球迷心碎。科比的离世不仅是篮球界的巨大损失，更是对全球体育文化的重大打击。各界对他的哀悼反映了他在世人心中的地位和影响力，他的精神和成就将永远铭刻在球迷的心中，激励着未来一代继续追求卓越。科比的传奇虽然终结，但他的精神永存，永远激励着人们勇敢追梦，不懈奋斗。

案例7

造化弄人，鲍比·查尔顿爵士——这位被誉为世界上最伟大的足球运动员之一的传奇人物，竟以如此出人意料的方式英年早逝。

[①] 新华国际. 美国篮球名将科比在坠机事故中丧生［EB/OL］.（2020-01-27）［2024-02-13］. https://h.xinhuaxmt.com/vh512/share/8828385?d=1343abf.

在其球员生涯初期，他从那场夺走了 8 名曼联队友生命的惨烈空难中幸存下来，而如今最终却在柴郡的养老院意外跌倒后离世，这似乎颇具讽刺意味。

在对鲍比爵士离世一事进行的最新调查中，据悉，周三晚上，他起身离开椅子时，不幸撞到了窗台，可能还撞到了暖气片，进而失去了平衡。事发当时，养老院的工作人员对鲍比爵士的身体进行了全面检查，并未发现明显外伤，而且他们还留意到他的行动能力似乎并未受到影响。

然而，之后他们注意到他的背部出现肿胀，便立即呼叫了医护人员。自 7 月以来，鲍比爵士一直在这家护理中心接受临时护理。起初，他被送往当地一家医院，随后又被转至麦克尔斯菲尔德综合医院。

包括胸部 X 光和 CT 扫描在内的医学检查发现他肋骨骨折，这使他面临患上肺炎的风险。鉴于这些医学检查结果，医生决定对鲍比爵士采取临终关怀护理。令人悲痛的是，这位 86 岁的老人在 5 天后，也就是 10 月 21 日与世长辞。

查尔顿在足球界是备受爱戴的人物，他在英格兰赢得 1966 年世界杯的征程中发挥了关键作用。作为一位不屈不挠的传奇人物，他从曼联青训营中脱颖而出，在为该俱乐部效力的 17 年职业生涯里，累计出场次数达到了令人赞叹的 758 次。

曼联队深受他离世的影响，称他是"数百万人心目中的英雄，不仅在曼彻斯特或英国，而且在世界各地"。查尔顿的球技、奉献精神以及所取得的成就影响深远，早已超越了其故乡城市和祖国的界限，在全球各地的球迷心中引起了共鸣。

曼联发布的声明显示，追悼会将于 11 月 13 日在曼彻斯特大教堂举行。追悼会将包含一个游行环节，队伍会经过老特拉福德球场，那里已经被忠实的球迷们用深情的纪念装饰一新。人们表达支持的热情高涨，已有超过 8 万名球迷在悼念册上签名，以缅怀查尔顿。

曼联表示："这场追悼会将向鲍比爵士作为丈夫、父亲、祖父，当然还有作为本国有史以来最杰出的足球运动员之一的非凡一生致以敬意。前往大教堂的游行队伍将经过老特拉福德球场，届时会有片刻的默哀时间，也为球迷们提供了一个向这位真正的曼联传奇人物做最后告别的机会。"

俱乐部补充道："家属随后将为鲍比爵士举行私人葬礼，并且要求外界尊重葬礼安排的隐私。"[1]

鲍比·查尔顿爵士的去世不仅是足球界的重大损失，也是全球体育界的一大悲痛。他不仅是英格兰 1966 年世界杯冠军的中流砥柱，也是曼联的灵魂人物。他的职业生涯和生活经历充满了传奇色彩，从早年的慕尼黑空难幸存者，到英格兰国家队和曼联队的核心，他用无与伦比的技能和毅力征服了球迷的心。查尔顿的突然离世给人们带来了深深的震撼和悲痛，但也让我们更深刻地感受到他对足球运动的巨大贡献和永恒影响。曼联和全球球迷以各种方式悼念这位传奇人物，显示了他在世界足球史上不可动摇的地位。追悼会将在曼彻斯特大教堂举行，经过老特拉福德球场的游行将为球迷提供最后告别的机会，这不仅是对他个人成就的礼赞，更是对足球精神的最高敬意。查尔顿的一生是对忠诚、奉献和卓越的不懈追求，他的离去无疑是时代的终结，但他的传奇将永远铭刻在足球史册上，激励着未来一代的球员和球迷。

上述两个案例中的报道，基本都是先报道事件概况，再结合当事人的职业生涯展开描述，且在描述的过程中，尽可能地展现出他们光辉的一面以及对所从事职业的影响，以此表达对当事人的纪念与敬意。

---

[1] Sir Bobby Charlton: cause of sudden death, details of memorial service revealed [EB/OL].（2023-11-02）[2024-02-15]. https://news.cgtn.com/news/2023-11-02/Bobby-Charlton-Cause-of-football-legend-s-sudden-death-revealed-1ooM2kHBTQ4/index.html.

2. 突发公共体育事件

除了灾难性事故，还有一些突发公共体育事件需要媒体从业者予以重点关注，比如重要的赛制变化、政策改变、体育从业者的重磅言论等，这些事件往往会引发赛场内外的一系列连锁反应。比如，NBA 休斯顿火箭队前总经理莫雷的不当言论，直接导致了 NBA 在中国市场的商业遇冷；体教融合政策提出后，中国体育界和教育界展开一系列变革与合作。可以看到，对于这种类型的事件，除了要关注其突发性，更要重视其发生之后所带来的重要影响。因此，撰写这种类型的报道，媒体从业者一般需要从以下几个方面入手：

（1）及时提供突发公共体育事件的基本信息（背景、经过、结果）

在突发公共体育事件发生后，媒体应迅速收集并发布有关事件的基本信息，包括事件发生的背景、详细经过以及最终结果。这些信息有助于公众第一时间了解事件的整体情况，避免因信息不透明而产生的不必要恐慌和猜测。

（2）为受众解疑释惑，分析其背景信息

除了报道事件的基本信息，媒体还应深入分析突发体育事件的背景信息，解释事件发生的原因和相关影响。通过专业分析，媒体可以帮助公众更好地理解事件的来龙去脉，以及可能带来的短期和长期影响，从而缓解公众的疑虑和困惑。

（3）及时跟进突发公共体育事件的进展

突发公共体育事件往往具有动态性和持续性，因此媒体需要不断跟进事件的发展，及时更新和发布最新信息。这不仅有助于公众保持对事件的关注和了解，也能够防止因信息滞后而导致的误解或不实传言的扩散。

（4）遵循新闻伦理与道德

在报道突发公共体育事件时，媒体应严格遵守新闻伦理和道德规范，确保信息的准确性和真实性，避免传播未经证实的谣言。同时，应尊重当事人及其家属的隐私权，避免过度渲染和侵害个人隐私，保持报道的客观、公正和人道主义精神。比如足坛巨星、一代球王马拉多纳逝世后，有些无良媒体和媒体人，为了制造噱头获取流量，在新闻报道中故意突出马拉多纳在世时未经证实的负面消息，这既严重违背了新闻伦理和道德规范，也是极不尊重逝者和家属的表现。

案例 8

2024年，巴黎奥运会乒乓球男、女单打冠军，中国选手樊振东、陈梦，先后通过个人社交媒体账号发布了退出世界排名的声明。这一在国内体育界和国际乒坛引发强烈反应的重磅消息，让很多人第一次知道了WTT世界乒联对运动员严苛的处罚制度，进而也不禁令很多人质疑，以推动世界乒乓球运动职业化、商业化发展为初衷的WTT，究竟将运动员的权益摆在了怎样的位置？

樊振东和陈梦在声明中均提到WTT对运动员做出了退赛罚款的规定。像樊振东、陈梦这样的乒乓球顶尖选手，WTT对他们都有强制参赛的要求，而如果他们缺席这些比赛，按照WTT的规定，世界排名在前二十的运动员，每缺席一次WTT的比赛，就会被罚款5000美元。此外，还会根据运动员缺席比赛的次数和运动员是否参加了同期的其他乒乓球比赛进行追加处罚。要想杜绝遭受以上处罚，运动员的选项并不多，主要有具备WTT官方认定的产假证明、医疗证明和从国际比赛中退役（也就是樊振东、陈梦所说的退出世界排名）。

对于乒乓球运动员来说，每缺席一次比赛就被罚款5000美元，且可能还有追加罚款，这是一个相当严苛的处罚规定。要知道，2024年在WTT各项比赛中获得的总奖金收入最高的男子、女子运动员，中国选手王楚钦、王曼昱的奖金收入也不过26万多美元和24万多美元。樊振东在2024年通过WTT各项比赛获得的奖金收入只有68750美元，陈梦是12万多美元。可想而知，按照退赛罚款的政策，如果樊振东、陈梦在2025年无法保证参加足够多的WTT赛事，很可能奖金还不够交罚款。

这种情况在乒乓球运动员身上并不是没有出现过。尼日利亚球员阿鲁纳就曾在今年4月公开声讨WTT，自己因为生病无法参加比赛，且因为卧病在床无法及时拿到医生的报告，结果遭到WTT罚款。阿鲁纳是能进入世界排名前二十的男子乒乓球选手中少有的非洲球员之一，他完全依靠比赛奖金维持训练和生活，但WTT严苛的罚款政策令他本就不宽裕的生活面临雪上加霜的窘境。

所以在樊振东、陈梦发表声明之后，阿鲁纳在他的海外社交媒体账号上转发了消息并加上了一句话"终于有人说出了真相"。

声援樊振东、陈梦的不仅有阿鲁纳，还包括中国乒乓球队前教练吴敬平，中国乒乓球运动员周启豪、孙铭阳、赵子豪，还有其他协会的乒乓球运动员林昀儒、陈思羽、莫雷加德、西蒙·高茨、奥恰洛夫、波尔、田志希等人，大有乒乓球人士"苦WTT久矣"的既视感。

不可否认，在WTT世界乒联于2019年创办之后，致力于推动乒乓球运动的职业化、商业化，尤其是在中国乒乓球协会主席刘国梁于2020年担任WTT理事会主席之后，WTT的发展速度明显加快。按照WTT发布的报告，从2019年至2024年，乒乓球国际赛事的总奖金从380万美元增加到了1080万美元，比赛也从13项增加到了23项。2019年之前，国际乒乓球赛事没有一项总奖金超过100万美元，但现在，中国大满贯赛和沙特大满贯赛的总奖金均达到200万美元，新加坡大满贯赛的总奖金达到150万美元。

乒乓球运动员的收入的确在增加，但比赛的负荷也在增加。尤其是对于流量担当的中国队运动员来说，更是不能轻易缺席WTT的比赛。

高强度的参赛，让运动员身心疲劳。中国队在今年 10 月 WTT 中国大满贯赛结束之后，多名运动员出现状态波动，在比赛中频频爆冷输球。但乒乓球运动员通过高强度参赛得到的奖金收入却远远比不上职业化程度更高的网球。王曼昱、孙颖莎是 2024 年度获得 WTT 奖金收入最高的两名女子运动员，以人民币计，王曼昱约为 177 万元，孙颖莎约为 170 万元，对比中国目前女子网球第一人郑钦文的年度奖金收入 3990 万元，就可以看出巨大差距。甚至相比职业化、商业化程度相当的羽毛球项目，乒乓球运动员的收入也处于劣势。按照世界羽联的公布的数据，2024 年度比赛奖金收入最高的羽毛球运动员是中国选手石宇奇，其年度比赛奖金收入达到了 56 万美元，是乒乓球比赛奖金收入最高的运动员——王楚钦收入的两倍还多。

此次樊振东、陈梦宣布退出世界排名，对于国际乒乓球运动来说也是巨大损失。因为相关制度不尽合理，国际赛场就无法再看到两位仍具有相当实力的顶尖乒乓球选手，这不禁让人产生疑问，在乒乓球运动的职业化、商业化改革进程中，运动员的权益到底是处在怎样的一个位置上？

不久前，WTT 世界乒联 CEO 史蒂夫·丹顿曾表示："我们也广泛地接受来自大家的批评和建议，因为大家的目的是一致的，那就是让乒乓球在世界的发展越来越好。"此次樊振东、陈梦的重磅声明不知能否促使 WTT 世界乒联在批评与建议中重新审视自己的各项政策与制度，听取意见、改革弊端，真正站在以运动员为本的基础上，推动乒乓球运动越来越好。（中青报·中青网记者 慈鑫）

这就是一篇很典型的突发公共体育事件报道。作者在乒乓球著名运动员樊振东、陈梦宣布退出世界排名后，第一时间以该事件为切入点，深度剖析了乒乓球商业化和运动员自身健康的关系，从而将这个突发事件背后的原因和潜在的影响呈现给受众，并试图引导舆论进一步反思体育商业化问题。

3. 体育明星的负面新闻

体育明星素来是国际体育新闻报道的重点。一般来说，作为公众人物，体育明星多以正面形象示人。但随着社交媒体的蓬勃发展，许多体育明星的负面新闻也频频曝出，故而体育明星的负面新闻近年来日益成为突发体育事件的重要组成部分。这里需要注意的是，体育明星往往具有较大的号召力和影响力，故而在报道体育明星的负面新闻时，需要慎之又慎，切不可为了流量和噱头，捕风捉影地盲目报道甚至添油加醋地胡乱报道。

（1）核实事实，遵循新闻的真实性原则

新闻报道的第一原则是真实性。在报道体育明星的负面新闻时，必须确保所有信息都经过严格的核实。这包括对事件的起因、过程、结果进行深入调查，确保报道的每一个细节都是准确无误的。在核实事实的过程中，应从多个可靠来源收集信息，包括官方声明、目击者证言、视频证据等，以确保信息的全面性和准确性。如果发现报道中有错误或不准确之处，应立即发布更正声明，以减少误导公众的风险。

（2）尊重隐私，避免过度侵犯个人生活

体育明星虽然处于公众视野中，但报道首先应遵守相关法律法规，不侵犯体育明星的名誉权、肖像权等合法权益。在报道负面新闻时，应避免揭露与事件无关的个人生活细节，尊重他们的私人空间。在追求新闻价值的同时，考虑报道可能对体育明星个人及其家庭造成的影响，避免过度炒作和不必要的曝光。

（3）引导公众，强调负面新闻背后的教育意义

负面新闻不仅仅是为了满足公众的好奇心，更应成为教育和启发公众的

契机。在报道负面新闻时，应强调正面价值观，避免煽动负面情绪，促进社会和谐。媒体和记者应承担起社会责任，通过报道引导公众形成正确的价值观和道德观，特别是对青少年群体的影响尤为重要。报道不应仅仅停留在事件本身，还应关注事件的后续发展，包括体育明星的回应、相关方面的处理结果以及事件的最终影响等，以全面展现事件的教育意义。

（二）突发体育事件的报道原则和技巧

1. 争分夺秒瞄准首发

在报道突发体育事件时，速度是至关重要的。媒体需要迅速反应，尽快发布事件的基本信息，以满足公众的知情权，这种快速的初步报道有助于媒体在信息传播的初期建立权威和信任。这要求记者和编辑团队具备高度的警觉性和快速的行动能力。首发报道应该简洁明了，提供事件的核心事实，如时间、地点、涉及的人物和事件的基本情况。

2. 尽力争取现场采访

现场采访是确保报道真实性和生动性的关键。记者应尽快到达突发事件现场，亲自观察和收集信息，这有助于提高报道的准确性和可靠性。现场采访还可以捕捉到事件的细节和背景，为读者提供更丰富的信息。记者应该努力采访事件的目击者、参与者以及相关的权威人士，以获取第一手资料和观点。

3. 多方努力权威解读

突发体育事件的报道需要权威的声音来提供深入的解读和分析，这可能涉及采访体育专家、分析师、官员或其他相关领域的权威人士。权威解读有助于公众理解事件的重要性和影响，同时也能够提供事件的背景和可能的发展趋势。这种解读可以增强报道的深度和广度，帮助公众形成更全面的认识。需要注意的是，在提供权威解读时，媒体应确保信息来源的可靠性和专业性，避免传播不准确或误导性的信息。

四、边缘体育赛事的报道

（一）边缘体育赛事报道的必要性

边缘体育赛事报道对于推广体育文化、激发公众兴趣、促进体育多样性具有重要意义。它不仅为小众运动、农民运动、民族运动等提供了展示平台，增强了知名度和影响力，还能挖掘和培养潜在的体育人才。此外，边缘体育赛事报道有助于丰富媒体内容，满足不同受众的需求，同时也为体育产业的多元化发展注入活力。通过关注这些赛事，可以促进体育资源的均衡分配，推动体育精神在更广泛的领域得到传播和实践。

案例 9

中国的冲浪运动正在兴起

新华社海口 2022 年 7 月 30 日电　在第二届中国国际消费品博览会（CICPE）上，年轻人伸开双臂、弯曲膝盖踩在冲浪滑板上，在游戏中心来回滑动。

本届博览会在中国南部的海南省省会海口举行，吸引了来自 61 个国家和地区的 1107 家海外公司和 1643 个品牌，以及 1200 多个国内品牌。

戴娟是在 CICPE 上学习如何陆冲的游客之一。"我有滑板的经验，而冲浪比滑板容易学得多。我认为对于新手来说，尝试一下是件好事。"

随着中国兑现了让 3 亿人参与冰雪运动的承诺，并成功举办了北京冬奥会和冬残奥会，许多冬季滑雪的年轻人现在转向了冲浪运动，使其成为今年夏天最受欢迎的运动之一。

陆地冲浪滑板是一种可以在陆地上进行冲浪训练的滑板。与传统滑板相比，冲浪滑板拥有更灵活的支架，因此使用者可以在滑板上摆动或扭动身体，并横向前进。

冲浪教练林健说："在某种程度上，它可以模拟滑雪或冲浪体验。"

根据天猫国际的数据，自2022年以来，该平台上的进口滑板销量一直在增长，其中"95后"和"00后"的消费者人数增长最快。

海南省滑板队队长石子熠表示，冲浪滑板运动反映了年轻人对潮流的态度。冲浪滑板运动的受众主要是20多岁和30多岁的年轻人，这项运动在都市女性中尤其受欢迎。

天猫国际品牌营销总监表示："我们带着冲浪滑板等具有新趋势的最新产品来到CICPE，帮助海外品牌找到更多机会。"

在CICPE上，众多海外品牌进入中国市场，提高了他们在中国消费者中的知名度。今年，天猫全球已经与Carver（卡弗）、Santa Cruz（圣克鲁斯）等15个海外滑板品牌签署了合作协议。

Carver中国区负责人贾旭东表示："凭借创意设计，进口品牌在中国市场具有巨大潜力。"

随着滑板运动在2020年东京奥运会上首次亮相，这项运动现在已被引入中国学校的体育课，以及新兴的滑板俱乐部。

业内人士认为，这类产品在中国市场将有更广阔的前景。[①]

案例10

北京斯巴达勇士赛：通过克服障碍尽享赛事乐趣

上周末，北京郊区举办了一场斯巴达勇士赛，约8000名参赛者感受到了肾上腺素飙升的刺激，并找到了挑战身体极限的出口。

---

① Feature: Surfskating surges in China［EB/OL］.（2022-07-30）［2024-05-14］. http://www.china.org.cn/china/Off_the_Wire/2022-07/30/content_78349193.htm.

耐力赛由设置不同障碍的赛道组成，于2016年在中国首次亮相。自那以后，中国已经举办了32届划船比赛，最近一届于5月25日至26日在顺义区的顺义奥林匹克水上公园举行。

5公里竞速赛有20个障碍，而13公里超级赛有27个障碍。

参与者必须负重跑步、攀爬高墙、在铁丝网下匍匐前行、在泥泞中爬行以及征服吊环。他们可以单人参赛也可以组队参赛。

在全新的赛道上比赛，选手们尽情享受，来自中国的牛志明在男子比赛中获得冠军，来自美国的伊索姆·金伯利赢得了女子比赛。

虽然比赛的性质要求参赛者具备较强的体能和高耐力水平，但任何人都可以参与其中。这场比赛吸引了各行各业的人——从名人到白领，以及介于两者之间的所有人。

27岁的退役军人于春斌第一次参加比赛，他用两个半小时完成了男子超级项目。他说："我知道我不能在生活中变得富有或出名，但如果我能做到富人和名人无法做到的事情，我就会很满足。"

斯巴达勇士赛设有一个晋级系统，允许那些在某些比赛中表现出色的人挑战更高级别的赛事。此外，还有一个面向勇敢的青少年的儿童版赛事。[1]

上述两个案例，分别为我们展示了媒体在对冲浪和斯巴达勇士赛这两个相对小众的比赛进行报道时的情况。可以看到，由于这类报道的对象往往不为人所知，因此记者一般需要在写作过程中适当穿插其基本情况介绍以及目前的开展情况，并通过对相关从业者、赞助商等各类行动主体的访问，多角度呈现其魅力和乐趣。

此外，在国际体育新闻报道中，相对边缘的报道对象大致还有如下几类：

---

[1] LI C Q. Spartan Race Beijing: Enjoy racing by overcoming obstacles [EB/OL]. (2019-05-29) [2024-04-21]. https://news.cgtn.com/news/3d3d514f7a59544f34457a6333566d54/index.html.

1. 女性体育报道 / 女子运动员报道

女性体育报道关注女性运动员、教练员等体育行业从业者的成就、挑战和经历，这对于打破性别偏见、提升女性在体育领域的地位具有重要作用。通过报道她们的故事，可以激励更多女性参与体育活动，同时也能为公众提供多元化的体育内容。

案例 11

6月的巴黎是一如既往的"红土色"。香榭丽舍大街两旁挂满了法网标志性的宣传广告，电视广播中最高频的法语词是"Roland Garros"（罗兰·加洛斯，法网球场）。

是的，6月的巴黎一如既往地属于"罗兰·加洛斯"——即使国际足联仅次于男足世界杯的顶级赛事在这个夏天首次来到法兰西。

女足世界杯是女子足球的最高荣誉赛事。不过相对于1930年就诞生的男足世界杯，女足世界杯直到1991年才举行首届赛事。在时任主席阿维兰热的支持下，国际足联在中国举行了试验性比赛，这也成为国际足联官方认可的首届女足世界杯赛。

此后世界女足水平有了长足发展，参赛队伍也从首届的12支球队扩充至16支，上届加拿大世界杯又扩大到24支球队。除了美国、瑞典、挪威等传统女足豪强，法国、英格兰、西班牙等足球底蕴深厚的国家也加快了女足发展的步伐。

法国女足的世界杯首秀是2003年，成绩最好的一次是在2011年取得第四名。近年来法甲女足水平高速发展，带动了法国女足整体水平的提升。去年俄罗斯世界杯法国男足捧起大力神杯，法国足协也十分希望女足能在本土举行的杯赛上登顶。

但是，7日本届女足世界杯揭幕战正好和法网"费纳战"撞车。

在法网男单半决赛上，瑞士名将费德勒和西班牙"红土之王"纳达尔提前上演巅峰对决，这场焦点之战让罗兰·加洛斯球场座无虚席，不少未能买到球票的民众早早聚集在球场外广场上观看实况大屏幕。

与罗兰·加洛斯球场相隔不远，便是女足世界杯揭幕战场馆王子公园球场。与满城"红土色"不同，只有走进王子公园球场才能感受到女足世界杯的氛围。

一位巴黎市民告诉记者，去年男足世界杯期间，人们在大街小巷喝酒看球，朋友见面谈论的都是世界杯，而女足世界杯马上开赛了却几乎无人谈起。问及原因，这位40岁左右的巴黎男性简单地说，sans intéresser（没兴趣）。

不过，尽管当天气温湿冷，还是有不少民众来观看揭幕战，很多都带着小女孩前来，为了让孩子感受女性的勇敢魅力。据一名法国记者说，法国民众对国家队比赛相对重视，但平日里甚至是有巴黎圣日耳曼这样的豪强球队参加的法甲女足联赛，观众都寥寥无几。

8日记者转场法国西北部城市雷恩，这里的世界杯氛围依然仅仅集中在场馆附近，中国队和德国队比赛的上座率还不到一半。

其实国际足联为推动女足发展，在本届杯赛上花了不少心思，比如本届杯赛奖金就比上届翻了一倍，整体奖金达到3000万美元，冠军球队能得到400万美元，小组赛出局也能拿到22.5万美元奖金。

与此同时，法国女足世界杯比赛门票相当"亲民"，揭幕战最低票价仅13欧元，小组赛单场比赛最低票价只有9欧元，决赛最贵的球票也只有84欧元，以此吸引民众关注。

然而，去年世界杯法国男足豪取3800万美元冠军奖金，今年法网"费纳战"官方最低门票就达到85欧元，很显然，女足世界杯的吸引力和关注度相形见绌。

本届杯赛开幕前，国际足联举行了首届全球女足大会，探讨女足运动发展。法国女足世界杯也打出了勇敢闪耀（Dare to shine）的口号，吉祥物小鸡 ettie 取自法语中 étoile（星星）一词。然而，用足球为女性赋权恐怕还有很长的路要走。①

这篇报道展示了女足世界杯在法国面临的挑战和机遇。尽管女足运动在过去几十年中取得了显著进步，但与男足相比，女足仍然缺乏足够的关注和支持。报道中提到的门票价格和奖金差距凸显了这一点。法国的球迷对女足的兴趣相对较低，这不仅影响了赛事的氛围，也反映了女足在全球范围内的普及度和认可度仍需提升。

国际足联和法国足协在推动女足发展方面做出了许多努力，例如增加奖金和降低门票价格，以吸引更多观众。然而，要真正实现性别平等，赋予女性更多的力量，仅靠这些措施是不够的。需要更多的社会认同和支持，才能让女足运动得到应有的重视和发展。

未来，女足需要在宣传、赞助和教育等方面继续努力，增加曝光度，提高公众的认知和兴趣。同时，各国足协也应加大投入，改善女足训练和比赛条件，让更多女孩有机会参与和享受足球运动。只有通过持续努力，女足运动才能真正实现"勇敢闪耀"的目标。

2. 残疾人体育报道

残疾人体育报道关注残疾人运动员的竞技表现和生活故事，这对于提高社会对残疾人体育的认识和尊重至关重要。这类报道不仅展示了残疾人运动员的才能和毅力，还能促进社会对残疾人的理解和支持，推动残疾人体育的普及和发展。

案例 12

在 2022 年北京冬残奥会上，中国创造了新纪录，自 20 年前首

---

① 邢姗. 当女足世界杯遇上法网［EB/OL］.（2019-06-10）［2024-02-15］. https://www.chinanews.com.cn/ty/2019/06-10/8860841.shtml.

次参加残奥会以来，中国运动员此次赢得的金牌数和奖牌总数均为历届最多。

截至星期天冬残奥会结束时，中国队共获得了 61 枚奖牌，其中包括 18 枚金牌，紧随其后的是乌克兰队和加拿大队。中国运动员在越野滑雪、冬季两项和单板滑雪等项目中获得金牌。

鉴于中国在 2018 年平昌冬残奥会上才首次获得金牌，且中国队于 2002 年盐湖城冬残奥会上才首次亮相，此次中国在冬残奥会取得的胜利被誉为一项历史性壮举。

自 2015 年北京赢得冬奥会和冬残奥会的申办权后，中国残疾人联合会制订了各种行动计划，旨在推动冬残奥会项目以及残疾人冰雪活动的发展。据新华社报道，这些计划包括组建国家队、举办训练营和竞赛，为今年的比赛做准备。

宝鸡市一家残疾人社会组织的员工赵鑫在接受"第六声"采访时表示，北京冬残奥会不仅鼓励更多人参与冰雪运动，还促进了辅助器具的应用，并提高了公众对无障碍环境需求的认识。

据估计，中国有 8500 万名残疾人。尽管近年来残疾人的无障碍环境有所改善，但一些无障碍设施仍在建设中，一些已有设施缺乏维护或存在设计方面的问题。

赵鑫还补充说，为冬季运动研发的轮椅在比赛期间展现出了良好的效能，有可能应用于包括医疗康复在内的其他领域。他还指出，2022 年北京冬残奥会期间的基础设施相比 2008 年北京奥运会有了显著提升。

赵鑫说，如果说 2008 年我们更多地关注"硬件"本身，那么这次我们更多地关注"态度"和"软件"。①

---

① FAN Y Y. China's paralympic athletes make history, top medal ranking [EB/OL]. (2022-03-14) [2024-02-16]. https://www.sixthtone.com/news/1009884.

由这篇报道可知，中国在2022年北京冬残奥会上的卓越表现，不仅仅是体育竞技上的辉煌，更是国家在残疾人事业上取得巨大进步的体现。从首次参加2002年盐湖城冬残奥会，到2018年平昌冬残奥会上夺得首枚金牌，再到如今北京冬残奥会上摘得18枚金牌，中国残奥运动员用实际行动诠释了不断追求卓越的精神。

这次北京冬残奥会的成功，不仅鼓励更多人参与冰雪运动，还促进了辅助器具的研发和应用，提高了公众对无障碍环境需求的认识。特别是冬季运动中开发的轮椅在比赛中的良好效能证明了其有效性，有望在医疗康复等其他领域得到应用。这表明，体育不仅仅是竞技，更是推动社会进步的有力工具。

然而，尽管在无障碍设施建设方面取得了显著进展，中国仍需在这方面继续努力。一些无障碍设施仍在建设中，一些已有设施缺乏维护或存在设计不合理等问题，需要进一步改进。这次残奥会的成功经验可以为未来的相关赛事举办提供重要的参考。

总的来说，中国在2022年北京冬残奥会上的历史性成就，不仅展示了运动员的卓越实力，也反映了国家在推动残疾人事业发展方面的巨大努力和成果。这不仅是体育的胜利，更是社会进步的象征。

（二）如何让边缘体育赛事不边缘

1."制造"偶像

"制造"偶像是提升边缘体育赛事关注度的重要手段之一，可以通过选拔和培养有潜力的运动员，将他们打造成能够吸引大众眼球的明星。例如，可以通过媒体曝光、广告代言和社交媒体运营，打造运动员的个人品牌，使其成为年轻人心目中的偶像，进而吸引更多人关注该项运动。此外，组织一系列公众活动，让运动员与粉丝互动，增加其人气和影响力，从而提升赛事的知名度和受欢迎程度。

仅从中国体坛近 20 年的历史来看，从刘翔、丁俊晖到李娜、郑钦文，一些曾经在国内关注度不高的边缘赛事，正因有了顶级偶像的横空出世，一跃成为流行运动。比如，丁俊晖之后，中国的斯诺克好手层出不穷，国内社会的斯诺克氛围也日益浓厚。李娜之后，中国网球也得到了长足发展，不仅网球场馆越来越多，国内的高水平网球比赛也越来越多。郑钦文奥运夺冠后，更是进一步刺激了网球在中国的普及和发展。当然，这种偶像运动员的出现往往需要"天时"，但只要其横空出世，作为体育新闻媒体人，就有责任把"地利"与"人和"发挥到极致。

案例 13

"女王"郑钦文夺冠之后

随着在奥运网球赛场夺冠后的率性一躺，21 岁的中国女子网球运动员郑钦文的人生也开启了新的篇章。

当地时间 8 月 3 日，在巴黎奥运会网球女子单打金牌赛中，中国选手郑钦文战胜克罗地亚选手维基奇，夺得金牌，这也是中国选手获得的首枚奥运会网球女单金牌。

赛后，这位 21 岁的中国"00 后小孩姐"迅速刷爆各大平台，成了本次巴黎奥运会的顶流之一。许多网球迷将她与巅峰时期的中国女子网球运动员李娜相比，认为她是最有可能"接过李娜衣钵，并打破李娜各项纪录"的人。

北京体育大学学者梁骏对《新京报》记者表示，郑钦文此次夺冠，最大的受益方是中国体育。她的出圈，代表着中国很可能继姚明、刘翔、孙杨、李娜等人后，又涌现出一位具有国民影响力和国际影响力的体育代表——这无疑会极大助力中国的体育事业向前发展。

除此之外，站在郑钦文身后狂喜的，不仅有体育从业者和广大球迷，还有由她代言的商家。据统计，2011 年李娜勇夺澳网冠军时，其商业价值和年收入在当年成倍增长。有业内人士预测，今年郑钦文在夺得澳网亚军、奥运冠军后，很可能会复制当年李娜的"商业奇迹"。

赛后，当有人问郑钦文此番创造历史的感受时，她说："今天我感受到的幸福是巨大的，人生不虚此行，此前付出的所有汗水、努力、艰辛等都是值得的。"

夺冠现场：欧洲球迷夸赞郑钦文表现

当天，这块红土场地上先后共有4场比赛进行，其中有两场金牌争夺战，但郑钦文与维基奇的比赛是"最热闹的"。

"1小时44分钟的比赛中，郑钦文一直在战斗。"现场见证郑钦文夺冠的中国球迷李寅（化名）对《新京报》记者说，比赛进行到激烈时，现场成为中国队的主场：耳边是此起彼伏的"郑钦文加油"，眼前是红彤彤的一片国旗。李寅目测，观众席上最少有一半是中国人。"有的外国人眼看郑钦文的加油声阵仗太大，于是开始帮克罗地亚选手维基奇助威，但声量根本压不住中国球迷。"

李寅是个体育迷，常年在世界各地观看各类体育赛事，曾见过不少因为中国观众人多而"客场变主场"的情况，但郑钦文这次奥运决赛的现场让他感觉到特殊：网球项目是国际影响力最大的体育项目之一，在欧洲尤其受欢迎。这次在法国主场看到国内球迷的助威阵仗压倒对方，内心的激动之情被一下点燃了。

球场上，郑钦文先是保住自己的发球局拿下一分，随后又破发对手发球局拿下第二分。现场观众的普遍感觉是，"郑钦文今天的手感就是冠军状态"。最终，郑钦文以6:2的比分成功拿下第一盘。

中场休息时，郑钦文回到了更衣室，现场则是播放了一首法国歌曲 *Les Champs-Elysées*，中文译名《香榭丽舍》。"播放这首歌时是我在奥运观赛期间最放松的时刻，轻松舒缓的曲调让我觉得这场决赛郑钦文可能会顺利拿下。"李寅笑称，可能旁边的法国小哥也感到了松弛，主动与我攀谈，夸赞了郑钦文当天的表现。"我们俩英文都不算太好，法国小哥说到激动时，就一边竖大拇指一边重复'Zheng, good'。"

后来的比赛正如李寅所预测的那样，郑钦文表现得一如既往的从容，连电视前的解说都表示：看不出比分对她有什么影响。与之对比，对手维基奇的心态发生了起伏。第二盘赛中，当郑钦文在网前追短成功赢下一球时，维基奇竟然沮丧地将球拍摔了出去。此时，郑钦文背对着对手，握紧拳头给自己打气。她一眼也没有看向摔拍的对手。此时，看台上一些欧洲球迷开始小声议论，觉得维基奇"离冠军越来越远了"。

最终，第二盘比赛被郑钦文以6:3的比分拿下，大比分2:0赢下决赛，摘取了这块突破中国网球史的奥运金牌。比赛结束时，郑钦文躺在场地里接受着现场观众的欢呼。看台上的中国球迷也陷入了狂欢，李寅看到，一对中国球迷互相跳着拥抱彼此，还有人挥舞着国旗不停转圈，口中喊着"冠军，冠军"。后来，郑钦文来到场边，耐心地给球迷签名，与球迷合影。"看起来郑钦文很激动，又很开心。她会主动接过场边球迷递过来的手机，拿在自己手上完成与球迷的合影。"

一起激动的还有电视机前的中国球迷。陈伟（化名）是多年的网球迷，郑钦文夺冠后已经是北京时间的深夜，独自在卧室看直播的他害怕吵醒家人，于是咬着牙在床上"跳跃、转圈"。他对《新京报》记者表示，大满贯是网球界受关注度最高、专业程度也最高的赛事，而郑钦文本次奥运夺冠的难度堪比问鼎大满贯。此前的1/8决赛、1/4决赛、半决赛，郑钦文都是逆转取胜。尤其是半决赛，郑钦文的对手是排名世界第一的斯瓦泰克，连追4局的逆转让对方"心态崩了，直接被打哭了"。

本次奥运，郑钦文不仅战胜了自己，更打服了对手。

8月4日，夺冠后的郑钦文接受了新京报社我们视频的采访，她说，网球是一项国际化的运动，"在外征战代表的不只是我个人，也是代表我的国家"，"很开心能把网球文化带到中国的各个角落"。

"高配"版训练：郑钦文是怎样炼成的

夺金后，郑钦文与父母通了视频电话。镜头那边，父亲郑建坪的眼睛已经哭肿。那时她才从母亲那里知道，本次奥运会她每比完一场比赛，父亲就会哭一次。

在媒体报道中，郑钦文第一次接触网球便与父亲有关。6岁那年，她随父亲从老家湖北十堰来到北京观看奥运会，见到了闯入奥运4强的"中国女网一姐"李娜。自那时起，网球的种子便在郑钦文心中埋下。

在中国，想要成为最顶尖的网球球员，最简单的方法就是"抄李娜作业"，郑钦文便是一直沿着李娜走过的路步履不停。

在郑钦文启蒙教练陈宏鸣眼里，郑钦文是所有小孩中最刻苦的。此前接受媒体采访时，他曾这样评价6岁时的郑钦文："郑钦文从来不吃零食，也不喝饮料。说实在的，真有点心疼她。为了网球，她牺牲掉了很多快乐的童年时光。这孩子训练时从没偷过懒，永远是第一个到球场，最后一个离开。"

后来，郑钦文又找到了当年李娜的启蒙教练余丽桥，那年郑钦文9岁。接受《中国新闻周刊》采访时，余丽桥特意强调了郑钦文与李娜的不同："李娜送到我这儿时已经11岁，对于她的技术能力的打造很快有了初步想法和框架。但是这些方法不能直接用在9岁的郑钦文身上，她当时年龄太小，还没有进入长身体的青春期，甚至不能做大运动量训练。"

力量大，可塑性强是余丽桥对郑钦文的第一印象。在她眼里，郑钦文还是一个会耍球的运动员。"记得她在我这里时，和一些队友打日常训练赛，性格上每球必争。即便一些或许出界、或许压线的争议球，郑钦文也毫不相让，甚至嘴上也不饶人。"2014年，郑钦文在余丽桥的带领下夺得了国内同年龄组的冠军，并在湖北省第十四届运动会上斩获五枚金牌。

同年，郑建坪认为女儿是时候"与国际接轨"，于是带着女儿到北京，找到了阿根廷籍的国际网球名帅卡洛斯·罗德里格斯——当年带领李娜拿下澳网冠军的教练。随着郑钦文逐渐走入世界赛场，郑建坪又联系到了西班牙教练佩雷·里巴。

据媒体透露，这位父亲为培养女儿耗费了大量心血以及金钱。从小到大，父亲为郑钦文安排的都是"高配"版的教练。为支持女儿打球，郑建坪不得不变卖了部分家产。本想走体制外自由职业球员路线的郑钦文，也在2022年与武汉市乒羽网运动管理中心签下了一纸合约。梁骏向《新京报》记者透露，"其实主要就是相关部门在未来几年里向郑钦文团队提供资金支持，而郑钦文则成为武汉市注册运动员，需要代表湖北、武汉征战一些赛事"。

好在郑钦文足够争气。2018年，郑钦文在国际青少年网球锦标赛中夺得U18冠军，就此走上国际舞台。从2022年的法网开始，当时只有19岁的郑钦文开启了自己的急速上升之路。2023年美网打进八强、2024年澳网闯进决赛、在WTA500郑州站夺冠、在WTA250巴勒莫站两度捧起单打冠军……凭借着一场场胜利，郑钦文的世界排名从三年前的几百位开外，狂飙到了如今的世界第7位。

未来潜力：商业价值巨大

夺冠以来，郑钦文的个人商业价值将飙升至中国运动员顶流的声音不绝于耳。梁骏对《新京报》记者表示，这是非常有可能的。"郑钦文的商业价值潜力巨大，而原因是多方面叠加构成的。"

梁骏说，网球本身就是个人商业价值最大的运动项目之一。在欧美等西方国家，网球运动员一直是各大榜单里的前排常客，并且该项目的参与者目前还在高速增长。根据国际网球联合会（ITF）发布的《2021年全球网球报告》,2020年中国的网球人口就已超过2000万人,是全球网球参与人数第二的国家。

目前中国网球人口主要集中在一二线城市,行业内的教练费、训练场地费近几年一直水涨船高。有网球教练向《新京报》记者透露,在广州,青少年组平均每年的训练费用达30万元,职业组则超过每年40万元。"所谓职业组是指想往职业网球运动以及相关产业发展的人员,而青少年组则一般是为了申请留学。"

与此同时,网球运动相关的产品价格也在攀升。据某财经媒体调查,一支法网限定碳纤维专业碳素球拍,在2022年初购买的价格为1480元,如今算上折扣要1659元起。网球裙也成了各大电商平台的"爆品",某电商达人售卖的网球裙短时间内成交金额就超100万元。这样的例子在电商平台越来越多。

"相关产业的火爆推升了网球项目的商业价值,明星网球运动员的商业价值也会快速增长。但具体到郑钦文,其商业价值的另一大优势,还在于深受年轻人喜欢。"梁骏说。

在互联网平台,郑钦文有一个"女王"的人设,这也是粉丝们给她起的外号:文女王(Queen Wen)。

这个外号最早来自误读。由于一些语种中并没有"钦"(Qin)字的发音,许多外国人便会把"Qinwen"误读作"Quinwen",其读音与单词Queen(女王)很像。久而久之,郑钦文就多了个女王的外号。

就在此次奥运夺金后的新闻发布会上,有记者问起"文女王"这一外号,郑钦文则爽快回答道:"我非常同意这个说法!可能在这(夺金)之前我还会谦逊一下,但是在拿到这个冠军之后,感觉自己突破了极限。所以说Queen Wen这个词,我实至名归。"

这种直爽、外向的性格让她在互联网上的曝光率一直很高。梁骏发现,自2022年以来,体育专业的大学课堂上提及郑钦文的次数越来越多。"作为商家们最在意的群体,年轻人的喜好无疑会很大程度上影响一个运动员的商业价值。再加上其健康、阳光、独立女性的形象，每一项都是商家的最爱。"

有业内人士透露，目前郑钦文的商业价值具体估算值还不明朗，但"肯定是个很高的数字"。

公开资料显示，福布斯公布的2023年度全球女运动员收入榜上，前十名除了谷爱凌外都为女子网球运动员。2011年李娜在法网夺冠以后，她当年的总收入暴增几十倍，达到了1.38亿元，成为那年中国体坛的首富。

郑钦文本人的"吸金能力"也早在夺金之前就已显露。在福布斯2023年全球女运动员收入榜中，郑钦文排名第15位，比赛奖金收入170万美元，赞助收入550万美元，与谷爱凌一起成为唯二进入前20位的中国运动员。据统计，目前郑钦文已经手握不下10个品牌代言。

可以预知的是，21岁的郑钦文创造了中国网球的新历史，也将会创造商业价值的新纪录。①

这篇报道是郑钦文巴黎夺冠后众多报道中的佳作之一。一方面，作者非常迅速地把握住了奥运夺金这一历史性时刻。另一方面，文章并没有简单地介绍比赛结果，而是将郑钦文的备战过程、未来发展以及其夺冠对中国网球事业的影响等做了较为深度的描述和分析。记者也大量采访了教练员、球迷、学者、分析师等各类人群，从而大大增强了文章的可读性和可信度。

2. "塑造"现象

"塑造"现象是指通过策划和执行一系列具有创新性的活动和营销策略，

---

① 隋坤."女王"郑钦文夺冠之后［EB/OL］.（2024-08-05）［2024-09-30］. https://baijiahao.baidu.com/s?id=1806526176320183295&wfr=spider&for=pc.

使边缘体育赛事成为社会热点。例如，可以举办大型活动、设置有趣的比赛环节或者引入娱乐元素，让赛事变得更具观赏性和参与性。同时，通过新闻报道和社交媒体的传播，将这些活动打造成一种社会现象，吸引大众的广泛关注和讨论。这种方式不仅可以提升赛事的曝光度，还能增强公众对这项运动的兴趣和参与度。近年来，随着媒体对小轮车、攀岩等极限运动的报道，以及飞盘运动、山地骑行等在社交媒体上的"顶流讨论"，公众对这些所谓边缘小众项目的熟悉程度和认可度越来越高，这些运动也越发受到人们的追捧。

3. "营造"氛围

"营造"氛围是指通过创造积极和热烈的环境，使边缘体育赛事更具吸引力。例如，可以在比赛场地布置具有特色的装饰，设置互动区域，让观众能够参与到赛事中；还可以通过现场音乐、灯光效果和主持人的互动，提升观众观赛体验。同时，利用社交媒体平台，实时分享赛事精彩瞬间，吸引更多线上观众参与和讨论。通过这种方式，营造出一个充满活力和激情的赛事氛围，从而吸引更多人关注和参与这项运动。北京冬奥会结束后，冰雪运动在国内持续升温，许多比赛场馆都设置了体育展示、沉浸式体验等活动环节，让观众享受到了极致的观赛体验，从而激发了大众参与冰雪项目的热情。

总而言之，每一项体育运动都值得被关注和发现，尽管可能受制于地域文化和商业运营的需要，部分运动项目没有得到足够的重视，但这些所谓的"边缘"运动同样值得被尊重。作为一名体育新闻工作者，有必要在力所能及的情况下，让全世界体育迷们感受到运动的乐趣和体育精神。

后 记

2020年的夏天，我从清华大学博士毕业，正式入职北京体育大学新闻与传播学院。到岗不久，分管教学的副院长薛文婷教授找我商量，希望我能开设一门国际体育新闻报道的实务课程。众所周知，新闻院系的实务课程素来不好教，加之国内有关体育新闻报道方面的教材、著作也寥寥无几。因此，尽管我是一个"资深"的体育迷，也不由得心里发怵，担心自己站不稳讲台，最后误人子弟。但我也清楚地知道，在体育全球化飞速发展的今天，开设这门课有着必要性与重要性，故而在心里挣扎了几天之后，还是决定接下这个担子。

谢天谢地！由于这门课放在春季学期开设，这也意味着我有差不多半年的时间可以走访调研、修订大纲、撰写教案。本教材的初稿，也是在这一过程中渐渐成形的。在这里，我要特别感谢人民日报社、新华社、中国日报社、中国青年报社等多家媒体的前辈，是他们无私的经验分享，让本教材得以"有血有肉"。2021年的春天，这门课正式在北京体育大学新闻与传播学院的本科生面前亮相，选课者皆为大三学生。所谓教学相长，在和一届又一届学生的交流中，我开始不断打磨讲稿。时至今日，一晃四年，如今教材即将付梓，除了小小的自得，更多地竟是如释重负之感！

在这里，我要特别感谢本教材的第二作者杨舟。她恰是这门课的第一批选课学生，也是这本教材后期的整理者。如果没有她的付出，这本教材恐怕还不知何年才可以问世。作为她的研究生导师，我想这本教材的出版，也可以算是她在北京体育大学新闻与传播学院6年求学的一份纪念。此外，清华大学的硕士研究生庄天乙、中国传媒大学的硕士研究生刘逸轩、中国政法大学的硕士研究生赵琪儿，也为本教材的出版做出了重要贡献。他们都是北京体育大学新闻与传播学院2020级的本科生，也是我正式入职以来带过的第一批学生。希望他们以后无论走到哪里，只要看到这本教材，都能想起我们一起"永远贰零"的日子。当然，本教材的出版更离不开中国国际广播出版社的各位编辑老师，没有他们的选题策划和精心编校，这本教材恐怕还会停留在讲稿阶段。

恩师李彬教授常对我说：课比天大！一本好的教材更会影响一代学子！囿于学识和能力，这本教材难免还有许多不足，但若能激发广大学子热爱体育之心，引领他们走向体育新闻报道之路，终能算物尽其用。最后，希望有更多的业界同侪和学界同人能驻足体育新闻传播领域，为体育强国培养出更多的体育新闻传播人才。

梁骏

图书在版编目（CIP）数据

国际体育新闻报道教程：理念与实践 / 梁骏，杨舟著. —北京：中国国际广播出版社，2024.10.
ISBN 978-7-5078-5687-3
Ⅰ.G212
中国国家版本馆CIP数据核字第2024EB0850号

国际体育新闻报道教程：理念与实践

著　　者	梁骏　杨舟
责任编辑	张　玥
校　　对	张　娜
版式设计	邢秀娟
封面设计	赵冰波
出版发行	中国国际广播出版社有限公司［010-89508207（传真）］
社　　址	北京市丰台区榴乡路88号石榴中心2号楼1701 邮编：100079
印　　刷	环球东方（北京）印务有限公司
开　　本	710×1000　1/16
字　　数	250千字
印　　张	15.75
版　　次	2024 年 10 月　北京第一版
印　　次	2024 年 10 月　第一次印刷
定　　价	68.00 元

版权所有　　盗版必究